Jean Verdon

Irdische Lust

Ulrich von Singenberg, Der Truchsess zu Sankt Gallen. Codex Manesse, fol. 151r.

Jean Verdon

Irdische Lust

Liebe, Sex und Sinnlichkeit im Mittelalter

Aus dem Französischen von Gaby Sonnabend

Harry Pohl

Die Deutsche Nationalbibliothek verzeichnet diese Publikation
in der Deutschen Nationalbibliografie;
detaillierte bibliografische Daten sind im Internet über
http://dnb.d-nb.de abrufbar.

© 2011 by WBG (Wissenschaftliche Buchgesellschaft), Darmstadt
Redaktion: Daphne Schadewaldt, Wiesbaden
Die Herausgabe des Werkes wurde durch die Vereinsmitglieder
der WBG ermöglicht.
Gedruckt auf säurefreiem und alterungsbeständigem Papier
Printed in Germany

Besuchen Sie uns im Internet: www.wbg-wissenverbindet.de
ISBN 978-3-534-24087-6

Die Buchhandelsausgabe erscheint beim Primus Verlag.
Umschlaggestaltung: Jutta Schneider, Frankfurt a. M.
Umschlagabbildung: Jason und Medea begeben sich zu Bette,
Buchmalerei aus dem »Trojanischen Krieg« des Guido de Columnis;
© akg-images
ISBN 978-3-89678-773-6
www.primusverlag.de

Elektronisch sind folgende Ausgaben erhältlich:
eBook (PDF): 978-3-534-71737-8 (für Mitglieder der WBG)
eBook (epub): 978-3-534-71739-2 (für Mitglieder der WBG)
eBook (PDF): 978-3-86312-754-1 (Buchhandel)
eBook (epub): 978-3-86312-755-8 (Buchhandel)

Inhaltsverzeichnis

Der Begriff der Lust bezeichnet besonders die sexuellen Freuden – ein Aspekt, den auch die Kirchenmänner des Mittelalters in das Zentrum ihrer Beschäftigung gestellt haben. Man unterscheidet bei der Liebe gewöhnlich fünf Etappen, die sich mit einigen Varianten in zahlreichen mittelalterlichen Texten finden. So erinnern die *Carmina Burana* daran, dass Amors Bogen die fünffach gezackten Pfeile entschwirren, die den Banden entsprechen, mit denen uns die Liebe zuschanden macht:

> Blicke, Gespräch und Berühren, der Lippen holdsüßes Verspüren,
> Die da, wenn sie sich vereinen, der Absicht so förderlich scheinen,
> Welcher das fünfte gelingt, das Venus im Bette vollbringt.

Lucas Cranach d. Ä., Venus und Cupido (1509)

Einleitung

Nach den Allerweltsweisheiten zu urteilen stellt die Lust für die Menschen der Antike wie auch der Renaissance ein grundlegendes Element dar.

Während ihre Philosophen nach Erkenntnis streben, geben sich die Griechen einer fröhlichen Erotik hin, indem sie am »Gastmahl« teilnehmen. Die lateinische Antike, die an den Begriff *otium* (Muße, Freizeit) anknüpft, kennt die selbstvergessenen Wonnen oder die von Petronius beschriebenen Orgien.

Die Renaissance, eine Periode der individuellen Entfaltung, der Verherrlichung des Lebens und der Natur, huldigt Rabelais' göttlicher Flasche (»la dive bouteille«) und zollt Ronsards Ermahnungen Beifall, das Leben zu genießen.

Im Gegensatz dazu erscheint das Mittelalter – auch wenn keine Epoche völlig von der Vergangenheit oder der Zukunft abgetrennt ist – als Periode der Finsternis, die jegliches Band zur Antike zerrissen hat, in der die Allgegenwart der Religion Lust und Liebe verdammt, in der Armut und Arbeit die entscheidenden Werte darstellen.

Ist unter diesen Umständen der Begriff der Lust überhaupt vorstellbar?

Hat sie, wenn sie schon nicht stattfindet oder ausgelebt wird, wenigstens einen Platz bei den Konzepten und Wünschen?

Wenn es jedoch die Lust ist – laut Wörterbuch ein »aus der Befriedigung, der Erfüllung eines Wunsches, dem Gefallen an etwas entstehendes angenehmes, freudiges Gefühl« –, wonach es jeden verlangt, warum sollte dann der Mensch des Mittelalters davon ausgenommen sein? Natürlich denkt man spontan an den sinnlichen und vor allem sexuellen Genuss, denn schließlich pflanzt sich auch der mittelalterliche Mensch fort.

Jenseits der Stereotype bleibt jedoch festzuhalten, dass die religiöse Allgegenwart das Phänomen des Mittelalters schlechthin ist und dass die gedankliche Verbindung der Sünde mit dem Fleisch seine große Neuheit darstellt.

Kann in diesem Kontext die Lust mehr sein als ein Phänomen, das unreflektiert erlebt wird, das heißt mehr als eine Veranlagung? Denn wenn die Lust jenseits des naturhaft Bedingten zu verorten ist, beinhaltet sie eine Reflexion über sich selbst, eine Billigung bestimmter Verhaltensweisen. Tatsächlich scheint die Fessel der Religion eine besondere, dem Mittelalter eigene Vorstellung von Lust hervorgebracht zu haben, die über den so wichtigen Aspekt des Körperlichen und dessen Sublimierung hinausgeht und Lust als Gabe des Geistes und des ästhetischen Empfindens in die Sphäre des Göttlichen erhebt.

Erster Teil

Liebe machen

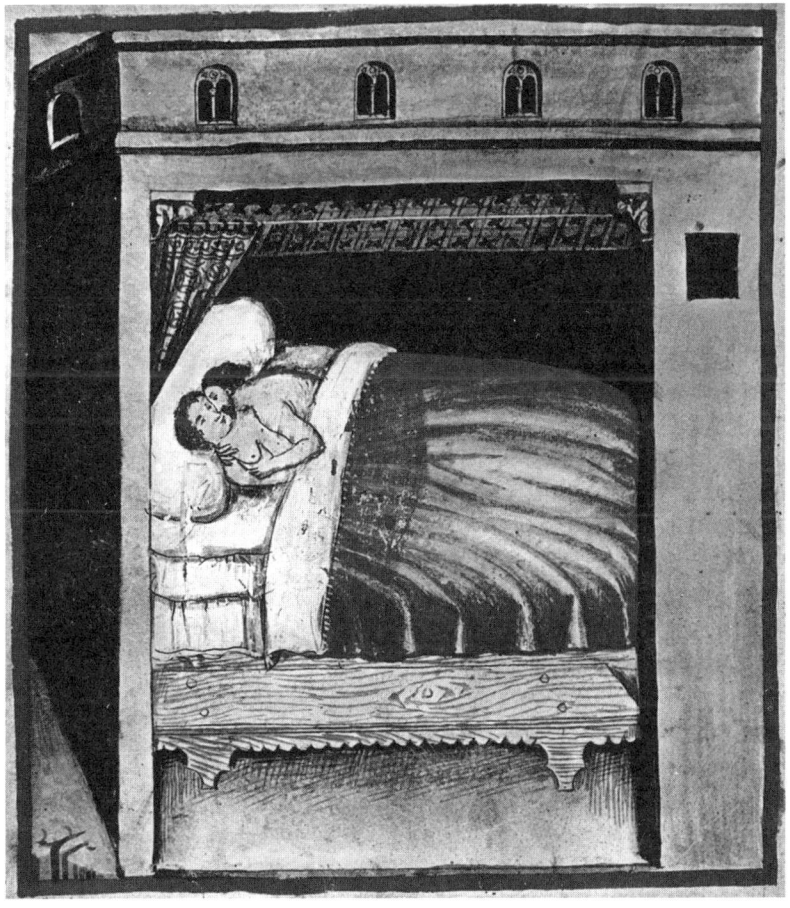

Beischlaf. Giovannino de' Grassi, Tacuina Sanitatis (14. Jh.)

1.

Das Vorspiel

Die Freuden der Liebe rühren nicht allein vom reinen Geschlechtsakt her. Letzterer ist der Lohn einer langen Vorbereitung. Die Festung ergibt sich erst nach einer den Regeln entsprechenden Belagerung.

Der Historiker stellt fest, dass er für eine Annäherung an die Thematik praktisch nur über literarische Texte verfügt. Auch muss er sich zunächst darauf beschränken, das wiederzugeben, was die Autoren zumindest für gewisse soziale Schichten als Norm beschreiben, bevor er sich fragt, ob er auf diesem Weg die Wirklichkeit erfassen kann.

Die Liebenden in der Literatur

Der Blick

Der Blick spielt eine fundamentale Rolle beim Erwachen der Liebe. Jean de Meun schreibt um 1270/1280 im zweiten Teil des *Roman de la Rose (Rosenroman)*:

> Liebe, wenn ich recht nachgedacht habe,
> ist eine Krankheit des Denkens,
> die zwei Personen gemeinsam ist,
> die gegenseitig frei sind und verschiedenen Geschlechts,
> welche den Leuten aus dem Verlangen kommt,
> das der ungezügelten Vorstellung entspringt,
> sich zu umarmen und zu küssen
> und sich fleischlich zu ergötzen.

Mittelalterliche Sprichwörter betonen die Rolle des Sehens: »Wo die Liebe ist, ist auch das Auge«, verkündet eines von ihnen aus dem 13. Jahrhundert.

Andreas Capellanus, der Verfasser des ungefähr im Jahr 1186 geschriebenen Werkes *De amore (Von der Liebe)*, betont sogar, dass Blindheit zur Liebe unfähig mache, »weil der Blinde die Geliebte ja nicht sehen kann, wodurch allein sein Geist über die Maßen angeregt werden könnte«.

In der mittelalterlichen Dichtung beginnt das Abenteuer meistens mit der Liebe auf den ersten Blick. Es reicht dem Helden, dass er eine Person des anderen Geschlechts erblickt, um sofort sein Herz an sie zu verlieren. Flamenca hat im gleichnamigen okzitanischen Roman aus dem 13. Jahrhundert Archambaut, den Herrn von Bourbon, geheiratet. Dieser wird bald von einer krankhaften Eifersucht ergriffen und sperrt seine Gemahlin in einen Turm ein. Das Gerücht vom Unglück der jungen Frau kommt einem Ritter zu Ohren, Guillaume (Guilhem) de Nevers, der sich entschließt, ihr seine Liebe zu schenken. Er begibt sich nach Bourbon und steigt in der besten Herberge ab.

Am nächsten Tag geht er in die Kirche, aber seine Schöne ist verschleiert. »Unverwandt blickte er sie an und bewegte kein Lid, während ihn Wehmut und Kummer ergriffen, da er nur so wenig von ihr erblickte.« Flamenca hat zarte, weiße Haut und schöne, glänzende Haare. Die Sonne fällt auf sie und berührt sie mit einem Strahl. »Als Guilhem dies schöne Vorzeichen und den Schatz erblickte, den ihm die Minne verhieß, da lachte und jubelte sein Herz [...].«

Der junge Mann singt seinen Part, »vergaß dabei aber nicht, öfter einen schnellen Blick auf den Verschlag [in dem Flamenca saß] zu werfen.« Zum Evangelium erhebt sie sich, aber durch einen Bürger, der gleichzeitig aufsteht, wird Guillaume der Blick auf sie verwehrt. Glücklicherweise entfernt sich die ungelegene Gestalt, und unser Held kann seine Dame erneut anschauen; mit der Hand, mit der sie sich bekreuzigt hat, hat sie den Schleier, der den unteren Teil ihres Gesichtes verdeckt, leicht verschoben. Guillaume gibt den Friedensgruß an den Vikar des Priesters, der ihn mit seinem Brevier an Flamenca weitergibt. Als sie das Buch senkt, erblickt Guillaume für einen kurzen Augenblick ihren leuchtend roten Mund.

Zurück in seinem Zimmer ruft er aus: »An zwei Stellen fühle ich mich verwundet, hat doch der Schuss, der mir solche Schmerzen bereitet, sowohl mein Ohr wie auch mein Auge getroffen.«

Die Vorstellung, dass die Liebe ihren Zugang durch die Augen nimmt, findet sich schon bei primitiven Völkern. Die mittelalterlichen Autoren sprechen oft von einem Pfeil, der durch das Auge ins Herz eindringt. »Und Brunissen seufzte und warf Jaufré einen so ausdrucksstarken und zarten Blick zu, dass dieser bis in sein Herz hinab drang«, so liest man im Roman *Jaufré*.

Auch Flamencas Gatte hatte sich übrigens in dem Moment in seine Frau verliebt, als er sie erblickte: »[...] als er Flamenca sah, erglühte er an Herz und Leib. Über dieses Liebesfeuer ergoß sich ein so holdes Sehnen, dass die Glut in ihm verschlossen blieb und äußerlich nichts von der Hitzequal zu bemerken war. Innen loderte, außen bebte er, aber nichts deutete darauf hin, dass ihn ein Brand leiden ließ.«

Den Liebenden gefällt es, sich mit den Augen zu verschlingen. In *Érec et Énide* (Erec und Enide) von Chrétien de Troyes beeilt sich Erec, der seine Verlobte am Hof König Arthurs vorstellen soll, dort anzukommen, denn er ist voller Wohlbehagen:

> Er konnte nicht genugtun, sie anzuschauen:
> Je länger er sie ansah, desto mehr gefiel sie ihm,
> er konnte nicht anders, er musste sie küssen.
> Gern ritt er dicht neben ihr
> und freute sich an ihrem Anblick;
> er bewunderte sehr ihr blondes Haar,
> ihre lachenden Augen und die klare Stirn,
> die Nase, den Mund und das ganze Gesicht,
> und eine große Zärtlichkeit erfüllte deswegen sein Herz.
> Alles gefiel ihm bis hinunter zur Hüfte,
> das Kinn und der weiße Hals,
> der Körper, Arme und Hände.
> Aber nicht weniger
> bewunderte das Fräulein den Krieger,
> gern und aus treuem Herzen,
> so wie er es nach seinem Belieben bei ihr tat.
> Um kein Geld der Welt würden sie darauf verzichten,
> einander anzuschauen [...].

In einem anderen seiner Romane, *Cligès*, macht Chrétien de Troyes die Rolle des Auges besonders deutlich. Alexander, der in Soredamor verliebt ist, verzweifelt, da er ihr seine Liebe nicht einzugestehen wagt:

> – Wie hat er [der Pfeil] dir denn den Leib durchschossen, ohne dass man
>   außen eine Wunde sieht? Sag mir das, ich will es wissen! Wo hat er ihn
>   durchschossen?
> – Durch das Auge.
> – Durch das Auge? Aber er hat es dir nicht ausgestochen.

Hausbuchmeister, sogenanntes Gothaer Liebespaar (um 1480)

– Er hat mir am Auge nichts verletzt, aber im Herzen schmerzt es mich sehr.

– Nun erkläre mir also, wie der Pfeil durch das Auge gegangen ist, ohne etwas zu beschädigen. Wenn der Pfeil das Auge durchbohrt, warum tut dann das Herz im Inneren weh, nicht aber das Auge, das den ersten Schlag empfing?

– Das kann ich genau erklären: Das Auge achtet nicht auf das Hören und ist dazu auch gar nicht imstande, aber es ist der Spiegel des Herzens und durch diesen Spiegel dringt, ohne etwas zu verletzen oder zu beschädigen, das Feuer, welches das Herz in Flammen setzt.

Konversation

Es genügt nicht, das geliebte Wesen zu bewundern. Man muss ihm auch seine Liebe erklären, also die Initiative ergreifen, vom Betrachten zur Konversation, vom Monolog zum Dialog übergehen.

Der Roman *Flamenca* ermöglicht es, eine derartige Entwicklung zu verfolgen, hier eine besonders komplexe. Während all der Wochen von Mai bis August offenbart Guillaume bei jeder Messe mit einem Wort der jungen Frau seine Liebe. Sie entschließt sich, ihm zu antworten, und empfindet schließlich dieselben Gefühle.

An einem Sonntag Anfang Mai befindet er sich vor seiner Dame, als diese das Gebetsbuch sinken lässt. Er sagt ihr sanft: »Oh weh!« Flamenca glaubt, dass der junge Ritter sich über sie lustig macht, denn ihr Ehemann hält sie als Gefangene. Aber, denkt sie, er hat sich aus Angst, gehört zu werden, davor gehütet, zu laut zu sprechen, seine Gesichtsfarbe hat sich verändert, und er hat einen langen Seufzer ausgestoßen. Um seine Absichten kennenzulernen, entscheidet sie sich – auf Rat ihrer Hofdame Alis –, mit einer Frage zu antworten: »Was klagst?« Als sie am folgenden Sonntag diese Worte spricht, während Guillaume ihr den Friedensgruß überbringt, erhebt sie ihren Kopf und beobachtet das Mienenspiel ihres Gefährten. Sie wird sich bewusst, dass er besonnen, gewitzt und diskret ist, dass er gut singt und schöne Haare hat.

Wiederum einen Sonntag später trägt sie anders als üblich kein Haarband, um die Friedensbitte besser zu hören. Guillaume sagt: »Ich sterb'«, und entfernt sich rasch.

Marguerite, eine andere Begleiterin Flamencas, empfiehlt ihr ein Wort, das zu den anderen passt, nämlich »Woran?«.

Guillaume hört und erwägt dieses Wort sehr wohl und sagt sich: »Da sie mir so überlegt geantwortet hat, könnte man annehmen, dass sie mir etwas zuliebe tun möchte. Wollte sie mir nicht wohl, dächte sie nicht an mich;

dächte sie nicht an mich, spräche sie nicht zu mir. Daher ziehe ich folgenden Schluss: Ich bin ihr nicht gleichgültig [...].«

Am Himmelfahrts-Donnerstag lässt er sich an die Seite seiner Dame gleiten, die ihn perfekt versteht, als er »Aus Lieb'« sagt. Dann zieht er sich zurück.

Als Flamenca am Pfingstsonntag den Friedensgruß empfängt, fragt sie sogleich: »Zu wem?«, was Guillaume in Erstaunen versetzt.

Am nächsten Morgen fragt sie sanft: »Was tun?« Guillaume geht verwirrt weg, denn, so sagt er sich, diese Worte trösten ihn einerseits und ängstigen ihn andererseits, bedeuten sie doch weder ja noch nein.

Am Sonntag acht Tage nach Pfingsten murmelt Guillaume: »Heilt mich!« Die besorgte Flamenca fragt sich, wie sie ein Heilmittel für die Schmerzen herbeischaffen könne, an denen er ihretwegen leidet. Ihre jungen Hofdamen raten ihr also, »Und wie?« zu fragen, denn sie wissen nicht, womit die Liebe geheilt werden könnte.

Am folgenden Samstag, dem Tag des heiligen Johannes (24. Juni), fragt Flamenca ihn ganz sanft: »Und wie?«, und es fehlt nur wenig, und sie hätte seinen Finger mit ihrem berührt, als sie den Psalter nimmt. Aber wir sind noch nicht bei den Berührungen.

Am Sonntag nach Johannis kommt Guillaume mit leichtem Herzen zu seiner Dame, und als er ihr den Friedensgruß weitergibt, murmelt er: »Durch List!« Tatsächlich hat er von den anderen Gästen erreicht, dass sie die Herberge verlassen, und er hat einen unterirdischen Gang ausheben lassen, der sein Zimmer mit den Bädern verbindet, die Flamenca mit Erlaubnis ihres Ehemannes von Zeit zu Zeit besuchen darf.

Die jungen Hofdamen raten ihrer Herrin, »Brauch' sie!« zu antworten.

Am folgenden Donnerstag, dem Festtag Peter und Paul (29. Juni), versichert Flamenca Guillaume ihre Liebe.

Sobald er wieder zu seiner Dame sprechen kann, sagt er ihr: »Ich tat's.« Was nicht unerwidert bleibt: »Da staunte sie und blickt ihn gar lieblich an, so dass sich im Augenblick ihre Blicke küssten und ihre Herzen umarmten.«

Am folgenden Sonntag bittet Flamenca: »So sprich!« Wieder acht Tage vergehen, und Guillaume antwortet: »Geht hin!«, aber er präzisiert nicht wohin. Daher fragt Flamenca am Tag der heiligen Magdalena (22. Juli), beim nächsten Anlass: »Wohin?«, und am nächsten Tag antwortet Guillaume: »Ins Bad.«

Am Tag des heiligen Jakob von Compostela (25. Juli) erkundigt sich die junge Frau besorgt: »Und wann?« Am nächsten Sonntag erklärt er: »Demnächst.«

Sie wartet bis Dienstag, den Tag von Petri Kettenfeier (1. August), um zu sagen: »Ich will's«, und dabei geschieht es: »mit ihrer linken Hand berührt sie, indem sie dem Gesetz der Liebe folgt, leicht und diskret die rechte Hand von Guillaume, dann setzt sie sich wieder, denn sie kann sich nicht mehr auf ihren Beinen halten«.

Als sie ihrem Ehemann gegenüber vorbringt, bedrückt zu sein, erhält sie am Mittwoch die Erlaubnis, das Bad aufzusuchen. Mit ihren Hofdamen schließt sie sich in dem Raum ein. Diesen sagt sie: »Glaubt aber nicht, dass ich mich ausziehe. Ich bin ja nicht hergekommen, um zu baden, sondern um mit ihm zu sprechen.«

Nach diesem langen Vorspiel können die beiden Liebenden sich also frei miteinander unterhalten. Guillaume, der eine Bodenplatte gelöst hat und so in das Bad eingedrungen ist, erklärt der jungen Frau seine Liebe. Sie antwortet ihm: »Lieber Herr, da Gott mir die Gunst schenkt, mit Euch zusammen zu sein, sollt Ihr beim Abschied nicht sagen, dass ich Euch etwas vorenthalten habe, seid Ihr in meinen Augen doch so schön und edel, höfisch und klug, dass Ihr rechtens und der Minne halber seit langem mein Herz besitzt. Nun ist noch der Körper dazugekommen, um Euch glücklich zu machen.«

Aber kommen wir zurück zu den Worten, bevor wir zu den Taten übergehen. Für Andreas Capellanus gibt es fünferlei Art und Weise, wie man die Liebe eines anderen Menschen gewinnen kann: »durch leibliche Schönheit, rechtschaffenes Verhalten, seltene Redegewandtheit, großen Reichtum und übergroße Freigebigkeit«. Aber, so fügt er hinzu, nur die ersten drei Eigenschaften sind geeignet, wirklich Liebe zu wecken, und die Sittsamkeit oder Rechtschaffenheit ist es, die allein die Krone der Liebe verdient. Von der Redegewandtheit an sich glaubt er nicht, dass sie geeignet ist, um Liebe beim Gegenüber zu wecken – schließlich kann ein guter Redner auch zu Unrecht glauben machen, dass er zahlreiche Tugenden besitzt. Weil andererseits wohlgesetzte Worte auf die Rechtschaffenheit desjenigen schließen lassen, der sie vorbringt, widmet unser Autor imaginären Dialogen zwischen einer Frau und einem Mann, die in verschiedenen sozialen Milieus angesiedelt sind, lange Passagen seines Werkes. Nehmen wir als Beispiel das Gespräch eines Mannes aus dem Volk mit einer Frau aus dem Volk: Er beginnt damit, sie gemäß der Sitte zu grüßen, und auch nach der Begrüßung darf er nicht gleich damit loslegen, ihr seine Liebe zu erklären. Vielmehr soll er einige Zeit verstreichen lassen, damit die Frau, sofern sie es wünscht, zuerst das Wort ergreifen kann. Wenn die Frau solcherart den Anfang macht, kann der Mann sich darüber freuen, gibt sie ihm damit doch die Möglichkeit, die Unterhaltung nach mancher Richtung fortzusetzen. Denn tatsächlich: »Es gibt ja Männer, die beim Anblick ihrer Erwählten kein Wort mehr herausbringen können und alles, was sie sich ausgedacht und zurechtgelegt hatten, vergessen«.

Wenn die Frau zu lange zögert, die Unterhaltung anzufangen, muss der Mann das Gespräch in Fluss bringen. Er soll zunächst über Dinge reden, die nichts mit dem eigentlichen Thema zu tun haben, indem er etwa ihre Heimat, ihre Familie oder ihr Aussehen lobt, denn den Frauen gefällt es in der Regel, Komplimente zu hören.

Nach diesem Vorgeplänkel kann der Mann dann die Frau davon zu überzeugen versuchen, wie glücklich es ihn machen würde, wenn ein so vollkommenes Wesen wie sie ihm ihre Liebe schenkte. Woraufhin sie bescheiden bestreitet – oder vorgibt zu bestreiten –, all die Eigenschaften zu besitzen, die er ihr zuschreibt.

Andreas Capellanus spielt auch besondere Konstellationen durch, etwa fortgeschrittenes Alter des männlichen Parts: »Ja, ich kann wohl sogar sagen, dass du, wenn du es recht überlegst, mein Alter geradezu als Vorteil für die Gewährung deiner Liebe anerkennen musst. Denn ich habe doch all die Jahre hindurch viel Lobenswertes getan.« Aber auch ein unerfahrener jugendlicher Bewerber, der noch gar keine Gelegenheit hatte, sich durch Taten auszuzeichnen, kann berechtigterweise zum Zuge kommen, wenn die Frau diesen »durch ihre Belehrungen dem Hof der Liebe zuführt und durch ihre Rechtschaffenheit zu einem lobenswerten Mann macht«.

Angesichts eines derartigen Abkommens ist die Konversation nur ein subtiles Spiel. In den Werken der Literatur erscheint die Liebeserklärung allerdings bisweilen als ein schwieriger Augenblick. Die Schüchternheit ist schließlich das Los beider Geschlechter. In *Cligès* von Chrétien de Troyes hat Soredamor Angst davor, sich dem Geliebten zu erklären. »Amor hat ihr ein Bad bereitet, das sie sehr erhitzt und sie verbrennt. Bald ist ihr wohl, bald ist ihr schlecht […].« Das ist gerade noch akzeptabel; es handelt sich um ein junges Mädchen, das die Zurückhaltung zeigt, die sich für ihr Geschlecht geziemt. Aber Alexander! Auch »er wagt es nicht, die, an die er am meisten denkt, anzusprechen«.

Die Verliebten schaffen es jedoch, ihr Schweigen zu überwinden. Ganz so, wie Ovid es den Verehrern empfiehlt, ihren Schönen verliebte Blicke zuzuwerfen, beginnen einige, mithilfe von Zeichen zu kommunizieren. Um die Schüchternheit zu überwinden, werden bisweilen Verklausulierungen gefunden. Im Roman *Cligès* versucht Fenice, den Geliebten dazu zu bringen, sich ihr zu erklären, indem sie ihn zunächst fragt, ob er eine Freundin in England hat. Der Held wagt nicht, ihr seine Liebe zu gestehen, und erklärt auf zweideutige Weise: »Madame«, sagt er, »ich habe dort geliebt, aber ich habe niemanden geliebt, der von dort gewesen wäre. So wie Rinde ohne Holz war mein Leib ohne Herz in Britannien.«

In dem Bild des vom Körper getrennten Herzens kann Cligès seine Schüchternheit einigermaßen überwinden. Er fragt Fenice: »Und Ihr, wie ist es Euch ergangen, seit Ihr in dieses Land gekommen seid?« Diese entwickelt die Metapher weiter. »An mir ist nichts als Rinde, ich lebe und existiere ohne Herz. Niemals bin ich in Britannien gewesen, und doch hat mein Herz ohne mich in Britannien ich weiß nicht welchen Handel getrieben.«

Und die beiden Helden überzeugen sich von ihrer gegenseitigen Liebe.

– Madame! Dann sind also unsere beiden Herzen hier bei uns, wie Ihr sagt, denn das meine gehört ohne Vorbehalt ganz Euch.
– Freund, und Ihr habt auch das meine, und so passen wir bestens zueinander. [...]
Sie bleibt froh zurück, und froh geht er davon [...].

Welche Freude, sich die gegenseitige Liebe zu gestehen. Aber dabei bleibt es nicht.

Berührungen und zarte Küsse

In der höfischen Liebe – die mittelalterlichen Autoren benutzen diesen Ausdruck, der aus dem letzten Jahrhundert stammt, allerdings nicht, sondern sprechen von der *fin' amors* (hohe Minne) – umfasst der Liebesdienst vier Stufen: Der »Verehrer«, der heimlich liebt, wird zum »Werbenden«, sobald die Dame ihm einen Blick geschenkt hat. Diese kann ihn zum Galan »legitimieren«, bevor er womöglich zum »physischen« Geliebten wird. Wenn die Dame zustimmt, aus dem Werbenden ihren Freund zu machen, wird dies durch eine Zeremonie institutionalisiert. Mit gefalteten Händen und auf den Knien erklärt sich der Verliebte zum Gefolgsmann der Dame, das heißt, dass er, ähnlich wie im Lehnswesen, keine andere Herrin in der Liebe haben wird. Sie gibt ihm daraufhin einen Kuss, der den Eid besiegelt. »Mit einem zarten Kuss gibt sie mir das, was mein Glück ausmacht«, schreibt Bernart Marti Mitte des 12. Jahrhunderts.

Aber zwischen dem Kuss und der »Tat« (dem sexuellen Akt), die normalerweise gar nicht stattfinden darf, gibt es in der provenzalischen Erotik bisweilen andere Belohnungen, und zwar die Betrachtung der nackten Dame und den Liebesbeweis oder *asag*, die nicht zwangsläufig zusammengehören.

Die schüchternen unter den Minnesängern begnügen sich bisweilen damit, vom nackten Körper der Dame zu träumen. Andere hoffen darauf, ihn bewundern zu dürfen. Arnaud de Mareuil drückt das Verlangen aus, dort

Meister E. S., Liebespaar auf der Gartenbank (um 1460)

zu sein, »wo seine Dame sich entkleidet, denn das ist eine große Ehre, die sie ihm zuteil werden lässt«. Und Bernard de Vendatour vermittelt uns eine Vorstellung von einer mehr oder weniger forcierten Entkleidung. »Es wäre ein großer Fehler, wenn sie mich nicht in ihr Zimmer riefe, so dass ich auf ihren Befehl hin an ihrer Seite wäre, an ihrer Bettkante, und dass ich demütig auf Knien ihre bequemen Schuhe ausziehen würde, wenn sie mir den Fuß hinstreckte.«

Der Geliebte muss in einem derartigen Kontext den Körper seiner Freundin leicht berühren können und dabei diskret sein. Normalerweise bleibt es dabei, es sei denn, die Dame erlaubt es ihm, seine Leidenschaft im *asag* zu beweisen.

Flamenca umschlingt Guillaume im Bad, wohin er kam, um sie zu treffen, mit ihren Armen, gibt ihm einen Kuss und schmiegt sich sanft an ihn. Guillaume verhält sich ebenso. Dann lädt er sie in sein Zimmer ein, das komfortabler ist:

Als sie alles von ihm wusste, erwachte so große Freude in ihrem Herzen, dass sie sich ihm ganz auslieferte, indem sie ihm um den Hals fiel, ihn leidenschaftlich küsste und jegliche Zurückhaltung aufgab, um ihm zu dienen, ihn zu liebkosen und allen Geboten der Liebe zu folgen. Weder Augen, noch Münder, noch Hände blieben müßig. Sie küssten und liebkosten einander und verzichteten auf jegliches Versteckspiel: andernfalls wäre ihre Liebesfreude nicht vollkommen gewesen. Beide taten ihr Bestes, um die brennenden Schmerzen und die endlosen Qualen, die sie wegen ihrer Liebe erlitten hatten, aufzuwiegen. Die Minne bewirkte, dass beide auf ihre Rechnung kamen, indem sie sie freundlich animierte, gemäß ihrer wahren, echten Neigung alles zu tun, was ihnen gefiel. Indem sie sie erglühen ließ und entflammte, bereitete ihnen Frau Minne solche Wonnen, dass sie alle Mühsal vergaßen, die ihnen bis zu diesem Augenblick beschieden gewesen war [...].

Guilhem kehrte keineswegs den Klerikus hervor: Er fragte und verlangte nicht, sondern nahm, was ihm seine Herrin schenkte. Freilich war sie nicht säumig, ihn zu beglücken, sondern ehrte und entzückte ihn so sehr, dass auch Frau Huld nicht mehr geboten hätte, obgleich sie als die beste Freudenspielerin gilt. So viel Lust schenkte ihnen die Minne, dass sie gar nicht daran dachten, miteinander zu schlafen. An diesem Tag fühlten sie sich reich belohnt, wenn sie einander küssen und umarmen, herzen und liebkosen durften; dazu kamen noch andere Spiel, welche Frau Minne ersinnt, wenn sie erkennt, dass sie es mit höfischer Liebe zu tun hat.

Die Liebesprobe (*l'asag*) der theoretischen höfischen Liebe entspricht dem sexuellen Kontakt der ritterlichen Liebe. Sie ermöglicht es einer Dame festzustellen, dass ihr Freund sie tatsächlich von Herzen liebt und sie nicht nur als Objekt betrachtet. Denn ihr Verehrer, der nackt neben ihr – die ebenfalls nackt ist – liegt, ist durch einen Schwur gebunden, nichts gegen ihren Willen als den der Herrin des Spiels zu unternehmen.

In der eben zitierten Passage aus *Flamenca* erweisen sich die beiden Helden als perfekte Liebende, denn sie bereiten sich sämtliche Vergnügen außer dem eigentlichen Akt.

Was auch immer die Motivation für den *asag* ist, er stellt ein Element der spirituellen Liebe dar. Eine Ehrerbietung, die bei den Liebenden eine gefühlsmäßige Verständigung voraussetzt, ohne die jegliche sexuelle Beziehung nur grobe Sinnlichkeit wäre.

In der nordfranzösischen Erotik stellt der Kuss nicht automatisch den schlussendlichen Erfolg dar. Obwohl die völlige Hingabe der Dame recht häu-

fig folgt, kommt es bisweilen vor, dass die Liebenden Lippe an Lippe nebeneinander liegen, so wie Perceval und Blanchefleur, ohne zum Akt zu kommen.
Chrétien de Troyes beschreibt die Situation im *Conte du Graal (Der Percevalroman oder Die Erzählung vom Gral)* folgendermaßen:

> so hat er sie unter sie Decke gelegt,
> ganz sachte und ganz behaglich;
> und sie duldet, dass er sie küsst,
> und ich glaube nicht, dass es ihr unangenehm ist.
> So lagen sie die ganze Nacht,
> eins neben dem andern, Mund an Mund,
> bis zum Morgen, da der Tag herankommt.
> So viel Trost bereitete ihr die Nacht,
> dass sie, Mund an Mund, Arm an Arm,
> schliefen bis es tagte.

Auch im Norden beinhaltet die höfische Liebe ein Ritual des Küssens, das
nicht unbedingt an den Lehnseid erinnert. So wird es im *Lancelot* in Prosa-
form beschrieben. Der Held und Guenièvre kommen eines Abends auf einer
Wiese vor Galehot zusammen, einem hünenhaften Ritter und Freund von
Lancelot. Galehot bittet die Königin, dem Helden einen Kuss zu geben. Da sie
wegen der Anwesenheit anderer Personen zögert, entfernen die beiden sich
und tun so, als würden sie diskutieren. Als die Königin sieht, dass der Ritter
es nicht wagt, den ersten Schritt zu unternehmen, fasst sie ihn am Kinn und
gibt ihm einen langen Kuss. Diese Szene erinnert eher an eine Hochzeit als an
einen Vasalleneid. Darüber hinaus zeigen die Miniaturen, die die Szene darstellen, den Ritter nicht kniend vor seiner Dame, sondern neben ihr sitzend,
als er den Kuss empfängt.

Der Kuss ist mithin keineswegs nur eine harmlose Geste.

> Doch, das würde gewiss niemand glauben,
> dass er sie geküsst hätte, ohne mehr zu tun;
> denn die eine Sache zieht die andere nach sich:
> wer eine Frau küsst und dabei nicht mehr tut,
> sobald sie beide ganz alleine sind,
> von dem glaube ich, dass es an ihm liegt.
> Eine Frau, die ihren Mund preisgibt,
> bewilligt leicht [auch] das Übrige,
> wenn es jemand ist, der im Ernst darauf aus ist;

erklärt Orgueilleux de la Lande, der Freund eines jungen Mädchens, das Perceval mit Gewalt geküsst hat, im *Percevalroman*. Er kann nicht glauben, dass es bei Umarmungen geblieben ist. Das um 1280 geschriebene Werk *Clef d'amors (Schlüssel zur Liebe)* bestätigt dem Liebenden aber, dass »der Kuss der Verwandte des darüber Hinausgehenden ist und darauf vorausweist«.

Das Vergnügen, das der Kuss bereitet, drücken die Allegorie der Jugend und ihr Freund ausführlich im *Rosenroman* aus. »Ihr Freund war gar zärtlich mit ihr. Er küsste sie jedesmal, wenn es ihm gefiel, vor all den Damen und Herren. Wenn jemand ihr Gespräch erlauschte, schämten sie sich nicht. Sie küssten sich gegenseitig wie zwei Täubchen.«

Die Mehrheit der Schriftsteller vermeidet es, sich zu lange über den sinnlichen Zeitvertreib auszulassen. Allerdings beschreibt Jean Renart in *Escoufle (Die Gabelweihe)* die Küsse, die Aélis und Guillaume austauschen:

Weil die Küsse ihr gefallen,
öffnet sie ihren schönen Mund so weit,
dass die zwei Zungen sich berühren,
trotz der weißen und engen Zähne,
die die Liebe so gelockert hat,
dass sie sich finden können.

Wenngleich Robert de Blois den Frauen empfiehlt, es nicht zuzulassen, dass man ihnen die Hand auf die Brust legt – nur der Ehemann hat dieses Recht –, scheinen diese Ratschläge nicht immer befolgt worden zu sein. Als der Kaiser es Guillaume in *Escoufle* untersagt, in das Zimmer seiner Tochter einzudringen, antwortet der Held, dass er Aélis gegenüber immer ein untadeliges Verhalten an den Tag gelegt habe. Schöne Worte ohne Grundlage! Das junge Mädchen sagt nämlich zu sich selbst:

Ah, Guillaume, schöner Freund,
so oft haben Sie Ihre schönen Hände,
die so weiß sind,
auf diesen schönen Bauch und diese Hüften gelegt
und meinen Körper mit allen Sinnen berührt.

Im *Livre d'Artus (Artusbuch)* liebkost der Held eine bereitwillige Jungfrau: »Er legt ihr die Hand auf die Brüste und auf den Bauch und berührt ihren Körper, der zart und weiß war.«

Einige Damen würden darüber hinaus gerne zum Akt selbst voranschreiten. In *Athis et Prophilias (Athis und Prophilias)* träumen die Zuschauerinnen nach dem Ende der Spiele, bei denen die beiden Freunde brilliert haben, davon, einen von ihnen in ihrem Bett zu haben.

Inwieweit aber entspricht die Literatur als Spiegelung einer Vorstellungswelt auch der Realität? Dient doch die Zeit vor der Hochzeit im wirklichen Leben nicht gerade dem Vergnügen, sondern ist im Allgemeinen und ganz besonders mit Blick auf die soziale Elite von wirtschaftlichen Erwägungen bestimmt.

Die Liebenden in der Wirklichkeit

Die Liebe auf den ersten Blick ist nicht nur ein literarisches Feuerwerk. Ein Argument *a contrario* liefern uns die Register von Jacques Fournier, dem Bischof von Pamiers, der 1320 in Montaillou, einem kleinen Dorf im Haute-Ariège, seine inquisitorischen Fähigkeiten an den Tag legt. »Ich habe Arnaud Belot geheiratet, der sehr arm war und der keine handwerkliche Qualifikation besaß; und dennoch war es im Vorfeld nicht einmal Liebe auf den ersten Blick!«, hat demnach Raymonde Argelliers ausgerufen – und es ist bemerkenswert, dass diese Äußerung von einer Frau stammt.

Am Ende des Mittelalters findet die Heirat nur selten gegen den Willen der Eheleute statt, ja nicht einmal gegen den Willen eines Partners. Natürlich willigen Eltern und Freunde in die Verbindung ein, aber die juristischen Dokumente erwähnen überhaupt kaum Opposition. Warum? Ist es die Anerkennung des familiären Wunsches oder die Übereinstimmung von Pflicht und Gefühlen? Die zweite Hypothese scheint die plausiblere zu sein. In der Tat wird jede Liebeserklärung wiederholt vorgebracht, nicht nur im Privaten, sondern auch in der Öffentlichkeit, was weit mehr verpflichtet.

Junge Männer und junge Mädchen aus den Dörfern treffen sich gewöhnlich bei den Festivitäten im Laufe des Jahres. Sie tanzen miteinander, vor allem den Reigen, den man bei Volksfesten, aber auch Festen der Adeligen aufführt und der von Refrainliedern begleitet wird. Die Tänzer bilden dabei eine Kette, einen Kreis oder häufiger einen Festzug und marschieren feierlich jeweils zu zweit oder zu dritt. Die Dorfbewohner lieben es besonders, um Bäume und Quellen herumzutanzen.

Am ersten Mai stecken die jungen Männer den Maien, das heißt, sie legen den Mädchen ihres Dorfes frische grüne Äste vor deren Türen: ein vor allen proklamiertes offenes Bekenntnis heimlich ausgetauschter Schwüre. Zwei

Jugendliche aus Buchy, die noch unter der elterlichen Vormundschaft stehen, treffen dennoch am Vorabend des ersten Mai zwei junge Mädchen, »die sie wahrhaft liebten«. Um ihnen Freude zu machen, fragen sie sie am nächsten Tag, dem ersten Sonntag im Mai, ob jeder seiner Angebeteten einen Maiast bringen dürfe. Die Mädchen akzeptieren. So weiß am nächsten Morgen jeder, welches junge Mädchen einen Verehrer hat; es ist nicht notwendig, bis zur Verlobung zu warten. »Das ›Vergnügen‹ des Mädchens«, so schreibt Claude Gauvard, »arrangiert sich mit einem Ritual, das nicht zwangsläufig die Zartheit der Gefühle erstickt.«

Gefühle füreinander können, einmal erklärt, Streitigkeiten hervorrufen, die vor allem die jungen Leute gegeneinander aufbringen. Ein Verehrer, der das Band eines Mädchens, »das er wahrhaft liebt«, als Pfand erhalten hat, muss einem Rivalen gegenübertreten, der wütend darüber ist, dass er verdrängt wurde. Die Angelegenheit wird durch einen Messerstich auf der Straße beendet.

Die jungen Männer machen den Mädchen, die sie lieben, den Hof. Jean Guéret trifft Alisson bei einer Freundin. »Überrascht und entzückt von der Liebe«, von zärtlichen Worten und Gesten, versucht er sich zu erklären und »sagt ihr mit einem Lächeln und mit tiefer Stimme, dass er ihr gern die Haare kämmen würde«. Die Haare eines jungen Mädchens zu berühren, stellt einen gewagten Akt des Verliebtseins dar. Ebenso ist die Tatsache, dass Jeanne, die Tochter von Pierre Hemery, ihrem Verehrer Regnaul d'Azincourt einen Zipfel ihrer Flügelhaube gegeben hat, ein veritables Element der Erklärung für die von dem jungen Mann geplante Entführung. Um auf Jean zurückzukommen: Er fährt fort, mit Alisson und einem Star zu spielen. Schließlich setzt sich das Mädchen tatsächlich auf seinen Schoß. In einem Stall will Nicaise le Caron Margot seine Liebe gestehen, die gerade die Kälber tränkt. Weil er es nicht wagt zu sprechen, fasst er sie am Arm. Sie versteht sofort und sagt zu ihm: »Lass mich gehen, ich möchte es gerne.«

Entführung und Liebe sind nicht unvereinbar. Darüber hinaus wirkt sich die Tatsache, dass der Entführer seine Gefühle für das Mädchen geltend macht, günstig für ihn aus. So verspricht Méline, die Tochter von Gilet und Jorey, zu einem Rendezvous zu kommen: »Sie komme zu jeder Zeit, wenn sie dafür das Haus verlassen könnte, und werde mit ihm gehen, wohin er wolle.« Der Entführer empfängt sie zu Beginn des Abenteuers folgendermaßen: »Meine süße Freundin, seien Sie willkommen.«

Der Raub ist eher eine Angelegenheit der Aristokratie. Aber Jean und Jeanne sind einfache Landarbeiter. Beide »haben sich in heimlicher Übereinstimmung ein Hochzeitsversprechen gegeben, ohne Trauschein und ohne das

Einverständnis von Jeannes Vater oder irgendeiner anderen Person«. So entführt Jean sie, denn er weiß, dass er keine Ehe mit einer anderen Frau als Jeanne eingehen kann, solange diese lebt und fürchten muss, dass ihr Vater sie rasch mit einem anderen verheiratet. Versprechen, Furcht, das geliebte Wesen zu verlieren, Raub und Vereinigung. Die Liebe scheint nicht unvereinbar zu sein mit der Ehe.

Die Liebe beschränkt sich also nicht auf außereheliche Beziehungen. Man muss vielmehr die »leidenschaftliche Liebe«, die sich außerhalb der vom Priester geweihten Vereinigung bewegt, von der »guten und wahren Liebe in Erwartung der Heirat« unterscheiden. Die beiden Formulierungen tauchen in unzähligen Wiederholungen auf. Die erste Form der Liebe versteckt sich, und die »süßen, heimlichen und schmeichelhaften Worte« haben allesamt das Ziel, das Mädchen davon zu überzeugen, seinem männlichen Partner Vergnügen zu bereiten. Die zweite Form führt zum Ehebund, der es dem Paar erlaubt, sich das ganze Leben lang zu lieben.

2.

Der Akt selbst

Was wissen die Mediziner?[1]

Mediziner der Schule von Bologna sezieren Ende des 13. Jahrhunderts menschliche Leichen. Das ermöglicht die genaue Beschreibung der Genitalien. Während des Hochmittelalters haben sich die Klosterschulen in der Tat gar nicht mit Gynäkologie und Geburtshilfe beschäftigt, und bis zum Ende des 11. Jahrhunderts kannte der Westen nur eine einzige gynäkologische Abhandlung, und zwar die von Muscio: ein gekürzter und im 6. Jahrhundert ins Lateinische übersetzter Text nach dem Werk des Soranus von Ephesus.

Jacques Despars glaubt im 15. Jahrhundert, dass es Drüsen an der Peniswurzel gibt, die Feuchtigkeit verursachen; diese sei dem Speichel ähnlich und vergrößere die Lust während des Sexualaktes.

Die weiblichen Geschlechtsorgane, vor allem die äußeren, werden zwar nicht vergessen, allerdings bleibt ihre Beschreibung meist sehr ungenau. Die Klitoris etwa erwähnen einige Schriften gar nicht, während andere auf sehr ungeschickte Weise davon sprechen. Auf jeden Fall scheinen die Mediziner die weibliche Empfindsamkeit nicht völlig zu ignorieren. Nach den Vorstellungen Pietro d'Abanos wird das Begehren der Frauen durch das Reiben der oberen Öffnung zum Schambein hin angeregt. Die Lust, die aus diesem Körperteil entspringt, lässt sich tatsächlich mit der vergleichen, die aus der Be-

---

1 Diese Seiten haben dem exzellenten Werk von Danielle Jacquart und Claude Thomasset, Sexualité et savoir médical au Moyen Âge (Sexualität und medizinisches Wissen im Mittelalter), viel zu verdanken, auf das ich für weiterführende Informationen verweise.

rührung des Gliedes, besonders der Eichel, erwächst. Aber erst in der Renaissance stellt Gabriel Fallope den Zusammenhang zwischen der Klitoris und einer spezifisch weiblichen Lust heraus.

Schreiten wir von der Anatomie zur Physiologie voran.

Guillaume de Conches äußert im 12. Jahrhundert die Ansicht, dass eine Frau Lust zeigen müsse, um schwanger zu werden, denn die Lust ermögliche die Ausschüttung des Samens, also die Befruchtung. Bei Prostituierten, die ihren Körper für Geld verkaufen und keinerlei Vergnügen während des Aktes verspüren, finde keine Ausschüttung statt, weshalb sie nicht empfangen.

Man kann natürlich einwenden, dass vergewaltigte Frauen demzufolge nicht schwanger werden dürften. Pessimistisch hinsichtlich der menschlichen Natur, ja sogar zynisch, erwidert Guillaume darauf: »Obwohl bei der Vergewaltigung der Akt zu Beginn missfällt, findet sie am Ende – da hilft die Schwäche des Fleisches – Zustimmung.« Und so findet die Lehre des Guillaume de Conches, die sich aus Ideen des griechischen Arztes Galen (um 131–201) über das weibliche Sperma speist, im ausgehenden Mittelalter große Verbreitung.

Die Anhänger der aristotelischen Lehre schränken die Rolle des weiblichen Spermas bei der Entstehung des Embryos ein. Gilles de Rome geht Ende des 13. Jahrhunderts davon aus, dass eine Frau bei einem Koitus interruptus und ohne einen Orgasmus gehabt zu haben befruchtet werden kann. Damit ist die weibliche Lust für die Empfängnis nicht erforderlich, denn die Vulva ist fähig, das Sperma selbst ohne Koitus anzuziehen: Berichtet der arabische Arzt und Philosoph Averroës (12. Jahrhundert) doch, dass eine seiner Nachbarinnen durch das Bad in Wasser schwanger wurde, in dem ein Mann sein Sperma vergossen hatte!

Aus diesen Ausführungen ergibt sich eine wichtige Konsequenz. Wenn die Ausscheidung des weiblichen Samens zu vernachlässigen ist, wird die Lust einzig durch das männliche Sperma hervorgerufen. Somit muss sich der Mann nicht mehr um die Lust seiner Partnerin kümmern.

Für den Dominikanergelehrten Albertus Magnus (1206–1280) tritt der Zusammenhang zwischen Lust und Fruchtbarkeit nicht deutlich zutage. Aus Berichten von Frauen weiß er, dass viele von ihnen keinerlei Vergnügen bei der Empfängnis verspürt haben. Er erklärt dies damit, dass erotische Träume eine Ausscheidung hervorrufen und Lust bereiten können, selbst wenn diese nicht bewusst gesucht wurde. Damit die Frau schwanger wird, reicht es also, so schreibt er, dass die Gebärmutter die Flüssigkeit nach der Ausscheidung anzieht und sie bis zur Befruchtung behält, die dann ohne erneute Ausscheidung eintreten kann, also ohne Lust.

Im Unterschied zu den Geistlichen sehen die Mediziner im Geschlechtsakt vor allem ein entscheidendes Element für die Gesundheit. Nach einem anonymen Autor des 13. Jahrhunderts wünschen viele Männer den Koitus, um Lust zu empfinden, und sehr wenige, um Söhne zu zeugen.

Die Mediziner beschäftigen sich vor allem mit der männlichen Physiologie. Erektion und Ejakulation finden vor allem, so glaubt man, unter dem Einfluss von Blähungen und der Atmung statt. Gemäß Galen, auf den sich zahlreiche mittelalterliche Mediziner berufen, vollzieht sich etwas Ähnliches wie bei der Ansammlung brennender Flüssigkeit unter der Haut, bei deren Bewegung ein angenehmes Jucken entsteht. »Wenn diese Körperteile darüber hinaus zum gleichen Zweck von Natur aus mit einer höheren Sensibilität ausgestattet sind als die Haut, darf man sich weder über den lebhaften Genuss wundern, der von diesen Körperteilen ausgeht, noch über die Sehnsucht, die diesem Genuss vorausgeht.« Diese Lust wird folgendermaßen gerechtfertigt: Da der Mann nicht immer klug ist, hat ihm die Natur eine Stimulation mitgegeben, um die Art zu vermehren. Eine Reihe mittelalterlicher Autoren, wie beispielsweise Constantinus Africanus, haben sich dieses Argument zu eigen gemacht, wobei sie häufig anfügen, dass die Lust es ermöglicht, den Ekel bei der Benutzung beschämender Organe zu überwinden.

Die Tatsache, dass die beiden Geschlechter unterschiedlich reagieren, lässt die Gelehrten über den psychologischen Aspekt der sexuellen Lust nachdenken. Warum zeigt die Frau, die von Natur aus kälter und feuchter ist als der Mann, ein leidenschaftlicheres Begehren? Das feuchte Holz lässt sich schwieriger entflammen, dafür brennt es länger, könnte man erwidern. Die Lehre des Aristoteles legt eine andere Antwort nahe. Das Übermaß an Feuchtigkeit und die Passivität der Frau sorgen dafür, dass sie immer bereit für den Koitus ist; dieser macht sie müde, doch nicht satt. Seit dem 13. Jahrhundert wird noch eine Präzisierung angefügt: Die weibliche Lust ist quantitativ größer, doch qualitativ kleiner und weniger intensiv. Und die Lust, die eine Erinnerung an erlebte Freuden ist, erklärt, warum die schwangere Frau im Gegensatz zu den Tieren erneuten Geschlechtsverkehr sucht.

Das Mittelalter versucht, die Zusammenhänge zwischen dem Körperlichen und dem Geistigen aufzuzeigen. Wie zum Beispiel im Fall der Krankheit, die »heroische Liebe« genannt wird. Gemäß Arnaldus de Villanova, einem bekannten katalanischen Arzt an der Wende zum 14. Jahrhundert, erzeugt der Anblick des Objekts im Subjekt Lust: Wenn das im mittleren Hirnventrikel sitzende Einschätzungsvermögen glaubt, dass das Verlangen sehr intensiv ist, halten die Einbildungskraft und die Erinnerung, die in den vorderen und hinteren Ventrikeln lokalisiert sind, die Eindrücke und die Intentionen des

Einschätzungsvermögens fest. Eine amouröse Obsession entsteht, wenn das Subjekt die Lust als einziges zu erreichendes Ziel erachtet. Eine zu intensive Liebe hat sein Urteilsvermögen getrübt. Der sexuelle Akt bildet dann das beste Mittel, gegen eine derartige Krankheit anzugehen.

Liebestechnik[2]

Während in der höfischen Erotik der Akt trotz des ausgeprägten Vorspiels theoretisch verboten ist, sehen die Ärzte darin einen normalen Abschluss. Ihre Abhandlungen erfahren hauptsächlich ab dem 11. Jahrhundert eine entscheidende Systematisierung, die nachfolgenden Perioden beschränken sich auf Ergänzungen.

Eine Vielzahl von Abhandlungen arabischer Herkunft ist vor allem der Sexualhygiene gewidmet. Dennoch tragen die Autoren zur Entstehung einer erotischen Liebeskunst bei. Für den einen passen bestimmte Lesbierinnen aufgrund von Verletzungen nur zu impotenten Männern; er unterscheidet also sehr wohl klitorale und vaginale Lust. Ein anderer empfiehlt, zur Erregung eines jungen Mädchens mit ihren Brüsten zu spielen, denn ihr Samenfluss befinde sich unter den Schlüsselbeinen, die in Verbindung mit der Brust stünden. Ein dritter kritisiert die Männer, die ihre Frau durch einen vorzeitigen Samenerguss oder durch ein zu schnelles Zurückziehen des männlichen Gliedes der Lust berauben. Sich während des Orgasmus an den Haaren zu

---

2 Es ist anzumerken, dass das *Kamasutra*, eine in Sanskrit von Vatsyayana verfasste Abhandlung von Liebesregeln, aus einer unserem Hochmittelalter vergleichbaren Epoche stammt. Das Werk ist trotz seines erotischen Charakters Teil der religiösen Literatur Indiens. Nachdem es vor allem die Liebkosungen und Finessen studiert hat, die dem sexuellen Akt vorausgehen oder ihn begleiten – die Umarmungen, die gegenseitige Liebe bezeugen, werden in vier Arten unterteilt: das Berühren, das Eindringen, das Reiben oder Einreiben, die Leidenschaft –, zeigt es die unterschiedlichen Verhaltens- und Handlungsmöglichkeiten während der Vereinigung. Ein Kapitel ist den Verhaltensweisen gewidmet, die die Wollust als einziges Ziel haben. Die Folgerung daraus lautet: »Der einfallsreiche Mensch vervielfacht die Arten der Vereinigung, indem er die Vierbeiner und Vögel imitiert; denn diese unterschiedlichen Arten, die gemäß den Gewohnheiten jedes Landes und dem Geschmack jeder Person praktiziert werden, erwecken die Liebe, die Freundschaft und den Respekt in den Frauen.« Wir sind weit entfernt von Burchard, dem Bischof von Worms, der zu Beginn des 11. Jahrhunderts die sexuelle Vereinigung mit Penetration von hinten »auf Art der Hunde« stigmatisiert hat.

Daniel Hopfer, Liebespaar. Radierung (1496)

ziehen, steigere die Wollust, und der Autor beschreibt ausführlich die Positionen, die für diese Praxis geeignet sind.

Diese Werke des 12. bis 14. Jahrhunderts haben zum Ziel, die Laien auf diesem Gebiet anzuleiten.

Im Westen enthalten die *Secrets des femmes (Geheimnisse der Frauen)* über die üblichen Informationen zum Sperma und zur Menstruation hinaus eine Abhandlung über Embryologie. Die Lust wird dort zufällig erwähnt: »Wenn die Frau Beziehungen zum Mann hat, dann wegen der Intensität der Lust, die sie empfindet; weil das erigierte Glied des Mannes an den erregten Nerven und Adern reibt, gibt die sich ausdehnende Vulva Menstruationsblut ab und der sexuelle Akt wird als natürlich angesehen, denn es ist der natürliche Koitus.« Wenn man sich an diesen Text hält, dann hängt die weibliche Lust völlig vom männlichen Glied ab.

Die erwähnten arabischen Abhandlungen scheinen im Westen nicht bekannt gewesen zu sein, anders jedoch ihre Quellen. Vor allem der *Kanon* von Avicenna findet im Universitäts- und Medizinermilieu seit Beginn des 13. Jahrhunderts weite Verbreitung. Selbst wenn sie dem weiblichen Sperma nur eine zweitrangige Bedeutung zuschreiben, vermuten die Ärzte, dass eine Verbindung zwischen Befruchtung und weiblicher Ausscheidung existiert.

Um die sexuelle Beziehung angenehmer zu gestalten, gibt Avicenna nützliche Ratschläge: »Die Männer sollen das Spiel mit den Frauen mit guter Konstitution verlängern. Sie sollen die Brüste und das Schambein streicheln, und sie sollen ihre Partnerin ohne wirkliche Erfüllung in die Arme nehmen. Und wenn sie zur Begierde gelangt sind, dann sollen sie sich zu ihr legen und die Region reiben, die sich zwischen dem Anus und der Vulva befindet. Das ist in der Tat der Ort der Lust. Sie sollen auf den Moment achten, in dem sich eine stärkere Zustimmung der Frau manifestiert, in dem ihre Augen anfangen, sich zu röten, ihre Atmung sich intensiviert und sie anfängt zu stammeln.«

Diese Passage wird fast vollständig von Bernard de Gordon in der 1303 geschriebenen Abhandlung *Lilium medicinae (Lilie der Medizin)* wiedergegeben. Ein wenig später fügt John of Gaddesden in der *Rosa anglica (Englische Rose)* einige Details hinzu, die eine gewisse Kenntnis der erogenen Zonen der Frau – außerhalb der Klitoris – bezeugen. Er befürwortet sogar eine Initiative von Seiten der Frau, wenn diese beim ersten Versuch kein Vergnügen empfunden hat. Der Mann solle sich auf den Rücken legen, was die Erektion begünstige, und sie solle versuchen, durch ihre Handgriffe seine Begierde zu wecken.

Im 15. Jahrhundert empfiehlt Michel Savonarola, nachdem auch er die Texte von Avicenna übernommen und einiges hinzugefügt hat, sich nicht zu beeilen, sondern das Vergnügen zu verlängern.

Das Problem des weiblichen Spermas liefert den Medizinern die Gelegenheit, die gemeinsam geteilte Lust abzuhandeln. Während sie bestimmte Techniken erwähnen, klammern sie in ihren Werken die Frage der Positionen aus.

Was sagen die Autoren?

Wenn man Andreas Capellanus Glauben schenkt, fehlt den Bauern das Empfinden für die Kunst der Liebe. Am Hof der Liebe zu dienen, ist ihr Ding nicht: »Sie finden sich zum Venusdienst auf so natürliche Weise wie ein Pferd oder Maulesel, gerade so, wie ihre Gefühle sie treiben. Ihnen genügt der Ackerbau, der ständige Umgang mit Pflugschar und Hacke.«

Wenn die Liebe aber einen Mann von Stand zu einem Bauernweib hinzieht, so soll er nach Capellanus' Rat nicht zögern, bei guter Gelegenheit sich das Gewünschte zu nehmen. Es wird allerdings nicht gelingen, »ihre raue Art gefälliger zu machen« und die ersehnten Lustbarkeiten zu erlangen, ohne dass ein wenig Druck ausgeübt wird.

Dennoch scheinen Robin und Marian in der Ballade von Eustache Deschamps die amourösen Spiele zu kennen, die bei der Entschlüsselung dieses Gedichts freizügig präsentiert werden.

So lehren Sie mich, mein sanfter Freund,
diese Kunst. Also berührt er sie und ergreift seine Maßnahmen,
die Seiten seines Buches hat er geöffnet;
seine Feder setzte er dort steif und hart auf.
Ein kurzer Aufschrei, aber sie hält es aus.
Und er fängt zu spielen an:
eins, zwei, drei und noch einmal.

Marion, die sich gut darauf verstand
zu solfeggieren, setzte Herz und Sorgfalt ein.
Als sie die Süße der Kunst spürte,
die aus dem Buch eine Ouvertüre machte,
wurde sie ohnmächtig und kam auf ihn zurück,
während Robin sich zurückziehen wollte.

So weit die erotische Fantasie eines Gelehrten, von dem man kein authentisches Zeugnis über die bäuerlichen Amouren erwarten kann.

Kommen wir also zu den höheren sozialen Schichten zurück. In den Regionen der *langue d'oil* im Norden Frankreichs gehen die Liebenden ohne Zögern zum Akt über. Im Gegensatz zu den Troubadours, die die reine Liebe preisen, demonstrieren die Trouvères des Nordens, dass die höfische Liebe oft nicht platonisch ist. So lernt Lancelot im *Chevalier à la charrette (Lancelot oder der Karrenritter)* Königin Guenièvre körperlich kennen, nachdem seine Mission beendet ist.

Nachdem er die Gitter am Fenster der Königin herausgelöst hat, tritt er sachte an ihr Bett heran. Sie zieht ihn zu sich und bereitet ihm einen wunderbaren Empfang. »So süß und gut ist ihr Spiel für ihn, voller Küsse und Umarmungen, dass ihnen wahrhaftig eine wunderbare Freude widerfuhr: etwas Ähnliches hatte man noch nie gehört. Ich werde aber immer darüber schweigen, denn in einer Erzählung darf davon nicht gesprochen werden. Die wunderbarste und köstlichste aller Freuden war diejenige, die uns die Erzählung verschweigt und verhehlt.«

Chrétien de Troyes zeigt sich ebenso zurückhaltend in der Beschreibung der Lust, die sich die Eheleute Erec und Enide bereiten:

> [...] er wollte in Liebe mit seiner Frau leben
> Und machte sie zu seiner Freundin und Geliebten;
> Mit ihr allein beschäftigte er sich,
> sie zu umarmen und zu küssen.
> Sie wünschten sich kein anderes Vergnügen. [...]
> Oft schon war es nach Mittag,
> wenn er sich von ihrer Seite erhob.

Erec ist sogar so mit seiner Liebe beschäftigt, dass er seine Pflichten als Ritter vergisst.

In einem völlig anderen Ton widmen sich die *fabliaux érotiques*, kurze Schwankerzählungen in Versen, dem sexuellen Aspekt. In *Trubert* wird der Held von Rosette liebkost und schläft mit ihr:

> Sie hält es [das Glied] an der Wurzel,
> es hebt den Kopf und sie lacht darüber;
> sie hat es an den Eingang der Lustpforte gesetzt,
> und richtet es so weit auf, wie sie kann,
> und Trubert spielt nicht den Graziösen:

er steckt es ihr ganz hinein […].
Jeder hatte in Hülle und Fülle seinen Anteil an der Lust;
sie schliefen in der Nacht überhaupt nicht.

In *Celle qui fut foutue et défoutue pour une grue,* was wörtlich übersetzt bedeutet: *Diejenige, die von einem Glied gefickt und verärgert wurde,* klingt das so:

Der junge Mann zögert nicht mehr länger,
er küsst das Fräulein,
das nicht traurig schien.
Er legt sie ins Bett
und er hebt ihr Hemd an.
Er hebt ihre Beine an,
verfehlt nicht, ihre Lustpforte zu finden,
und schiebt roh sein Glied hinein.

Die körperliche Lust führt, über konkrete Überlegungen hinaus, auch zu Reflexionen. Der zweite Teil des *Rosenromans* liefert Elemente einer Antwort. Guillaume de Lorris, der erste beteiligte Autor, hat einen Traum erzählt. Ein junger Mann von zwanzig Jahren, zugleich Erzähler und Traumfigur, erlebt ihn: Er macht sich auf den Weg, eine Rose in einem paradiesischen Garten zu pflücken. Eine Einladung also zum Begehren und zur Liebe. Guillaume de Lorris erzählt diese Suche in einem höfischen Kontext. Sein Werk endet brüsk an dem Punkt, wo ein Zusatz von anonymer Hand angefügt wurde, der das Pflücken der Rose erzählt: »Wir haben dort große Freuden erlebt; unser Bett bestand aus frischem Gras, und wir waren von herrlichen Rosen von Rosenstöcken und von Küssen bedeckt. Wir haben die ganze Nacht inmitten großer Freude und großer Lust verbracht. Die Nacht erschien mir sehr kurz.«

Eine Philosophie mit einer ganz anderen Reichweite skizziert Jean de Meun in seinem zweiten Teil des *Rosenromans*, der zwischen 1275 und 1280 geschrieben wurde, zu jener Zeit also, als an der Pariser Fakultät der Künste große Diskussionen stattfinden, die sich nicht nur auf einzelne intellektuelle Fragen beziehen, sondern das Dogma selbst in Frage stellen. Einige denken, dass das Glück nur in dieser Welt existiert, dass der Tod das Ende und die Unzucht keine Sünde ist. Das Recht auf Lust wird umso mehr gepriesen, als diese Atmosphäre das Schuldgefühl auf null reduziert. Daher ist es nach dem Urteil von Martin le Franc nicht erstaunlich, dass Jean de Meun sich mit der Rosenknospe so verhält »wie ein bierschwangerer Trunkenbold«.

Die Aufgabe des Mannes ist es, eine Frau zu finden, ihr die Liebesfreuden zu zeigen und sie zur Sinnlichkeit zu erwecken. Denn die Natur will, so Jean de Meun, dass auf eine Generation die nächste folge. Seine Allegorie der Vernunft formuliert es so:

> Deshalb hat NATUR hier das Vergnügen beigegeben,
> deshalb will sie, dass man sich dabei ergötze,
> dass jene Arbeiter sich nicht entziehen
> und diese Arbeit nicht verabscheuen,
> denn viele würden hier keinen Schuss tun,
> wenn das Vergnügen nicht wäre, das sie anzieht.

Derjenige, der nichts weiter als das Vergnügen begehre, fügt die Vernunft allerdings hinzu, verhalte sich wie ein Narr, denn die Wollust rufe alle Übel hervor. Und besonders die Jugend treibe die Menschen zu allerlei Ausschweifungen und Maßlosigkeiten. Diese Ansichten stellen einen Gemeinplatz bei den antiken Autoren dar; die vorgeschlagene Lösung, der Verzicht, ist freilich eine christliche. Das Denken ist jedoch subtiler: Die Lust macht nur diejenigen zu Sklaven, die sie als Selbstzweck betrachten. Die Wollust spielt in der Weltordnung aber nun mal eine notwendige Rolle. Darum muss, auch wer die Liebe auf unbedenkliche Art genießen will, ob Mann oder Frau, deren Früchte suchen; was die Lust angeht, braucht niemand auf seinen Anteil zu verzichten.

Ein Freund mit großer Erfahrung gibt dem Verliebten gute Ratschläge zur Liebeskunst:

> Gefährte, verliert nicht den Mut;
> bleibt nur dabei, gut zu lieben;
> Gott AMOR dient Tag und Nacht
> treulich ohne Verweilen […]

Später empfiehlt eine Alte der Dame, die Liebeslust in ihrer Jugend zu suchen, bevor es zu spät ist. Mit praktischen Ratschlägen wird nicht gespart:

> Und wenn sie sich ans Werk gemacht haben,
> dann handele ein jeder von ihnen so klug
> und so genau, dass es nicht fehlen kann,
> dass der Genuss der einen und der anderen
> Seite sich gemeinsam einstellt,
> bevor sie von dem Werk gelassen haben,

und sie müssen gegenseitig auf den andern warten,
um gemeinsam ihrer Grenze zuzustreben.
Der eine darf den anderen nicht verlassen,
und sie dürfen nicht aufhören zu schwimmen,
bis sie gemeinsam zum Hafen gelangen:
Dann werden sie vollständige Lust haben.

Wenn sie aber kein Vergnügen dabei hat,
muss sie vortäuschen, dass sie sich dabei sehr ergötzt,
und alle Zeichen muss sie vortäuschen und von sich geben,
die ihres Wissens dem Vergnügen anstehen,
so dass jener glaubt, sie empfange gern,
was sie keine Kastanie wert achtet.

Für die meisten Autoren neigen die Frauen zur Wollust, angezogen durch das sexuelle Vergnügen. In den *Cent Nouvelles nouvelles (Hundert neue Novellen)* – eine in Brabant anlässlich der fröhlichen Zusammenkünfte, an denen der mit seinem Vater Karl VII. verfeindete Thronfolger Ludwig teilnimmt, entstandene Sammlung von Erzählungen – provozieren sie die Männer. Die Liebe führt sie, aber es ist allein ein körperliches Bedürfnis, das ihnen so sehr gefällt.

Dennoch gibt es nicht wenige Begnadigungsbriefe, die von Vergewaltigungen berichten. Das ist der Beweis, dass Männer auch mit Gewalt ihre Begierde zu befriedigen suchen. Literatur und Realität stimmen nicht immer überein.

Was machen die Liebenden?

Während die Werke der Literatur das von den Liebenden empfundene Vergnügen schildern, erscheint es kaum in den erzählenden Quellen. Dennoch wollen wir versuchen, uns der Wirklichkeit mithilfe der Aussage von Béatrice de Planissoles vor dem Inquisitor Jacques Fournier anzunähern.

Béatrice ist kein Neuling in Sachen Liebe, denn als zweimal verheiratete Frau, von deren Ehen im Weiteren allerdings nicht die Rede ist, hat sie im Laufe ihres Lebens mehr als einen Liebhaber gehabt.

Ein Jahr nach dem Tod ihres ersten Ehemanns, des Schlossherrn von Montaillou, versucht der Priester Pierre Clergue sie zu überreden, mit ihm zu schlafen. Er argumentiert, die Sünde sei dieselbe für eine Frau, ob sie nun mit ihrem Mann oder mit irgendeinem anderen, sogar einem Priester verkehre. Ja, es sei sogar eine größere Sünde mit ihrem Ehemann, denn die Gattin glaube dann, keinen Fehler zu begehen, während sie sich dessen mit andern Männern bewusst sei. »Er beeinflusste mich derart, dass ich mich eines Nachts bei mir hingab. Das wiederholte sich häufig, und er verkehrte dann eineinhalb Jahre bei mir, wobei er zwei- bis dreimal pro Woche nachts bei mir in meinem Haus in der Nähe des Schlosses von Montaillou verbrachte. Ich kam selbst zwei Nächte in sein Haus, damit er sich mit mir vereinigte. Einmal schlief er sogar an Weihnachten mit mir.«

Noch zu Lebzeiten ihres Mannes hatte Raimond Clergue alias Pathau sie eines Tages im Schloss mit Gewalt genommen. Und ein Jahr, nachdem sie Witwe geworden ist, hält er sie öffentlich aus. Was den Geistlichen Pierre Clergue indes nicht davon abhält, mit ihr schlafen zu wollen. Nachdem der Priester sie besessen hat, unterhält sie keine Beziehungen mehr mit Raymond, trotz einiger Versuche seinerseits.

Es folgt eine erneute Heirat mit Othon de Lagleize. Einige Wochen später kommt der Pfarrer von Montaillou zu ihr. Sie begeben sich beide in den Keller und verkehren miteinander, während eine Dienerin an der Tür Wache steht.

Diese Aufzeichnungen lassen vermuten, dass Béatrice der Beziehung zu ihrem Liebhaber ihr Vergnügen findet. Ihr Einvernehmen wird auch in folgender Szene deutlich: »Er sagte mir dies und was dann bei mir folgen würde, manchmal an einem Fenster mit Blick auf die Straße, während ich ihm den Kopf kraulte, bisweilen am Feuer, bisweilen, wenn ich im Bett war.«

Über ihre Beziehung zu einem anderen Priester namens Barthélemy Amilhac, den sie während ihrer Probleme mit der Inquisition besucht, sagt Béatrice: »Ich glaubte bisweilen, dass Barthélemy, dieser Priester, mich gewissermaßen herausgeworfen hatte, denn ich liebte ihn zu sehr und ich wollte zu sehr mit ihm zusammen sein, obwohl meine Periode aufgehört hatte, als ich ihn kennenlernte.« Barthélemy erklärt seinerseits: »Ich habe mich schlecht benommen mit dieser Béatrice und in ihrem Haus, das nahe der Kirche war, und häufig geschlechtlich mit ihr verkehrt.«

Ebenso berichtet Alazaïs Guilhabert: »Ich habe Arnaud Vital sehr geliebt; ich habe mit ihm eine unanständige Vertrautheit unterhalten.« In beiden Fällen handelt es sich um außereheliche Verbindungen.

Und die Männer? Einige finden sexuelles Vergnügen in individuellen oder kollektiven Vergewaltigungen, wie in den Begnadigungsbriefen berichtet wird. Generell lautet die männliche Motivation, auch wenn nicht wirklich Gewalt angewendet wird: Vergnügen finden, häufig auf Kosten der Frau. 1419 versucht eine Gruppe von ungefähr 25-jährigen Knappen, körperlichen Umgang mit einer Kammerfrau namens Raouline zu haben. Da diese sieht, dass sie sie nicht in Ruhe lassen würden, akzeptiert sie, dass ein gewisser Copin in ihr Zimmer kommt, aber dort verweigert sie sich ihm. Angesichts dieses Misserfolgs erklärt ein anderer Gefährte, dass er versuchen werde, es besser zu machen. Er begibt sich zu Raouline, küsst sie und bittet sie, mit ihm zu schlafen; sie widersteht und gibt ihm zwei oder drei Ohrfeigen. »Und dann näherte sich der besagte Verehrer, getrieben von innerer Hitze, und bat sie, sie möge ihm Vergnügen bereiten und seinem Willen nachgeben, indem sie im Zimmer mit ihm muntere Spiele treiben und sich bemühen solle, ihm Befriedigung zu verschaffen und ihm zu Willen zu sein, aber sie wollte nichts davon wissen.«

Hier werden nur die Lust und die – nicht erlangte – Befriedigung des Mannes erwähnt.

Die sexuelle Lust taucht also in Zusammenhang mit Abenteuern außerhalb der Ehe auf. Im Gegensatz dazu ist es ungehörig, was auch immer von der Intimität eines Paares zu enthüllen. Kann man demnach zwischen ehelichen, der Zeugung von Nachwuchs gewidmeten Beziehungen und außerehelichen, von der Suche nach Lust motivierten Beziehungen unterscheiden?

Die Sexualität stellt ein fundamentales Element der Ehe dar. Mitte des 15. Jahrhunderts endet die Verbindung zwischen einem 19-jährigen Jüngling und einem 12- oder 13-jährigen Mädchen mit einem Misserfolg, weil sich keine emotionalen Bande zwischen ihnen entwickelten. »Jeanne empfand keinerlei natürliche Liebe für Etienne, ihren Gatten, weil er bisweilen verrückt war und weil sie nicht ›fleischlich verkehren‹ oder miteinander schlafen konnten.« Marion, die mit einem Liebhaber fortläuft, gibt zu, dass ihre Ehe auf sexuellem Gebiet gescheitert ist. Der Wortwechsel mit Pierre de Bonnières zeigt es deutlich: »Er fragt, wie sie es machten, und sie antwortet: ›Sehr schlecht, und schlechter, als es ihr jemals geschehen sei.‹ Daraufhin antwortet der Verehrer: ›Es hätte mir besser gefallen, wenn Sie mit mir gekommen wären, als ich Sie darum bat.‹« Gewiss, Pierre de Bonnières ist Lehrmeister und Chirurg. Aber auch eine Bauersfrau, die neben ihrem Mann sitzt, »fängt an, ihn mit den Handflächen auf die Wange zu schlagen, wobei sie ihn ermahnt, dass er dreimal pro Nacht die Ehe vollziehen solle«.

Wenn es um die Anklage der Vergewaltigung geht, wird bisweilen die von der Frau empfundene Lust zur Verteidigung angeführt. Im Fall von Perrotine des Sarteaux war es nicht nur ihr eigener Wunsch, sich mit einem Knappen auf und davon zu machen, sie wird auch, nachdem sie mit ihm eine Beziehung nach ihrem »Willen und Ermessen« gehabt hat, wütend, wenn er sich aus ihrer Gesellschaft entfernt. Ebenso erklärt Marguerite de Chavure, dass sie keinen anderen Mann wolle als ihren Entführer, »dass er der Mann war, den sie am meisten liebte und der ihr nackt lieber war« als derjenige, den ihr Onkel für sie bestimmt hatte.

Falls das legitime Paar miteinander Lust erlebt, so darf es nicht darüber sprechen. Für das zur Befriedigung der Männer bestimmte Freudenmädchen ist Diskretion dagegen nicht notwendig. Jean Lucas lernt eine junge Frau namens Jeannette Largier an, die er im ganzen Land herumführt, damit sie sich amüsiert. Drei Gefährten versuchen, sich ihrer zu bemächtigen, und einer von ihnen bittet sie, »mit ihm zu spielen«, und nimmt sie an der Hand, wobei er sie auffordert mitzukommen um sich mit ihm zu vergnügen. Als aber die betrunkene Ehefrau des Landmanns Jean Flambert es wagt, über die Liebe zu sprechen, schätzt das der Wirt, der bei dieser Szene zugegen ist, gar nicht. Er erklärt, eine ehrbare Frau dürfe sich so nicht im Haus eines anderen äußern.

Der Grund für eine derartige Diskretion ist eher in der sozialen als in der moralischen Ordnung zu suchen. Dennoch zögern die Frauen nicht, die körperliche Liebe zu zelebrieren, und Christine de Pisan, deren moralische Gesinnung über jeden Zweifel erhaben sein dürfte, schreibt anlässlich ihrer »ersten Nacht« in der Ehe:

Der Prinz, er macht mich fantasieren,
wenn er sagt, er ist ganz mein.
Vor Süße lässt er mich sterben,
und sicher mag mich der Sanftmütige gern.

Bisher haben wir vor allem die als natürlich angesehene Liebe betrachtet. Aber das Mittelalter beschäftigt sich auch mit abweichendem Verhalten.

3.
Abweichendes Verhalten

Die »Sünde wider die Natur« unterteilt der heilige Thomas von Aquin in seiner *Summa theologica* (*Summe der Theologie*) in autoerotische Handlungen oder Schlaffheit, Bestialität oder Verkehr mit Tieren, Sodomie oder Beziehungen mit Personen desselben Geschlechts – wobei dieser Begriff nicht bei allen Theologen dieselbe Bedeutung besitzt – und schließlich Handlungen, die nicht der natürlichen Art der Vereinigung entsprechen, was Oralverkehr, Koitus interruptus und anormale Positionen zu bezeichnen scheint.

Positionen

Das Ziel der Heirat ist es, das Überleben der Art zu gewährleisten. Daher erscheint die als natürlich bezeichnete Stellung – der Mann auf der Frau – sowohl den Medizinern als auch den Theologen als die günstigste, da sie ein Ausfließen des Spermas verhindert. Jede Bewegung nach dem Koitus birgt demnach das Risiko, dass die aus der Vereinigung von Samen und Eizelle entstandene Flüssigkeit herausläuft. Seit Hippokrates glaubt man, dass das Niesen und Sprünge Mittel sind, eine Schwangerschaft zu verhindern.

Damit schweigen sich die Mediziner zu diesem Thema weitgehend aus. Wenn sie es doch einmal erwähnen, dann um mitzuteilen, dass sie nicht darüber sprechen wollen. So Bernard de Gordon: »Avicenna berichtet viel über unerlaubte und unredliche Koitus-Praktiken, er sagt, welche vermieden werden müssen, doch da man in seinem Buch einige schändliche Äußerungen findet, lasse ich dieses Thema beiseite.« Michel Savonarola erweist sich als ehrlicher: »Der Mann soll sich auf der Frau befinden und nicht umgekehrt, um zu vermeiden, dass der weibliche Samen in den Penis strömt, und damit keine Müdigkeit eintritt; die stehende Position schwächt sehr, daher wird sie verurteilt.« Das vorgebrachte Argument zielt nicht auf die Zeugung, sondern betrifft die Hygiene, wie auch die Angst vor einer Verunreinigung des Mannes durch die Scheidenflüssigkeit. Was auch immer es sei, die Verurteilung ist unwiderruflich.

Albertus Magnus zeigt sich etwas weniger streng und erlaubt einige Abweichungen, zum Beispiel angesichts von Fettleibigkeit. Die Schwere des Vergehens variiert von Fall zu Fall: »Die schwächste Abweichung ist die seitliche Position, danach die sitzende Position, dann die stehende, die größte schließlich ist von hinten nach Art der Stuten.«

Die medizinische Wissenschaft bleibt erstaunlich stumm. Allerdings behandelt eine Schrift aus dem 14. Jahrhundert in katalanischer Sprache, die sich an eine breitere Öffentlichkeit wendet, als die medizinischen Traktate in engerem Sinne dies tun, zuerst die Frage der Positionen. Der Autor legt dar, dass die Abweichungen von der natürlichen Position schlecht für die Gesundheit und die Zeugung seien, aber immerhin benennt er 24 in fünf Hauptkategorien unterteilte Positionen. Das Werk unterscheidet sich von den orientalischen, aus dem Taoismus oder dem *Kamasutra*[3] hervorgegangenen Schriften darin, dass der Autor sich darauf beschränkt, die Stellungsformen zu beschreiben. Allerhöchstens merkt er an, dass bestimmte Positionen die Lust steigern. Im Gegensatz zu den orientalischen Abhandlungen und in Übereinstimmung mit den medizinischen Werken auf Latein berücksichtigt der Autor nur die als natürlich angesehenen Praktiken und erwähnt keinerlei Technik des Zurückhaltens des Ergusses.

---

3   Das *Kamasutra* unterscheidet zwischen Verhaltensweisen, die zur Befruchtung führen, und jenen, die als einziges Ziel die Lust haben. Zitieren wir ein Beispiel von letzterer Art: »Der Mann und die Frau vereinigen sich stehend, gegeneinander oder auch gegen eine Wand oder einen Pfeiler gedrückt; der Mann, mit dem Rücken an der Wand, hebt und stützt die Frau, die auf seinen gefalteten Händen und zwischen seinen Armen sitzt, während sie, die Arme um seinen Hals geschlungen, ihn mit ihren Oberschenkeln um die Taille fasst und mit Hilfe ihrer Füße, die die Wand berühren, an die der Mann gelehnt ist, selbst eine Bewegung erzeugt.« Oder: »Imitieren kann man auch den Akt des Hundes, des Ziegenbocks, des Hirsches, das Aufsitzen und die erzwungene Penetration des Esels und der Katze, den Aufsprung des Tigers, das Reiben des Ebers und das Bespringen der Stute durch den Hengst, indem man sich verhält wie diese unterschiedlichen Tiere mit ihren Weibchen.« Der Autor fügt hinzu, dass man in Südindien auch die niedere Form der Vereinigung praktiziert, bei der das männliche Glied in den Anus eingeführt wird. Auf jeden Fall »muss der Mann alles tun, was er kann, um der Frau Lust zu bereiten«.

Die Prostituierten selbst sind nicht erfinderisch. In zehn von zwölf detailliert beschriebenen erotischen Szenen aus dem Dijon der Mitte des 15. Jahrhunderts benutzen sie die natürliche Position. Ein Gerichtsschreiber, der an einem Sonntag im Jahr 1450 Sex mit Jeanne de la Fontaine hat, »zog sein Vergnügen aus ihr und hielt sie ungefähr eine Stunde unter sich, und er bereitete ihr solche Schmerzen und bearbeitete sie dermaßen, dass sie nicht mehr konnte und sich auf die Gasse fallen ließ, denn das Unterfangen langweilte sie«. Nur in zwei Fällen können die Positionen als anormal angesehen werden: Bei einer stehen Mann und Frau aufrecht, was zufällige Zeugen als skandalös empfinden; bei einer anderen befindet sich die Frau auf dem Mann. Hier mag es ihrer Jugend geschuldet sein – sie ist erst zwölf Jahre alt –, dass ihr Kunde beschließt, den Beischlaf auf diese Art auszuüben.

Die Position »Frau auf Mann« erscheint sonst selbst bei käuflicher Liebe praktisch nicht. Von den Theologen stigmatisiert und als eine Art Verhütungsmethode angesehen, stellt sie eine Fantasterei dar, mit der das Bild der Hexe auf ihrem Besen verbunden wird. Es ist eine Verwirrung der natürlichen Ordnung. In den Freudenhäusern ist diese Position für die Frauen übrigens ermüdender, und den Männern ist es wichtig, die Überlegenheit ihres Geschlechts zu bekräftigen.

Die Position »Frau auf Mann« ermöglicht vor allem während der Schwangerschaft, das Leben des Embryos nicht in Gefahr zu bringen. Zwar verbietet die Kirche sexuellen Umgang mit einer schwangeren Frau, aber diese Empfehlungen werden vermutlich – auch von den rechtmäßigen Paaren – kaum befolgt. Wie sollte man so lange Zeit enthaltsam leben können! Villon erwähnt die füllige Margot, die auf ihm reitet. Dies geschieht deshalb, so schreibt er, um nicht »ihrer Frucht zu schaden«, das heißt ihrem Kind.

Wenn die religiöse Ikonografie ab dem 13. Jahrhundert die Unzucht durch die Abbildung einer Frau, die auf einem Mann reitet, darstellt, dann erfolgt dies gemäß Jacques Rossiaud aus Propagandagründen, indem ehebrecherische oder käufliche Liebe mit einer Umkehrung der Geschlechterhierarchie verbunden werden. Die »Reiterstellung« wird von den Geistlichen benutzt, um all die Arten sexuellen Verkehrs zu brandmarken, die im Gegensatz zu ihrer Lehre stehen.

In den Freudenhäusern von Dijon, wo man »gemäß der Natur« ans Werk geht, taucht ein einziger Fall von Sodomie auf. 1453 sagt Jeanne de la Fontaine für ein Mädchen aus, die von einem Strumpfwarenhändler geschlagen wurde, dem Anführer einer Gaunerbande. Wenn er nachts ins Bordell kommt, ist er in »Gesellschaft von Mädchen, wo immer es ihm gefällt«. Jeanne, die ihr Geschäft von diesem Sexbesessenen befreien will, beschuldigt ihn schwerer Vergehen, die offensichtlich im Gegensatz zu den örtlichen Sitten stehen.

Spätmittelalterliche Badestube. Buchmalerei zu Valerius Maximus (um 1470)

Koitus interruptus und Amplexus reservatus

Die religiösen Verbote und die Notwendigkeit der Zeugung von Kindern, an welche die Adeligen ihr Erbe weitergeben und auf welche die Bauern in ihren alten Tagen zurückgreifen können, scheinen einer häufigen Anwendung kontrazeptiver Verfahren, obwohl durchaus nicht unbekannt, zu widersprechen. Inwieweit aber verschaffen Praktiken mit dem Ziel, eine Befruchtung zu verhindern, wie etwa der Koitus interruptus oder der Amplexus reservatus, beiden Partnern Lust?

Das Buch *Genesis* berichtet, dass, da Judas Erstgeborener, der mit Tamar verheiratet war, gestorben war, Juda Onan rät, zur Frau seines Bruders zu gehen und ihre Nachkommenschaft zu sichern. »Aber da Onan wusste, dass die Nachkommenschaft nicht seine wäre, ließ er jedes Mal, wenn er sich mit der Frau seines Bruders vereinigte, den Samen auf die Erde fallen und verderben, um seinem Bruder keine Nachkommen zu schaffen. Was er tat, missfiel Gott, der ihn ebenfalls sterben ließ.«

Im Laufe des Hochmittelalters wird der Koitus interruptus sehr selten erwähnt. Anspielungen auf Onan sind ebenso selten, was vermuten lässt, dass das damit angedeutete Verhalten nicht verbreitet ist. Allerdings schreibt Theodulf, Bischof von Orléans 798–818, der zahlreiche sexuelle Sünden in einer Schrift unter dem Titel *Unzucht wider die Vernunft* untersucht hat: »Als Schmutzigkeit oder abscheuliche Sünde bezeichnet man die Tat, nicht auf normale Weise mit einer Frau zu schlafen; deshalb liest man, dass Onan, der Sohn Judas, von Gott getötet wurde, weil er seinen Samen auf dem Boden vergossen hat, nachdem er seine Frau penetriert hat.«

Die Theologen des 13. Jahrhunderts betrachten den Koitus interruptus als Sünde wider die Natur wie Analverkehr oder die als nicht natürlich bezeichneten Positionen. In der Kommentierung einer Antwort Papst Urbans II. zum unerlaubten Samenerguss definiert Bernhard von Pavia diesen als »einen Samenerguss, der nicht in dem dafür vorgesehenen Organ stattfindet, nämlich der Vagina, sei es, dass er sich in einem anderen Organ vollzieht oder außerhalb«.

Alexander von Hales (1185–1245), ein Franziskaner und Professor an der Universität von Paris, scheint in seiner *Summa theologica (Summe der Theologie)* jenen sexuellen Verkehr als Sünde gegen die Natur zu bezeichnen, der nicht zur Befruchtung führen soll, gefolgt vom Rückzug aus der Frau und vom Vergießen des Samens außerhalb der Vagina.

Sodomie und Koitus interruptus werden häufig als zwei Varianten der Sünde gegen die Natur betrachtet. Der heilige Antoninus schreibt in seinem

Buch für die Beichtväter: »Ein Mann mit einem Mann, eine Frau mit einer Frau oder ein Mann mit einer Frau außerhalb des angemessenen Auffangbeckens ist des Vergehens der Sodomie schuldig.«

Und tatsächlich wird man nicht umhinkönnen anzunehmen, dass beim Koitus interruptus der Verkehr einzig wegen des sexuellen Vergnügens stattfindet.

Eine Interpretation von Andreas Capellanus' *De amore (Über die Liebe)* durch Danielle Jacquart und Claude Thomasset liefert neue Erkenntnisse zu dieser Technik. Das lateinisch verfasste Werk wurde 1280 – ein Jahrhundert, nachdem es geschrieben worden war – recht frei von Drouart la Vache ins Altfranzösische übersetzt, und zwar »für die Geistlichen und nicht für die Laien, die ein wenig einfältig und unwissend sind«. In einem Dialog, den ein Lehrer und sein Schüler miteinander austragen, erklärt Ersterer, dass diejenigen, die die reine Liebe teilen, nicht auf den fleischlichen Verkehr aus sind; sie wünschen nur, sich zu umarmen und »zu küssen ohne sich darüber hinaus gehenzulassen« (Et baisier sanz outre couler). Eine solche Form der Liebe »ist nicht schädlich für den Nächsten« (Ne n'est a son proime greveuse) und aus einer solchen Liebe kann keiner Jungfrau, verheirateten Frau oder Witwe jemals Unrecht widerfahren. Aber die beiden zitierten Zeilen können auch auf etwas andere Weise verstanden werden. Die erste kann nämlich auch die Bedeutung von »miteinander schlafen ohne Erguss« haben. Was das Wort *greveuse* betrifft, kann es nicht nur »schädlich« bedeuten, sondern auch »geeignet sein, eine Schwangerschaft hervorzurufen«. Man versteht also, warum eine solche Liebe keinerlei Risiko birgt.

Nach Andreas Capellanus verbietet die »reine Liebe« *(amor purus)* die letzte körperliche Hingabe, sie endet nicht »im höchsten Venusdienst«, das heißt dem Samenerguss. Erlaubt sind dagegen Küsse, Umarmungen und sogar nackte Liebkosungen! Somit ist es durchaus möglich, körperliche Lust und das Risiko der Empfängnis zu vereinbaren. Da die mittelalterliche Gesellschaft niemals eine Unterbrechung der Nachfolgelinie durch ein uneheliches Kind nach einem Seitensprung einer verheirateten Frau akzeptieren würde und die höfische Liebe wahrscheinlich vor allem in den literarischen Texten keusch war, wird so dieser Widerspruch aufgehoben.

Eine adelige Frau, der ein Adeliger seine Minnedienste anbietet, antwortet diesem: »Man glaubt, dass es sehr einfach ist, in den Hof Amors einzutreten, aber es ist sehr schwierig, dort zu verweilen wegen der Martern, die die Liebenden bedrohen, und der Begierden, denen uns die Liebe unterwirft, wodurch es unmöglich oder sehr mühsam wird, sich wieder zu entfernen.« Der Autor unterstreicht den offensichtlichen erotischen Aspekt solcher Worte, indem er drei Typen von Frauen unterscheidet: Da sind zunächst die Kurtisanen oder unreinen Frauen, »die sich in ihrem Leben nicht gescheut haben, sich der Lust ausnahmslos aller Männer hinzugeben«. Dann sind da die keuschen Frauen: »jene unseligsten aller Frauen, die in ihrem Leben den Palast der Liebe für alle geschlossen hielten, die Einlass begehrten«. Und schließlich gibt es noch diejenigen, die ihr Leben der höfischen Liebe widmen beziehungsweise die »so glücklich gewesen [sind], ihr Leben dem Liebesdienst zu opfern und all denen, die um sie warben, Liebe zu schenken«. Sie halten das Tor der Liebe nicht verschlossen, sondern prüfen genau die Verdienste und Tugenden desjenigen, der einzutreten wünscht. »Es gibt doch wahrlich auf Erden keine Dame, ob alt oder jung, wenn sie nur eben eine Dame ist, die so leichtfertig wäre, dass sie nicht die Treue und wahre Art eines Werbers erkennen würde […].« Wenn sie dann von der Tugendhaftigkeit des Bewerbers überzeugt ist, empfängt sie ihn mit allen gebührenden Ehren und lässt ihn in den Palast der Liebe eintreten.

Wenngleich Andreas Capellanus auch diejenige Form der Liebe ausdrücklich billigt, die ausnahmslos »alle körperlichen Freuden« bietet *(amor mixtus)*, gibt er doch der »reinen Liebe« den Vorzug, denn so zu lieben ist besser, als sich allein von der Natur treiben zu lassen. Er empfiehlt also, die Kontrolle über die körperlichen Leidenschaften zu behalten. Der Koitus interruptus ermöglicht dem Mann wie der Frau, auch zum Orgasmus zu kommen. Wie sieht es aber beim Amplexus reservatus aus, wenn der Mann also nach dem Herausziehen nicht ejakuliert?

Der erste autorisierte Verweis auf diese letztgenannte Praktik stammt von Bischof Huguccio. Ihm zufolge stellt jeder eheliche Verkehr eine lässliche Sünde dar, da die Ejakulation von Lust begleitet wird. Zwar soll sich nach der Lehre des heiligen Paulus ein lediger Mann verheiraten, wenn er nicht davon ablassen kann, vor Leidenschaft zu brennen. Doch da er als Gatte die ehelichen Pflichten erfüllen muss, sündigt er auf jeden Fall. Wie ist dieses Problem zu lösen? »Die eheliche Pflicht gegenüber der Gattin erfüllen bedeutet, sie zu befriedigen. Es kommt daher häufig vor, dass man die Pflicht gegenüber der Frau erfüllt, ohne seine eigene Lust zu befriedigen, und umgekehrt. Daher kann ich im ersteren Fall die Pflicht erfüllen und warten, bis sie ihr Vergnügen hat. In Wirklichkeit geht in diesen Fällen die Frau häufig ihrem Mann voraus und wenn die Lust der Frau beim Verkehr befriedigt ist, kann ich, wenn ich will, mich zurückziehen, ohne meine eigene Lust zu befriedigen, frei von jeder Sünde und ohne meinen fruchtbaren Samen abzugeben.« Der Widerstand zielt nur auf die Fortpflanzungslust des Mannes und nicht auf den weiblichen Orgasmus. Huguccio scheint den Amplexus reservatus dem vollendeten Akt vorgezogen zu haben, der wegen der Lust eine lässliche Sünde zur Folge hat.

Demnach empfiehlt die höfische Liebe den Amplexus reservatus. Mit Sicherheit hat Huguccio dort aber nicht seine Inspiration gefunden. Da er andeutet, dieses Verfahren sei gebräuchlich, kann man vermuten, dass er sich auf eine verbreitete Gewohnheit in der Region von Bologna bezieht, die vielleicht auf die Katharer zurückgeht.

Mehr als ein Jahrhundert lang gibt es keinerlei Bemerkung zu dieser Passage. Obwohl der Kommentar von Huguccio recht bekannt war, kann man annehmen, dass rechtgläubige Christen derartige Praktiken nicht kennen durften, die übrigens auch der heilige Albertus, der durchaus informiert und zugleich wohlwollend gegenüber dem Thema Sexualität ist, nicht erwähnt.

Pierre de La Palud, Erzbischof und Dominikaner, erwähnt diese Praxis jedoch im 14. Jahrhundert. Nachdem er die Onanie angeprangert hat, gesteht er bezüglich des Ehemannes, der keine Kinder mehr haben will, da er sie nicht ernähren kann, zu: »Wenn er sich jedenfalls in derselben Absicht vor dem Ende des Aktes aus der Frau zurückzieht, ohne seinen Samen zu vergießen, scheint er keine Todsünde zu begehen, es sei denn, dies ruft eine Ejakulation bei der Frau hervor.« Es geht allerdings ausdrücklich nur darum, eine durch wirtschaftliche Not begründete Verhütungsmethode anzuwenden. Während Huguccio der Frau erlaubt, Lust zu empfinden, so scheint das hier nicht der Fall zu sein, denn die weibliche Ejakulation, das heißt wahrscheinlich der Orgasmus, darf sich gerade nicht ereignen. Der nachdrückliche Hinweis, dass allein die wirtschaftlichen Umstände einen solchen Akt erlauben, zeigt, dass dieser auf keinen Fall das Streben nach Lust zum alleinigen Ziel haben darf. Im 15. Jahrhundert teilt der heilige Antoninus die Meinung von Pierre de La Palud, indem er ihm in seiner *Summa theologica (Summe der Theologie)* zustimmt.

Bis ungefähr 1480 wird der Amplexus reservatus, der von einer Vielzahl von Autoritäten ignoriert und von einigen – wie dem deutschen Dominikaner Johannes Nider in seiner *De lepra moralis (Über den moralischen Aussatz)* – verteidigt wird, jedenfalls nicht verurteilt.

Masturbation

Inwieweit wird die Lust alleine praktiziert? Treiben die von der Kirche vorgeschriebenen sexuellen Verbote die Menschen nicht geradezu dazu?

Schon der Talmud verurteilt mit Nachdruck die Selbstbefriedigung: »Wer den Samen umsonst vergießt, verdient den Tod.« Desgleichen äußert sich

Theodulf, der Bischof von Orléans, zu Beginn des 9. Jahrhunderts. Aber man muss hierbei den medizinischen und den geistlichen Diskurs unterscheiden.

Die Position der Mediziner erscheint nuanciert hinsichtlich des moralischen Aspekts. Sie beschäftigen sich nicht gleichermaßen genau und klar mit den weiblichen und männlichen Praktiken, halten sich beim männlichen Samenerguss auf, was logisch ist, da sie dem männlichen Samen die Hauptrolle zusprechen, und beschäftigen sich vor allem mit der weiblichen Masturbation, was auf eine gewisse Frauenfeindlichkeit hinweisen könnte.

Bestimmte Individuen beiderlei Geschlechts empfinden mehr als andere das Bedürfnis, sich zu vereinigen. Das krankhaft gesteigerte Verlangen nach Geschlechtsverkehr (Satyriasis), das eine dauerhafte, von Lust begleitete Erektion hervorruft, wird durch den Koitus gemildert. Ein Text aus dem ausgehenden 13. Jahrhundert berichtet, dass in verschiedenen Klöstern und religiösen Orten zahlreiche Männer, die sich der Keuschheit verschrieben haben, ihre Lust auf den Koitus willentlich steigern und ihr Glied dadurch anspannen, dass sie täglich Lebensmittel essen, die Blähungen hervorrufen.

Die Gonorrhö wird ausführlicher untersucht. Darunter verstehen die Mediziner vor allem die Spermatorrhö, das heißt den unfreiwilligen Verlust des Samens. Ihrer Meinung nach stellt die Enthaltsamkeit eine Gefahr für junge Leute und für Männer von heißer und feuchter Konstitution dar, denn die nicht ausgestoßene Materie belaste ihr Herz und wirke sich schädlich auf verschiedene Funktionen aus. Dennoch empfehlen sie den Männern, nicht zu masturbieren.

Der religiöse Aspekt des Problems des Samenergusses hat die medizinische Reflexion über krankhafte Ausflüsse behindert. Inwieweit ist der Mensch verantwortlich für solche Verluste? Caelius Aurelianus, ein römischer Arzt aus dem 5. Jahrhundert, beschäftigt sich bereits mit den nächtlichen Samenergüssen. Diese rühren, so schreibt er, von Bildern her, die die Patienten während des Schlafes aufgrund der Lust auf sexuelle Freuden oder nach langer Enthaltsamkeit befallen.

Während die Ärzte die willentliche Ausschüttung des männlichen Samens außerhalb des geschlechtlichen Verkehrs nicht in Betracht ziehen, kommt es vor, dass sie Frauen Selbstbefriedigungspraktiken empfehlen. Albertus Magnus selbst schreibt, dass die jungen Mädchen von ungefähr vierzehn Jahren beginnen, sich den Koitus zu wünschen, aber dabei keinen Erguss haben. Und fügt an, dass manche von ihnen, wenn sie keine sexuellen Kontakte haben können, »sich Praktiken mit den Fingern oder anderen Instrumenten hingeben, bis durch die Hitze des Reibens die Geschlechtskanäle entspannt sind und die Samenflüssigkeit herausfließt, ebenso wie die Wärme, die sie begleitet. So kühlen sich ihre Leisten ab und sie werden keuscher.«

Albertus Magnus glaubt also, dass die Masturbation für junge Mädchen eine therapeutische Bedeutung besitzt. Um die Lust geht es hier keinesfalls. Für die ältere Frau hingegen, vermutet Avicenna, ermöglicht eine solche Praktik es, den Orgasmus gleichzeitig mit dem Partner zu erreichen, wenn dessen Rhythmus sich als zu schnell erweist. Die meisten Autoren, die weibliche Praktiken der Selbstbefriedigung erwähnen, denken dabei an die Zuhilfenahme von Instrumenten, die das männliche Glied darstellen sollen, und nicht an eine Erregung der Klitoris.

Männlicher und weiblicher Erguss besitzen nicht dieselbe Bedeutung, was die unterschiedliche Wertschätzung erklärt. Der Verlust des Samens beim Mann stellt eine Sünde gegen die Spezies dar, denn dieser ermöglicht die Befruchtung. Die Ausscheidung des weiblichen Samens stellt im Gegensatz dazu eine Erleichterung für die Frau dar. Und in sozialer Hinsicht vermeidet sie ernste Gefahren. Tatsächlich leben viele Frauen alleine, während ihre Männer im Krieg, auf Pilgerreise oder geschäftlich unterwegs sind. Die weibliche Masturbation stellt eine Garantie für die Reinheit der Abstammungslinie dar.

In den hochmittelalterlichen Bußbüchern scheint die Masturbation nicht für eine sehr schwere Sünde gehalten worden zu sein. Aber ab dem 13. Jahrhundert erachten die Theologen sie als Laster gegen die Natur, also ein Verbrechen, und ändern ihre Meinung. Auf jeden Fall gelten bei Kindern noch mildernde Umstände hinsichtlich der Selbstbefleckung. In der Diözese Cambrai kann der Pfarrer um 1300 noch die Sünden wider die Natur und die Sünde der »Schlaffheit« (Masturbation) vergeben, und zwar bei den Jungen bis zum Alter von 14 Jahren, bei den jungen Frauen bis zum Alter von 25 Jahren. Dies ist auch ein Beweis dafür, dass die Kirche die weibliche Selbstbefriedigung für weniger schwerwiegend hält als die des Mannes.

Ein Jahrhundert später legt die Kritik an Schärfe deutlich zu. In seinem *Confessionnal (Beichtstuhl)* widmet Gerson ein ganzes Buch der tagsüber stattfindenden Selbstbefleckung. Und in seinem *Examen de Conscience selon les péchés capitaux (Gewissenserforschung anhand der Todsünden)* betreffen die ersten Fragen hinsichtlich der Wollust die Masturbation und die Selbstbefleckung, »eine abscheuliche und ekelhafte Sünde, die gegen die Natur und besonders schwer genannt wird, ob er es nun selbst macht oder mit anderen Personen, man muss es ausdrücklich beichten, sonst fällt man der Verdammnis anheim«.

Die Ratschläge Gersons für die Beichtväter klären uns über die Häufigkeit der Masturbation auf. »Wenn er nicht antworten will, dann frage ihn offen: ›Freund, berührst oder reibst du dein Glied, wie die Kinder es gewohnheitsmäßig tun?‹ Wenn er nur sagt, dass er es niemals in diesem Zustand gehalten oder gerieben hat, kann man darüber hinaus keine Fortschritte machen, außer man bewundert dies und sagt, dass das nicht glaubhaft ist. Man empfiehlt ihm, an sein Seelenheil zu denken, denn er befindet sich in Gottes Gegenwart und es ist sehr schlimm, bei der Beichte zu lügen und ähnliche andere Dinge.«

Es wird empfohlen, auch ältere Männer und Frauen einer solchen Befragung zu unterziehen, denn die Erfahrung zeige, dass »zahlreiche Erwachsene von einem derartigen Laster befallen sind, und dies niemals vorher gebeichtet haben; die einen zunächst aus Vorsicht, dann aus Vergesslichkeit; die anderen aus einem beständig so starken Schamgefühl, dass sie niemals beabsichtigten zu beichten [...] viele entschuldigten sich für ihr Unwissen, indem sie sagten, sie hätten niemals gehört und gewusst, dass eine derartige Berührung, die ihnen doch die Lust genommen habe, mit Frauen körperlichen Umgang zu haben, eine Sünde sei.« Manche Erwachsenen haben demnach die Praktiken der Selbstbefriedigung seit so langer Zeit aufgegeben, dass sie sie vergessen haben. Aber diejenigen, die sich dafür schämen, haben sie offenbar beibehalten. Einige schließlich sind sich ihrer Sünde nicht bewusst. Das erinnert an die Bußbücher: Ihnen geht es vor allem darum, dass die Männer Verkehr mit Frauen vermeiden, und in diesem Kontext ist die Masturbation nur eine lässliche Sünde.

Die Moralisten der Zeit um 1400 verdammen die Masturbation allerdings nachdrücklich, selbst bei Kindern, denn sie könnte möglicherweise durch »die widerliche Lust, die sie bereitet«, von der Heirat und der Fortpflanzung abhalten. Eine Lust, die man freilich auch mit Personen desselben Geschlechts suchen kann.

Homosexualität

Die Mediziner reden nicht gerne über anormalen Verkehr, der nicht in die Zuständigkeit der von ihnen praktizierten Wissenschaft fällt, sondern in den der Ethik. Bei der Darstellung der unnatürlichen Freuden bemerkt Thomas von Aquin, dass die Verderbnis entweder vom Körper – durch Krankheit oder wegen einer unglücklichen Veranlagung – oder vom Geist kommen kann, »wie bei jenen, die aus Gewohnheit Gefallen daran finden, ihre Mitmenschen zu essen, Verkehr mit Tieren oder homosexuelle Kontakte zu haben, und vergleichbare Dinge, die nicht der menschlichen Natur entsprechen«. Die Homosexualität, die neben dem Verkehr mit Tieren und dem Kannibalismus genannt wird, stellt für ihn keine Krankheit dar. Sie rührt vom Verfall des Geistes her und lässt sich deshalb auch nicht behandeln.

Der medizinische Diskurs ignoriert sie dennoch nicht völlig. Zwar erweist sich die Mehrzahl der Kommentatoren des *Kanons* von Avicenna als diskret, aber Jacques Despars, ein Mediziner des 15. Jahrhunderts, äußert sich etwas expliziter. Er erweitert die von Avicenna empfohlene Behandlung und beschreibt dabei die Misshandlungen, denen Homosexuelle unterworfen werden sollen. Zunächst müsse man bei ihnen Traurigkeit durch Beleidigungen und Tadel hervorrufen, dann solle man sie foltern, indem man sie aushungere und durch Schlafentzug ermüde, sie ins Gefängnis werfen und sie häufig und bis aufs Blut auspeitschen. Die Mehrzahl seiner Kollegen folgt Jacques Despars, der die Kenntnis von der Lehre Avicennas verbreitet, indes nicht. Er selbst gibt hinsichtlich der Homosexualität den Text Avicennas wieder und schließt damit, dass er von vielen anderen Arten von sodomitischem Koitus berichten könnte, es aber vorziehe zu schweigen. Die menschliche Natur, die dem Schlechten zugewendet sei und neue Begierden stets herbeisehne, würde, indem sie davon höre, riskieren, sie auch zu praktizieren. Dieselbe Vorsicht herrscht bei den Beichtvätern: Wenn man zu viel sage und warne, riskiere man, dass Männer und Frauen ihnen zuvor unbekannte Sünden begingen.

Dennoch scheint Jacques Despars Informationen dann für wichtig zu halten, wenn es darum geht, dass der Mann seiner Partnerin keine Lust schenken kann. Auch stellt unser Mediziner nach der genauen Lektüre von Avicennas Text fest, dass der Lesbianismus dazu dient, die sexuellen Beziehungen zu verbessern und unerlaubte Kontakte zu vermeiden. Wie im Fall der Masturbation hält sich die Verurteilung in Grenzen. Verschiedenartige Texte zeigen dies. Eine junge Frau erklärt den Grund ihrer Anwesenheit im Fegefeuer: »Als ich noch in einem zarten Alter war, habe ich, indem ich mich der Versuchung einer schändlichen Unzüchtigkeit hingab, beschämende Handlungen mit Mädchen meines Alters vollzogen und habe sie, obwohl ich bei einem Priester gebeichtet habe, leider vergessen und sie nicht dem Bußurteil unterworfen.« Zu ihrer Entlastung lässt sich anführen, dass sie den Fehltritt begangen hat, als sie jung war. Eine gewisse Nachsichtigkeit gegenüber Frauen lässt auch die Liste der Sündenfälle erkennen, die in der Diözese Cambrai in den Jahren 1300–1310 der Diözesananwalt vorbehalten waren:

Dem Bischof vorbehalten: Sünden wider die Natur der über 20-jährigen Männer.

Den Bußpriestern vorbehalten: Sünden wider die Natur, die von Frauen jeglichen Alters und von Männern unter 20 Jahren verübt werden.

Im Bereich der Lösegewalt des Pfarrers: Sünden wider die Natur im jugendlichen Alter, bei Jungen bis 14 und bei Mädchen bis 25 Jahren.

Ist die Homosexualität im Mittelalter also weit verbreitet?

Die Erotik in der Antike ist frauenfeindlich. Sie misstraut der Frau und der Leidenschaft, die sie auslösen kann. Natürlich wird anerkannt, dass die Frau die Quelle körperlicher Lust sein kann. Aber die homosexuelle Freundschaft konkurriert immer mit der heterosexuellen Leidenschaft, wobei die eine die andere nicht ausschließt. Zu Beginn des zweiten nachchristlichen Jahrhunderts legt Plutarch in einem Buch seiner *Moralia (Moralische Schriften)* einer Figur in den Mund, dass »die einzig wahre Liebe die Liebe zu jungen Menschen ist […]. Diese fade Leidenschaft zum häuslichen Gebrauch, die ihre Stunden auf dem Schoß und im Bett der Frauen verbringt, wobei sie ständig versucht, ihnen zu gefallen und jeglichen männlichen Charakter unter dem Einfluss des eines Mannes unwürdigen Vergnügens verliert, der Liebe und des Schwungs beraubt – sie verdient es, verbannt zu werden […] die Liebe ist schön und edel, die Lust ist vulgär und unterwürfig.«

Die Liebe scheint den homosexuellen Beziehungen vorbehalten zu sein, während die Heterosexualität nur die Lust hervorbringt.

Laut John Boswell hat die Homosexualität bis zum 13. Jahrhundert im christlichen Westen einen breiten Platz eingenommen und war nicht Gegenstand heftiger Verurteilungen. Der heilige Johannes Chrysostomos ist unter den Kirchenvätern der einzige, der die Homosexualität als Thema aufgegriffen hat. Bei ihm bezieht sich die Kritik interessanterweise auf das Geschlecht der Beteiligten – und nicht etwa auf die Verweigerung der Fortpflanzung. Aber seine Position hat nur wenig Einfluss auf die nachfolgenden Theologen. Und paradoxerweise verurteilt er einerseits die sexuelle Lust, da die Leidenschaften alle schändlich seien, während er andererseits die homosexuellen Beziehungen deshalb anprangert, weil sie keine Lust erzeugten.

Hinsichtlich der Liebe und Erotik scheint es also eine christliche Tradition der Toleranz zu geben. In den Bußbüchern nimmt die Homosexualität gegenüber den anderen Sünden keine herausragende Stellung ein, wie John Boswell betont. Man vergleiche das Bußbuch Gregors III. (8. Jahrhundert): Es sieht für Lesbianismus ein Strafmaß von 160 Tagen vor und für männliche Homosexualität eine Buße, die ein Jahr nicht überschreiten darf. Dagegen muss ein Priester, der gejagt hat, für diese Sünde drei Jahre lang Buße tun. Das ändert aber nichts daran, dass gemäß dem heiligen Columban der Laie, der sich mit einem Mann vereinigt wie mit einer Frau, sieben Jahre lang fasten muss, und davon die ersten drei Jahre bei Wasser und Brot, nur mit Salz und trockenem Gemüse. Die vier anderen Jahre soll er sich von Wein und Fleisch fernhalten. Beda legt im 7. Jahrhundert einen besonderen Akzent auf die Sodomie. Die Sodomisten werden zu vier Jahren Fasten verurteilt, zu sieben Jahren, wenn es sich um Mönche oder Rückfällige handelt. Lesbierinnen müssen drei

Jahre lang Buße tun, sieben Jahre, wenn es sich um Ordensfrauen handelt. Visionen vermitteln denselben Eindruck. Der Mönch Wetti, gestorben 824 in Reichenau, erklärt, bei einer Reise ins Jenseits habe er einen Engel sagen hören, nichts beleidige Gott mehr als die Sünde gegen die Natur: Diese ansteckende Krankheit töte die Seelen, die durch die Paarung von Männern verpestet würden.

Ab dem 11. Jahrhundert bilden sich zwei entgegengesetzte Meinungen klar heraus. Einige, wie der heilige Johannes Chrysostomos, stigmatisieren die Homosexualität, die sie für eine extrem schwerwiegende Sünde halten. Andere versuchen, den positiven Aspekt daran aufzuzeigen.

Um 1051 schreibt der heilige Petrus Damiani eine lange Abhandlung, *Liber Gomorrhianus (Buch von Gomorrha)*, in der er sich dem sexuellen Verkehr zwischen Männern, vor allem zwischen Geistlichen, widmet und ihn detailliert beschreibt. Er beschuldigt die Priester, Beziehungen mit denen zu haben, die sie geistig führen, und betont, dass eine Reihe von ihnen bei anderen homosexuellen Klerikern beichten, um Strafmaßnahmen der Kirche zu vermeiden. Dieses Laster übertrifft alle anderen an Unzüchtigkeit. Aber Petrus Damiani erreicht bei Papst Leo IX. nicht, was er verlangt: dass alle eines homosexuellen Vergehens schuldigen Kleriker aus der Kirche ausgeschlossen werden.

Zu dieser Zeit drücken sich die homosexuellen Empfindungen im Rahmen des Klosterlebens aus. Aelred, der Abt des Zisterzienserklosters Rievaulx, versucht den Wert der Liebe zwischen Personen desselben Geschlechts aufzuzeigen. Die Anziehungskraft von Männern hat übrigens eine entscheidende Rolle in seinem eigenen Leben gespielt, denn »zu der Zeit, wo die niederen Antriebe des Fleisches und die sprudelnde Quelle der Jugend eine Wolke der Sehnsucht aufkommen lassen«, suchte er selbst manchmal die Lust im fleischlichen Akt. Schließlich entscheidet Aelred sich aber dafür, zugunsten Gottes auf seine weltlichen Liebschaften zu verzichten, nicht weil sie ihm keine Befriedigung brächten, sondern wegen ihres vergänglichen Charakters. Hildebert de Lavardin, der Erzbischof von Tours, lässt deutlich erkennen, dass die Homosexualität eine ganze Reihe von Personen betrifft, selbst unter den hochstehenden Persönlichkeiten:

Unzählige Ganymeds ehren unzählige Altäre,
und Juno bedauert, dass sie nicht mehr das erhält, woran sie gewöhnt war.
Der junge Mann, der erwachsene Mann, der Alte besudeln sich mit diesem Laster,
und es gibt keine Schicht, die davon ausgenommen wäre.

Lateinische Texte vergleichen die Vorzüge der verschiedenen Liebesformen. Am wichtigsten ist hier die *Altercatio Ganimedis et Helene (Debatte zwischen Ganymed und Helena)*, ein sehr populäres Gedicht, das in zahlreichen Handschriften Verbreitung findet und einen großen Einfluss auf nachfolgende Autoren hat. Die Argumente, die die beiden Parteien darin für die gleichgeschlechtliche Liebe oder für die Liebe zwischen Mann und Frau vorbringen, heben sich häufig gegenseitig auf. Zugunsten des heterosexuellen Paares wird etwa der Vorteil angeführt, sich fortpflanzen zu können. Die schärfste Kritik Helenas bezieht sich auf die Gier des Jünglings, der sein Vergnügen sucht. Doch hält sie sein Verhalten für weniger tadelnswert, wenn es von Liebe motiviert ist.

Sie, bereits voll von Sehnsucht und bereit für die Freuden des Bettes,
fühlt seit einiger Zeit den Stachel der Liebe.
Die einzigartige Schönheit Ganymeds entfacht das Feuer in ihr,
und schon verbreitet sich die Hitze, die ihr innewohnt, nach außen.

Aber Ganymed beharrt:

Lasst die erwachsenen Männer Söhne zeugen zur Freude der Jungen:
Die Jungen brennen darauf, diese in ihrer ganzen Frische zu besitzen.
Das Spiel, das wir spielen, wurde von den Göttern erfunden,
und die Ersten und Besten führen es heute weiter.

Ein anderer Text lässt durchblicken, dass Chartres, Sens, Orléans und Paris Hochburgen der homosexuellen Liebe sind:

Sollen Chartres und Sens zugrunde gehen, wo Adonis sich verkauft
nach der Regel des Bordells, wo die Männer sich prostituieren.
Als edle Stadt, einzige Stadt, die von diesen Worten angesteckt ist,
freut sich Paris, einen jungen Meister zu heiraten.
Du bist die beredsamste all dieser Städte, Orléans,
du, die du dich verlierst, um dich dieses Vergehens zu rühmen.

Vor allem seit dem 13. Jahrhundert zeichnet sich eine Veränderung ab. Das Dritte Laterankonzil spricht schon 1179 eine Verurteilung aus, die sich gegen die Homosexuellen zu richten scheint. »Jede Person, die schuldig erkannt wird, diesen Akt der Nicht-Enthaltsamkeit gegen die Natur begangen zu haben, wird, wenn es sich um einen Geistlichen handelt, in den Laienstand zurückversetzt oder in ein Kloster gesperrt, um dort Buße zu tun; wenn es sich um einen Laien handelt, wird er exkommuniziert und aus der Gemeinschaft der Gläubigen entfernt.« Die Homosexuellen haben auch unter der Nachwirkung der von den Kreuzzügen entfachten Gefühle zu leiden. Eine Reihe von westlichen Texten schreibt den Muslimen eine zügellose Sexualität zu. Gemäß Jacques de Vitry hat Mohammed, »ein Feind der Natur, das Laster der Sodomie unter seinem Volk eingeführt. Sie zwingen nicht nur die beiden Geschlechter, sexuellen Verkehr mit ihnen zu haben, sondern auch die Tiere.«

Die westliche Gesetzgebung des 13. Jahrhunderts zeigt mehrheitlich den Wandel in der Einstellung gegenüber Homosexualität, der sich damals vollzieht. So veröffentlicht in Frankreich die Rechtsschule von Orléans ein Gesetzbuch, das die Kastration – zweifellos die Entfernung der Hoden – bei der ersten Verfehlung anordnet, die Entfernung »eines Gliedes« – des Penis – bei der zweiten, die Strafe des Scheiterhaufens für die dritte. Dieselbe Anordnung betrifft auch die Frauen, wobei die vorgesehene Bestrafung für die zwei ersten Verfehlungen nicht ohne weiteres verständlich ist. Die Güter werden zugunsten der Krone konfisziert, was einer Einladung an die sich ständig in Geldnot befindenden Könige gleichkommt, die Homosexualität in ihren Staaten zu beseitigen.

Die sehr strikt gewordenen Gesetze werden jedoch unregelmäßig angewendet, vor allem weil die sexuellen Vergehen, wie man glaubt, in die Zuständigkeit der kirchlichen Justiz fallen.

Sexualität mit Tieren

Der sexuelle Kontakt mit Tieren wird in den Bußbüchern bisweilen recht detailliert erwähnt. Aber während Columban (um 543–615) dem Laien, der die Sünde der Sodomie begeht, ein Jahr Fastenzeit auferlegt, wenn er verheiratet ist, und sechs Monate, wenn er unverheiratet ist, erscheint Burchard von Worms vier Jahrhunderte später strenger: »Hast du Sodomie oder Zoophilie mit Männern oder Tieren begangen, und zwar mit einer Stute, einer Kuh, einer Eselin oder jeglichem anderen Tier? Wenn du es ein- oder zweimal getan hast und du keine Ehefrau hattest, um deine Lüsternheit zu stillen, wirst du vierzig Tage – eine Fastenzeit – bei Wasser und Brot fasten und du wirst immer Buße tun. Wenn du verheiratet warst, wirst du zehn Jahre lang zu festgelegten Tagen fasten. Wenn du die Gewohnheit hattest, dieses Verbrechen zu begehen, wirst du fünfzehn Jahre lang fasten. Wenn du den fraglichen Akt in deiner Jugend begangen hast, wirst du hundert Tage bei Wasser und Brot fasten.«

Der medizinische Diskurs bleibt stumm, denn der Verkehr mit Tieren gehört ins Reich der Sünden. Die Begnadigungsbriefe stellen ihn häufig als einen Akt dar, der in einem anderen Zustand begangen wird, nämlich unter dem Einfluss des Teufels. Perrot, der Diener von Perrot Pichon, kann für sein Tun nicht nur seine Jugend als mildernden Umstand anführen. Er ist Opfer eines Traums, der es dem Teufel ermöglicht, ihn in Versuchung zu führen. Aber im Unterschied zu Visionen, die nächtliche Samenergüsse hervorrufen, spielt sich die Szene am helllichten Tag ab. In beiden Fällen stellt der Traum eine Quelle des Wahnsinns dar: »Der arme Diener, der wie irre ist und alles vergessen hat, betritt einen Stall, wo sich eine Kuh befand, und blieb lange an diesem Ort, auf Abwegen wie ein Verrückter, und infolge der Versuchung durch den Feind hatte er, völlig fühllos, eine fleischliche Begegnung mit dieser Kuh, aber nur einmal.« Seine völlige Empfindungslosigkeit bringt ihn also dazu, die Vorstellungen seines Umfeldes von normalem sexuellen Verhalten derart außer Acht zu lassen.

Masochismus

Dieser anachronistische Begriff, der aus dem Namen Leopolds von Sacher-Masoch, des Autors von *Venus im Pelz,* entstanden ist, bezeichnet das, was man bis dahin Algolagnie genannt hat. Jean-Jacques Rousseau bezeichnete sich als Erster öffentlich als Anhänger einer solchen Wollust am Schmerz. »Das Bizarrste war, dass diese Bestrafung mir noch mehr gefiel als diejenige, die sie mir auferlegt hat; denn ich fand im Schmerz, sogar in der Schande, eine Mischung von Sinnlichkeit, die mir mehr Sehnsucht als Angst ließ, ihn durch dieselbe Hand erneut zu empfinden«, schreibt er in den *Confessions (Bekenntnisse).*

Findet man diese Lust, die aus dem Leiden entsteht, schon bei den mittelalterlichen Autoren? Man kann an diesem Punkt nur die literarischen Quellen befragen, denn keine Autobiografie geht in derart intime Details.

Es ist eine Tradition zu betonen, dass die Liebe Leiden erzeugt, vor allem wenn sie unbefriedigt bleibt. Der Troubadour Cercamon erklärt: »Ich habe Gefallen daran, wenn sie mich verrückt macht, wenn sie mich Zeit verlieren und mich vergeblich warten lässt. Es gefällt mir, wenn sie mich verspottet […]; denn auf das Leiden folgt die Wohltat, ohne Verzug, wenn es ihr so gefällt.« Aber Cercamon begnügt sich nicht mit dem Schmerz; wenn er die Leiden erträgt, die ihm die Dame zufügt, dann deshalb, weil er sich das Heilmittel erhofft.

Bernard de Ventadour bekräftigt: »Diese Liebe trifft so freundlich mitten ins Herz, und sie schmeckt so süß.« Aber auch wenn die in der höfischen Minne geforderte Versklavung aus Liebe und die frevelhafte Verabsolutierung derselben zwei verschiedene Topoi gewesen zu sein scheinen, handelt es sich doch nur um stilistische Übertreibungen. Arnaut Daniel geht noch weiter: »Danke, Amor, denn jetzt empfängst du mich, spät für meinem Geschmack, aber ich bin dir dankbar; denn ein solches Feuer verzehrt mein Mark, dass ich auf keinen Fall will, dass es erlischt.« Der Ausdruck »das Mark verzehren« ist hier in der Tat ungewöhnlich stark.

Aus Liebe zu einem anderen Menschen zu leiden ist unvermeidlich, und eine erneute Lektüre anderer Werke als jener der Troubadoure – also etwa des *Rosenromans* oder von *Flamenca* – liefert zahlreiche Beispiele dafür. Die Perversion setzt erst ein, wenn man kein Heilmittel mehr für das Leiden sucht, wenn man auf künstliche Methoden zurückgreift, wenn man wie Masoch die Peitsche verlangt. Die mittelalterlichen Werke der Literatur erwähnen offenbar keine derartige Praktik. Aber hätte man es gewagt, dies zuzugeben?

Wenn mit der Idee der Lust am eindeutigsten und unmittelbarsten die Liebeslust assoziiert wird, dürfte dies in der das Mittelalter in allen Lebensbereichen beherrschenden theokratischen Weltsicht kaum mit Wohlwollen betrachtet worden sein. Wenn es aber die Lust ist, die jedes Individuum aufgrund des ihm innewohnenden Lebenshungers zu erlangen sucht, wie könnten die Menschen des Mittelalters, Wesen aus Fleisch und Blut, dann in der Lage sein, sie abzulehnen?

Zweiter Teil

Die Kirche und ihre Ablehnung der Lust

Pieter Brueghel d. Ä., Luxuria oder die Wollust. Aus dem Zyklus der *Sieben Todsünden* (1558)

4.

Die Geistlichen und die Sexualität

»Seid fruchtbar und mehret euch.« Dieses Gebot Gottes fordert die Menschen auf, sich fortzupflanzen. Wenngleich die Kirche, wie wir gesehen haben, die Akte wider die Natur verurteilt, muss ihre Einstellung gegenüber der menschlichen Sexualität im ehelichen Rahmen doch eine andere sein. Aber darf Lust den sexuellen Verkehr begleiten?

Die Grundlagen

Die Bibel wird herangezogen, um die meisten sexuellen Praktiken zu verurteilen. Schon Johannes unterscheidet zwischen Geist und Fleisch. »Der Geist ist es, der Leben schafft; das Fleisch nützt nichts.« Der heilige Paulus bestätigt: »Er [Gott] sandte seinen Sohn in der Gestalt des sündigen Fleisches und um der Sünde willen und hat Gericht gehalten über die Sünde am Fleisch [...]. Das Trachten des Fleisches ist Tod, das Trachten des Geistes aber Leben und Friede. Das Trachten des Fleisches ist feindlich gegen Gott; denn es unterwirft sich nicht dem Gesetz Gottes und kann es auch nicht. Die im Fleisch sind, können Gott nicht gefallen.« Papst Gregor der Große wird zu Beginn des 7. Jahrhunderts noch deutlicher: »Was ist der Schwefel, wenn nicht das Nahrungsmittel des Feuers? Was nährt also das Feuer, damit es einen derartigen Gestank verbreiten kann? Was wollen wir also mit dem Schwefel ausdrücken, wenn nicht die Sünde des Fleisches?«

Die Bibel enthält keinen zusammenhängenden Textkorpus, den das Mittelalter zur Unterdrückung des Geschlechtlichen hätte heranziehen können. Immerhin widmet das *Dritte Buch Mose (Leviticus)* der sexuellen Unreinheit ein Kapitel, das sich nicht nur mit der ansteckenden Krankheit Gonorrhö, sondern auch mit dem schlichten Samenerguss des Mannes und der Periode der Frau

Brautpaar. Schwäbischer Meister (um 1470)

befasst. In der Tat besitzt hier alles, was die Fruchtbarkeit und die Fortpflanzung betrifft, einen mysteriösen und heiligen Charakter. Ein anderes Kapitel beschäftigt sich mit der ehelichen Vereinigung; in diesem Zusammenhang werden die Nacktheit, der Inzest, die Homosexualität, der Verkehr mit Tieren, der Geschlechtsakt während der weiblichen Periode und der Analverkehr verdammt. »Denn jeder, der eine von diesen Greueltaten verübt, Personen, die solches verüben, sollen ausgerottet werden aus der Mitte ihres Volkes.« Das Buch *Ecclesiasticus (Jesus Sirach)* zeigt einen heftigen Antifeminismus: »Die erste Sünde kam von einer Frau, und alle müssen wir um ihretwillen sterben.«

Aber das *Hohelied Salomons* rühmt die eheliche Liebe in einem bisweilen nahezu erotischen Tonfall: »Wie bist du so schön und so lieblich, o Liebe in Wonnen! Deine Gestalt ist der Palme gleich, deine Brüste sind wie Trauben. Ich dachte: Ich will auf die Palme klettern, will pflücken die Dattelrispe, und deine Brüste sollen mir sein wie Trauben des Weinstocks, der Duft deines Atems wie Apfelduft! Und dein Mund soll mir sein wie der edelste Wein, der glattweg fließt zu meinen Liebkosungen, meine Lippen und Zähne benetzend.«

In einer Abfolge von Liedern drückt sich die gegenseitige Liebe eines Liebespaares aus, die sich vereinigt und verliert, sich sucht und sich findet. Dieses erstaunliche Buch wurde von den jüdischen Lehrern in allegorischer Weise verstanden: Die Liebe Gottes zu Israel und die des auserwählten Volkes zu seinem Gott gleicht der Beziehung zwischen Eheleuten. Die christlichen Kirchenlehrer haben dieselbe Deutungsweise übernommen, nur dass sie die Allegorie auf die mystische Verheiratung Christi mit der Kirche beziehen. Im 12. Jahrhundert, zur Zeit der höfischen Liebe, als das *Hohelied Salomons* das am meisten kommentierte Werk des Alten Testaments ist, erinnert der heilige Bernhard daran, dass nur diese spirituelle Interpretation Berücksichtigung finden dürfe.

Im Neuen Testament nehmen die Evangelien nur selten Bezug auf die Sexualität. Die monogame und unauflösliche Ehe wird gepriesen, der Ehebruch verurteilt: »Ihr habt gehört, dass gesagt wurde [zu den Alten]: ›Du sollst nicht ehebrechen!‹ Ich aber sage euch: Ein jeder, der eine Frau anblickt mit begehrlicher Absicht, hat schon die Ehe mit ihr gebrochen in seinem Herzen«, so der Apostel Matthäus. Die Evangelisten setzen Scheidung mit Ehebruch gleich. Bei Lukas heißt es beispielsweise: »Jeder, der seine Frau entlässt und eine andere heiratet, bricht die Ehe«. Die Mutter von Jesus ist Jungfrau und Christus bleibt ledig.

Das Mittelalter hat aus den Schriften des heiligen Paulus vor allem die frauen- und ehefeindlichen Elemente herausgezogen. Natürlich versteht der Apostel, wenn er vom Fleisch spricht, darunter die menschliche Natur. Aber für ihn stellt das Fleisch die Hauptquelle der Sünde dar. Und die Heirat ist nur eine Notlösung: »Es ist für den Mann gut, eine Frau nicht anzurühren. Doch zur Vermeidung von Sünden der Unzucht habe eine jeder seine Frau und eine jede ihren Mann. Der Frau leiste der Mann die schuldige Pflicht, und ebenso auch die Frau dem Mann. [...] Den Unverheirateten und den Verwitweten aber sage ich: Es ist gut für sie, wenn sie so bleiben wie ich. Können sie aber nicht enthaltsam sein, so sollen sie heiraten; denn besser ist es, zu heiraten als zu brennen.« Man muss den Gefahren des Fleisches widerstehen, um den ewigen Tod zu vermeiden. »Offenkundig sind die Werke des Fleisches: es sind Unzucht, Unlauterkeit, Ausschweifung, Götzendienst, Zauberei, Feindschaften, Zank, Eifersucht, Gehässigkeiten, Hetzereien, Entzweiungen, Spaltungen, Missgünstigkeiten, [Totschlag,] Trinkereien, Schwelgereien und was dergleichen ist; davon sage ich warnend zu euch, was ich schon früher sagte: Die solches treiben, werden das Reich Gottes nicht erben.«

Das Mittelalter hat eine Hierarchie hinsichtlich der Sexualität aufgestellt, die sich vor allem auf den heiligen Paulus stützt, ihn aber durch eine Verteufelung des Körpers verfälscht, während dieser sich damit begnügt, Respekt vor ihm zu verlangen. Indem die Kirche das Gleichnis vom Sämann missbraucht, dessen Samen je nach Beschaffenheit des Bodens, wo er ausgesät wird, dreißig, sechzig oder hundert Körner liefert, stellt sie die Jungfrauen auf den ersten Platz (ihnen entsprechen die hundert Körner), gefolgt von keusch lebenden Personen wie Witwen, die sich nicht wieder verheiraten. Die Verheirateten werden auf den letzten Platz verwiesen.

Der jüdisch-christlichen Gedankenwelt fremde Ideen, wie vor allem die Vorstellungen der Stoiker, weisen überraschende Ähnlichkeiten mit der von der Kirche vertretenen Doktrin auf. Indem sie sich bemühen, den Menschen von jeglicher Anhänglichkeit an die Wesen und Objekte dieser Welt zu befreien, stellen sie sich gegen die Begehrlichkeiten des Fleisches. Der Weise muss sich verheiraten, die Natur erfordert es, aber nur um sich fortzupflanzen und nicht um Vergnügen zu finden. Da die Ehe eine Freundschaft sei, dürfe der Ehemann seine Frau nicht wie eine Geliebte behandeln, erklärt Seneca, der anschließend vom heiligen Hieronymus zitiert wird.

Der Hedonismus, ein moralisches System, das aus der Lust das Prinzip oder Ziel des Lebens macht, koexistiert in den griechischen Städten und im Römischen Reich, wo sich das aufkommende Christentum entwickelt, mit einer Art Malthusianismus. Der Vater besitzt das Verfügungsrecht über Leben und Tod des Kindes, und Kindesmord wird ebenso praktiziert wie Abtreibung und Verhütung. Da ein exzessiver Malthusianismus die Macht des Staates nur reduzieren kann, neigt dieser in der Folge dazu, die Fortpflanzung zu fördern und Ehelosigkeit und Unfruchtbarkeit zu bestrafen. Die äußeren Zwänge werden von moralischem Druck begleitet, indem der Ehelose verdächtigt wird, ein Lüstling zu sein und sein Vergnügen mittels serviler und käuflicher Amouren zu suchen, die Fortpflanzung ausschließen. In Athen scheint die Ehegattin dazu bestimmt gewesen zu sein, Kinder zu gebären, und die Kurtisanen dazu, Lust zu bereiten. Gemäß römischem Recht ist das Ziel der Ehe, Kinder in die Welt zu setzen. Damit scheinen die Begriffe Lust und Liebe in der griechisch-römischen Welt einen pejorativen Sinn gehabt zu haben, und der Gegensatz zwischen Lust und Fortpflanzung schält sich schon heraus.

Die Stoiker sind nicht die Einzigen, die solche Ideen ausdrücken, aber sie haben die kohärenteste Lehre entwickelt. Die neo-pythagoreische Abhandlung *Über die Natur des Universums* bestätigt: »Es ist vor allem festgelegt, dass wir Verkehr nicht wegen der Lust haben, sondern mit dem Ziel der Fortpflanzung.« Ein Stück weiter heißt es: »Die sexuellen Organe sind dem Mann nicht für die Lust gegeben, sondern für die Erhaltung der Rasse.«

Demnach nimmt die Antike, die das Verhalten der Eheleute dem der Liebenden gegenüberstellt, eine widersprüchliche Haltung ein, indem sie die Lust verherrlicht und gleichzeitig anprangert und auf der Pflicht zur Fortpflanzung besteht.

Diese Denkweise findet sich in der jüdisch-christlichen Tradition des ersten nachchristlichen Jahrhunderts wieder, besonders ausgeprägt bei Philon von Alexandria, einem Philosophen in der Diaspora. Als strenggläubiger Jude und gleichzeitig herausragender Intellektueller, der vom platonischen Denken beeinflusst ist, bemüht er sich, die Übereinstimmung zwischen der biblischen Tradition und der griechischen Philosophie herauszustellen. Wie die Stoiker verweist er auf den verhängnisvollen Charakter der Leidenschaft. Gott, sagt er, segne die Eheleute, die sich mit dem Ziel der Fortpflanzung vereinigen, bestrafe aber diejenigen, die chaotischen und maßlosen Verkehr haben. Im darauffolgenden Jahrhundert, um 165, schreibt der heilige Justinus: »Wenn wir Christen heiraten, dann um Kinder großzuziehen; wenn wir auf die Heirat verzichten, dann bewahren wir eine perfekte Keuschheit.«

In der Zeit bis zum Triumph des Christentums im 4. Jahrhundert vergrößert sich der empfundene Gegensatz zwischen Körper und Geist. Der Körper, jener, den Christus angenommen hat, um die Menschheit zu retten, wird vor allem in seinem verderblichen Aspekt betrachtet, und die Sexualisierung der menschlichen Natur wird hervorgehoben; der Körper wird sexuell. Die Erbsünde wird mit der Fleischessünde gleichgesetzt. Der heilige Augustinus betont mehrmals, dass die Erbsünde sich durch die Begierde überträgt und durch den sexuellen Akt an den Menschen vererbt wird.

Zur gleichen Zeit entwickelt sich die hohe Wertschätzung der Jungfräulichkeit. Im Übrigen richtet sich die erste christliche Literatur, die sich mit Sexualität befasst, an die Frauen. Tertullian schreibt zu Beginn des 3. Jahrhunderts *De virginibus velandis (Über die Verschleierung der Jungfrauen)* und Cyprian *De habitu virginum (Über die Haltung der Jungfrauen)*. Methodios von Olympos, gestorben 311, ist es dann, der eine Reihe von Werken, die inhaltlich der Jungfräulichkeit gewidmet sind, einleitet. Als Johannes Chrysostomos sich an junge Mädchen wendet, die sich zwischen Heirat und Jungfräulichkeit entscheiden müssen, erwähnt er die Keuschheit nicht; die Frage scheint sich nicht zu stellen. Wenn es dagegen um Witwen geht, hält er die Kenntnis der sexuellen Lust und die Erinnerung, die sie daran haben können, für ein Hindernis mit Blick auf die neue Keuschheit, die er von ihnen verlangt. Im festen Glauben daran, dass die Kenntnis der Lust eine Versklavung bedeutet, berichtet er von Frauen, die ihren untreuen Mann nicht zurückweisen können oder eine schlechte Behandlung durch diesen akzeptieren vor dem Hintergrund dessen, dass sie keine sexuellen Beziehungen mit einem anderen Partner haben können, wenn sie im Schoße der Kirche verbleiben wollen. Er folgt damit der Lehre des Gynäkologen Soranus, der meint, dass die Keuschheit für diejenigen einfach ist, die niemals die Freuden der Liebe erlebt haben.

Während die Bischöfe die Vorteile der Jungfräulichkeit und die Unannehmlichkeiten der Ehe betonen, um junge Mädchen davon abzubringen, sich einen Ehemann zu suchen, üben sich fromme Männer in der ägyptischen Wüste in einer Keuschheit, von der sie wünschen, dass sie endgültig sei. Auch adelige Herren des Westens fragen ihre Ärzte danach, wie sie ihre sexuelle Aktivität reduzieren können; manche begeben sich sogar in den Orient oder holen entsprechende Informationen ein. Im Leben dieser ersten Wüstenväter gibt es freilich auch Rückschläge, vor allem aufgrund homosexueller Praktiken mit Jungen. Erotische Gedanken, wie sie durch die Versuchungen des heiligen Antonius berühmt geworden sind, gilt es immer wieder zu bekämpfen. Der Kampf gegen die sexuelle Begierde geht einher mit einer Abwehr der Lust zu essen und zu trinken. Kommt die Wollust nicht überhaupt häufig vom exzessiven Essen und Trinken? Dieser doppelte Kampf, so hat man gesagt, führt den Mann zur Impotenz, die Frau zur Frigidität, die ultimative Erfüllung eines solch asketischen Lebens.

Die beschriebene feindliche Haltung gegenüber der Sexualität ist indes letztlich nur die verbreitetste Form des alten stoischen Themas, das vom Christentum aufgegriffen wurde: die Zurückweisung der Lust.

Die Verurteilung der ehelichen Lust

Selbst im ehelichen Rahmen kann die Sexualität einen Schandfleck darstellen. Der heilige Hieronymus, Autor einer energischen Abhandlung gegen die Ehe, die im 12. Jahrhundert sehr geschätzt wurde, übernimmt den Text eines Philosophen des vorvergangenen Jahrhunderts, Sextus Empiricus, indem er betont: »Ehebrecher ist auch der Liebende, der zu glühend in seine Frau verliebt ist.« Und er fügt hinzu: »Gegenüber der Frau eines anderen ist tatsächlich jegliche Liebe schändlich; gegenüber der eigenen Frau die exzessive Liebe. Der kluge Mann muss seine Frau mit Urteilsvermögen lieben, nicht mit Leidenschaft. Er soll den Ausbruch von Wollust beherrschen und sich nicht mit Hast zur Vereinigung hinreißen lassen. Nichts ist ehrloser, als eine Ehefrau wie eine Maitresse zu lieben. Jene allerdings, die behaupten, sich mit ihren Frauen im Interesse der öffentlichen Sache und der menschlichen Gattung zu vereinigen und Kinder aufzuziehen, sollen wenigstens die Tiere imitieren, und wenn der Bauch der Ehefrauen anschwillt, sollen sie nicht die Kinder verderben. Sie sollen sich ihren Ehefrauen gegenüber nicht wie Liebhaber, sondern wie Ehemänner benehmen.«

Die *jeux-partis*, eine mittelalterliche Lyrikgattung, greifen diese Begrenzung der körperlichen Freuden im Rahmen der Ehe auf. Eine Streitfrage lautet etwa: »Ein Liebhaber erhält von seiner Dame alle Gefallen nur auf seine Bitten hin, ein anderer heiratet die seine – wer hat mehr Vergnügen?« Daraufhin plädiert eine an dem Disput beteiligte Person mit folgendem Argument für den Liebhaber:

> Der Gatte, ob ihm das gefällt oder nicht,
> darf seine Dame nur maßvoll lieben.
> Wenn er zu viel Lust empfindet, macht er sich schuldig.

Gregor der Große (590–604) spricht in einem Brief an den heiligen Augustinus von Canterbury von der Beschmutzung der ehelichen Lust: »Wir geben nicht vor, dass die Ehe schuld ist. Aber weil diese erlaubte eheliche Vereinigung selbst nicht ohne körperliche Lust stattfinden kann, muss man sich vom Betreten eines heiligen Ortes fernhalten, da die Wollust keinesfalls ohne Schuld sein kann. Derjenige, der gesagt hat: ›Ich wurde in der Verderbtheit gezeugt, und meine Mutter hat mich das Licht der Welt in der Sünde erblicken lassen ...‹, war tatsächlich nicht durch Ehebruch oder Unzucht, sondern in einer legitimen Ehe gezeugt worden. In diesem Wort bezeichnet er nicht die eheliche Vereinigung als Verderbtheit, sondern offensichtlich die Wollust, die sie beinhaltet. Es gibt in der Tat viele Dinge, die als erlaubt und legitim anerkannt sind, die wir aber nicht ohne eine gewisse Beschmutzung durchführen können.«

Die »Zeit zum Umarmen« (temps pour embrasser), um einen Begriff eines zeitgenössischen Historikers aufzugreifen, ist überhaupt sehr begrenzt. Das liturgische Jahr und der Zyklus der Frau liefern die beiden großen Verbote hinsichtlich des Verkehrs zwischen Eheleuten. Es ist verboten, sich Sonntagnacht zu vereinigen oder während einer Bußzeit. Und da die Ehe die Zeugung von Nachwuchs zum Ziel hat, ist der Verkehr während Schwangerschaft und Stillzeit verboten; ebenso während der weiblichen Periode, die von den Männern des Mittelalters, die ihr einen verhängnisvollen Einfluss beimessen, mit Entsetzen beobachtet wird.

Die Verbote in Bezug auf die Sexualität, auch die eheliche, sind demnach bald Legion. Die Bußbücher, eine Auflistung von Sünden und zugehörigen Bußen, bezeugen dies in reichlichem Maße. Das älteste erhaltene, jenes von Finnian (aus der Mitte des 6. Jahrhunderts), erklärt: »Wir empfehlen die Enthaltsamkeit in der Ehe, denn eine Ehe ohne Enthaltsamkeit ist keine echte Ehe, sondern eine Sünde. Die Ehe wurde nicht von Gott für die Freude gegeben, sondern um sich fortzupflanzen.«

Das ausgefeilteste Bußbuch, dessen Einfluss sich dank seiner weiten Verbreitung jahrhundertelang bemerkbar gemacht hat, ist das Werk Burchards, des Bischofs von Worms. Als Buch XIX seiner *Decretorum libri XX (Dekrete)* wurde es in den Jahren 1008–1012 verfasst. Zum Fehlverhalten innerhalb der Ehe listet der Autor folgende Punkte auf:

– Hast du dich mit deiner Gemahlin oder mit einer anderen von hinten gepaart, wie es die Hunde tun? Wenn du es getan hast, wirst du zehn Tage Buße tun bei Wasser und Brot.
– Hast du dich mit deiner Gattin zum Zeitpunkt ihrer Regel vereinigt? Wenn du es getan hast, wirst du zehn Tage Buße tun bei Wasser und Brot. Wenn deine Frau nach der Entbindung die Kirche betreten hat, bevor sie von ihrem Blut gereinigt wurde, wird sie so viele Tage Buße tun, wie sie sich noch von der Kirche hätte entfernt halten müssen. Und wenn du dich in diesen Tagen mit ihr vereinigt haben solltest, wirst du zwanzig Tage lang Buße bei Wasser und Brot tun.
– Hast du dich mit deiner Frau vereinigt, nachdem sich das Kind im Uterus bewegt hat? Oder mindestens vierzig Tage vor der Niederkunft? Wenn du es getan hast, dann tust du zwanzig Tage lang Buße bei Wasser und Brot.
– Hast du dich mit deiner Gattin vereinigt, nachdem eine Empfängnis offenbar wurde? Dann wirst du zehn Tage bei Wasser und Brot Buße tun.

- Hast du dich mit deiner Gattin am Tag des Herren vereinigt? Dann musst du vierzig Tage bei Wasser und Brot Buße tun.
- Hast du dich mit deiner Ehefrau während der Fastenzeit beschmutzt? Dann musst du vierzig Tage Buße tun bei Wasser und Brot und 26 Sous Almosen geben. Wenn es geschehen ist, während du betrunken warst, wirst du zwanzig Tage bei Wasser und Brot Buße tun. du musst zwanzig Tage lang vor Weihnachten die Keuschheit wahren, und jeden Sonntag, und während aller gesetzlich festgelegten Fastentage, und zur Geburt der Apostel, und während der wichtigsten Feiertage, und an öffentlichen Orten. Wenn du das nicht befolgt hast, wirst du vierzig Tage Buße tun bei Wasser und Brot.

Der Historiker Jean-Louis Flandrin schätzt unter Verweis auf diesen Text, dass ein Paar, das im 8. Jahrhundert darauf achten wollte, die Lehren der Kirche zu befolgen, sich nur an 91 bis 93 Tagen im Jahr vereinigen könnte, wobei die Perioden der Unreinheit der Frau noch abzuziehen sind. Plausibler erscheint ihm da die sonntägliche Enthaltsamkeit, was der ehelichen Sexualität immerhin noch 184 oder 185 Tage gelassen hätte. Auf der anderen Seite scheint sich im Verlauf des Mittelalters eine Entwicklung und andere Aufteilung der Zeiten geforderter Enthaltsamkeit abzuzeichnen, indem die langen Perioden der Keuschheit (die drei Fastenzeiten vor Weihnachten, Ostern und Pfingsten) von Zeiten kürzerer Dauer abgelöst werden.

Derartige Vorschriften spiegeln eine Mentalität wider, die sich an einem extremen Beispiel vielleicht besser begreifen lässt: Gemeint ist Petrus Damiani, fast ein Zeitgenosse von Burchard, da er von 1007 bis 1072 gelebt hat. Wie viele seiner Zeitgenossen glaubt er, dass der Mensch geschaffen wurde, um die gefallenen Engel zu ersetzen. Von der Engelhaftigkeit stammen sein spiritueller Körper und sein kontemplatives Wesen, während die Merkmale des Menschseins nichts als das Ergebnis eines Verfalls sind.

Petrus Damiani bekräftigt mehrmals, dass der Mensch aus zwei Substanzen besteht, einer schlechteren und einer besseren. Die Seele erscheint als göttlich, sie kommt von oben, entstanden aus einem anderen Prinzip als der Körper, der praktisch mit Abfall verglichen wird. Der Ehegatte wird dementsprechend angeherrscht: »Bedenke, erregter oder eher der Manneskraft beraubter Mann, was du verfolgst, und wisse, dass es Staub und Asche ist, was du erstrebst, entzündet von den Fackeln der Wollust; wenn du die Glieder einer Frau in die Arme nimmst, betrachte den Eiter, den unerträglichen Gestank, der sie in kurzer Zeit sein wird, damit die Vorstellung dieser kommenden Verwesung dich die Verkleidungen einer Theaterschönheit klugerweise verachten lässt.« Petrus Damiani stigmatisiert auch die Art und Weise, wie der menschliche Körper entsteht. Er zitiert eine Passage aus dem *Buch der Weisheit*: »und im Mutterschoß ward ich gebildet zu Fleisch, in der Frist von zehn Monaten geronnen im Blut durch den Samen des Mannes und durch die Lust, die mit dem Beischlaf verbunden war«, um diese dann zu kommentieren: »Wer würde nicht zustimmen, dass er nichts als Fäulnis ist, wenn er die Scheußlichkeit an diesem obszönen Punkt seines Ursprungs bedenkt?«

Es ist unter diesen Umständen nicht erstaunlich, dass Petrus Damiani jeglicher Form der körperlichen Lust entschieden feindlich gegenübersteht. Steht sie doch für ihn im Gegensatz zur Tugend und entstammt unserer Verderbtheit.

Robert Bultot, dessen Analysen wir hier folgen, zeigt, dass die Sexualität für Petrus Damiani nichts als verruchte Sinnlichkeit ist. Er toleriert sie einzig, und das noch mit Bedauern, zum Zweck der Fortpflanzung. Die sexuelle Aktivität wird mit dem Essen und Trinken gleichgesetzt. Die Sehnsucht nach der Ehe wird auf dieselbe Stufe gestellt wie die Wollust. Da er der Lust, die aus dem sexuellen Verkehr herrührt, gegenüber feindlich eingestellt ist, sieht er in den Schmerzen bei der Niederkunft eine Bestrafung für dieses Vergnügen. In einem Brief an Papst Alexander II. wettert er ausgiebig gegen »die meisten Männer, die, weil sie hören, dass das Gesetz es erlaubt, die Ehe einzugehen, keinerlei Respekt für Disziplin in den ehelichen Pflichten zeigen und die den Verkehr mit ihren Ehefrauen nicht mit Mäßigung vollziehen, das heißt, es geht ihnen nicht darum, Nachkommen zu zeugen, sondern sie machen sich zu Sklaven ihrer angeborenen Vorliebe für die Lust.«

Ehelicher Verkehr wird hier schlicht als eine Reproduktionstechnik gesehen. Und sogar diese einzige Rechtfertigung, die Petrus Damiani gelten lässt, nämlich die Fortpflanzung, erscheint ihm als Unterwerfung unter die körperliche Lust, als ein eigentlich schlechter Akt. »Die Mehrzahl derer, die dem Reiz der körperlichen Vergnügen unterworfen sind, wünscht sich, die Erinnerung an ihren Namen für die Nachwelt zu erhalten.« Die Jungfräulichkeit stellt ein Gut an sich dar, und die Defloration, selbst in der Ehe, ein Übel. So ziehen die sexuellen Wünsche und deren Realisierung stets eine Beschmutzung nach sich, ganz gleich, in welchem Rahmen sie sich vollziehen. Schwer vorstellbar, wie unter diesen Umständen die Erfahrung von Lust möglich war – jener Lust, die die Geistlichen verdammen. Huguccio, der Hauptkommentator von Gratian, formuliert sehr deutlich, was sich aus den vom Kanonisten zitierten Texten ergibt: Der eheliche Verkehr »um seine Sehnsucht zu stillen oder seine Lust zu befriedigen ist eine Todsünde«. Für eine anonyme Abhandlung um circa 1200 ist Verkehr zwischen Eheleuten »zur Befriedigung der Lust« ein Vergehen, das wie Ehebruch behandelt und bestraft wird.

Einige Autoren beschränken sich nicht darauf, die Lust als Ziel des Koitus zu stigmatisieren, sie sehen in ihr selbst dann eine Sünde, wenn sie beim Verkehr mit dem Ziel der Fortpflanzung empfunden wird. Erklärt nicht Innozenz III., ein Schüler Huguccios: »Wer weiß nicht, dass der eheliche Verkehr niemals ohne eine gewisse körperliche Sehnsucht und die Hitze einer widerlichen Begierde stattfindet, die die befruchteten Samen beschmutzt und verdirbt.«

Auf eher indirekte Weise kommen die Theologen zum selben Schluss. Für Petrus Cantor und seinen Schüler, den Kardinal von Courçon, umfasst der sexuelle Verkehr zwei Phasen. Wenngleich die Eheleute ihn im Sinne der Fortpflanzung angefangen haben, kommt ein Moment, in dem sie überwältigt werden von den »fleischlichen Wonnen« und damit eine lässliche Sünde begehen. Man muss weiterhin unterscheiden zwischen dem Auskosten der Lust und dem Ertragen derselben. Nach Guillaume de Courçon ist ein frommer Mann regelrecht unglücklich darüber, beim Geschlechtsverkehr Vergnügen zu empfinden. Um bei der Zeugung von Nachkommen keine Sünde zu begehen, erträgt er die Lust und kostet sie nicht aus. Petrus Lombardus selbst bekräftigt, dass der Brief Gregors des Großen, wonach der Koitus nicht ohne Sünde stattfinden kann, da er immer von einer gewissen Lust begleitet werde, sich häufig bewahrheitet. »Es ist fast unmöglich, jemanden zu finden, der sich der fleischlichen Umarmung ausliefert, ohne bisweilen über die Absicht, Kinder zu zeugen, hinauszugehen«, was eine lässliche Sünde nach sich zieht. Somit stellt die Lust beim sexuellen Verkehr für eine Reihe herausragender Autoritäten eine Sünde, bisweilen eine Todsünde, aber zumindest eine lässliche Sünde, dar.

Eine solche Doktrin hält sich auch während der folgenden Jahrhunderte und ist nicht nur bei den Spezialisten des kanonischen Rechts anzutreffen. Chaucer legt sie in seinen *Canterbury Tales (Canterbury-Erzählungen)* einem tugendhaften Priester in den Mund. Es ist eine Todsünde, erklärt dieser, wenn man Verkehr hat, nicht um Leben zu schenken oder Schulden zu bezahlen oder um Sittenlosigkeit zu vermeiden, sondern nur wegen der Lust.

Und im 15. Jahrhundert stellt Bernhardin von Siena die Frage: Kann ein Ehemann »seine Frau einzig für das Vergnügen oder hauptsächlich für das Vergnügen benutzen«? Die Ehemänner sagen oft: »Warum sollte ich mich nicht an meinen Gütern und meiner Frau erfreuen?« Auf diese Frage antwortet Bernhardin: »Sie gehört nicht dir, sondern Gott.« Und es sei sehr wohl eine Sünde – eine Todsünde –, »zu häufigen, zu liebevollen« Verkehr zu haben.

Dennoch setzt sich zur selben Zeit der weniger rigorose Standpunkt von Augustinus durch. Das Streben nach Lust ist für ihn nur eine lässliche

Sünde, und eine Reihe von Theologen folgen ihm in diesem Punkt, so wie Thomas von Aquin, Bonaventura, Pierre de La Palud oder Johannes Gerson. Aber niemand von ihnen rechtfertigt den ehelichen Verkehr, indem er darauf hinweist, dass so Unzucht verhindert wird. Die Vereinigung, die nur auf den Lustgewinn gerichtet ist, wird verurteilt.

Auch versichern diese Theologen, dass der »zu heftig« Liebende ein Ehebrecher ist, und präzisieren damit ihre Gedanken. Wenn der Exzess – die zu große Inbrunst – sichtbar wird, ist das eine Todsünde. Zur Unterscheidung werden hauptsächlich zwei Kriterien vorgeschlagen. Für die einen ist es unmäßige Liebe, wenn man die Vereinigung mit seiner Frau der Vereinigung mit Gott als Endziel vorzieht. Einer derartigen Definition mangelt es allerdings an Klarheit und sie besagt letztlich, dass es eine Todsünde darstellt, eine endliche Realität Gott gegenüber vorzuziehen.

Ein anderes Kriterium zielt auf die gefühlsmäßigen Umstände. »Hätte der Ehemann sexuellen Verkehr mit der Frau, die seine ist, gewünscht, wenn er sie nicht geheiratet hätte?« In diesem Fall macht er sich einer zu glühenden Liebe schuldig. Es ist zugestandenermaßen schwierig, schreibt Antoninus, auf eine solche Frage zu antworten und sich aus der Gesamtsituation ein Urteil darüber zu bilden, ob ein bestimmtes Verhalten noch dem Ziel der Fortpflanzung entspricht oder nicht. Eine solche zu leidenschaftliche Liebe besteht also darin, »seine Frau so zu benutzen wie eine Prostituierte«.

In gewisser Weise wird es verurteilt, eine Person, eine Frau, wie ein Lustobjekt zu behandeln. Und wenigstens in diesem Fall geht die Ablehnung der Lust mit einer Verteidigung der ehelichen Werte einher.

Die zu glühende Liebe wird verurteilt, ohne dass im Gegenzug von der maßvollen Liebe die Rede wäre. Chaucers Priester fasst die Verbote zusammen, indem er sich gegen jegliche Vereinigung »mit der Absicht der amourösen Lust« ausspricht. Die reine Tatsache, verheiratet zu sein, erlaubt noch keinen sexuellen Verkehr. Somit bestätigt der Priester, dass, wenn ein Mann und eine Frau sich nur um des Vereinigens willen vereinigen, sie eine tödliche Sünde begehen. Die Fortpflanzung stellt das einzige sanktionierte Ziel des Koitus dar.

Die tolerierte eheliche Lust[4]

Wenn die mittelalterlichen Geistlichen die Sexualität, selbst die eheliche, mit Argwohn betrachten, dann weil sie die Lust fürchten – vielleicht vermissen sie sie auch! –, die der sexuelle Umgang mit sich bringt – wenn auch nicht immer, dann doch häufig. Einige allerdings denken, dass diese Lust keine Sünde darstellen kann.

Die Vorstellung, dass die sexuelle Lust ein Übel ist, herrscht vor allem am Ende des 12. Jahrhunderts vor. Im folgenden Jahrhundert schwächt sich diese Meinung allmählich ab. Die Behauptung von Guillaume d'Auxerre, dass das sexuelle Vergnügen eben kein Vergnügen bereiten dürfe, mehr noch, dass es dem Verstand missfallen müsse, damit der Akt keine Sünde nach sich ziehe, wird vom heiligen Bonaventura zwar als wahrscheinlich bezeichnet, aber er lehnt sie doch ab, da er sie zu hart findet. Auf jeden Fall muss man den Triumph der aristotelischen Doktrin abwarten, um die Lust rehabilitiert zu sehen. Das sollte das Werk des heiligen Thomas von Aquin sein.

Für Aristoteles ist die Lust ein subjektives Gefühl, das mit dem Vollzug einer Handlung verbunden ist. Da es sich dabei nicht um einen selbstständigen Akt handelt, kann das Lustgefühl nicht moralisch beurteilt werden. Dennoch sind Handlung und Lust nicht zu trennen, denn, erklärt der griechische Philosoph, »ohne Aktivität gibt es keine Lust, und jegliche Aktivität vollzieht sich mit einer entsprechenden Lust«. Eine Handlung zu beurteilen führt dazu, die Lust zu beurteilen, die mit ihr einhergeht. Die Lust, die an eine gerechtfertigte Handlung geknüpft ist, ist gut, diejenige, die mit einer unwürdigen Aktivität verbunden ist, ist schlecht.

Thomas von Aquin, der Glaube und Vernunft zu harmonisieren versucht, drückt dieselbe Meinung aus: Die Lust folgt der Handlung, die sie hervorbringt; also muss man beide gleich beurteilen. Und Thomas wendet diese Prinzipien auch auf die sexuelle Lust an. Da der eheliche Verkehr gut sei, sei es die daraus entspringende Lust auch: »Die Lust, die aus dem ehelichen Akt entsteht, überschreitet – auch wenn sie sehr groß ist – nicht die Grenzen, die vor ihrem Beginn von der Vernunft gesetzt werden, selbst wenn im Laufe dieser Lust der Verstand ihr keine Grenzen setzen kann.« Thomas behauptet sogar, dass Gott der Vereinigung die Lust hinzufüge, um die Menschen zu der Handlung zu treiben, die die Schwäche ihrer Gattung lindere.

---

4   Für diesen wie auch den vorausgegangenen Absatz beziehe ich mich besonders auf J. T. Noonan, Contraception: A History of Its Treatment by the Catholic Theologians and Canonists.

Unter diesen Umständen fragt man sich, warum das Streben nach sexueller Lust für Thomas dennoch mindestens eine lässliche Sünde darstellt. Die Antwort: Weil die angenehmen Möglichkeiten, die dem Menschen zur Verfügung stehen, nach den Notwendigkeiten des Lebens wie nach ihrem Ziel geordnet sind. Der maßvolle Mensch handelt gemäß seinen Bedürfnissen und findet die Lust beim Handeln, aber er handelt nicht, um Lust zu finden.

Kann aber die Lust nicht bisweilen ein Bedürfnis darstellen? Aristoteles hat sich gefragt, ob es dem Menschen nicht erlaubt sei, sie zu suchen, um sich zu entspannen. Thomas erklärt, dass die Zerstreuung oder die Erholung keine eigenständigen Ziele sind, wohl aber Mittel, die es dem Menschen beispielsweise ermöglichen, sich auf eine Handlung vorzubereiten. Aber wenn er schreibt, dass »der maßvolle Mensch sich nach angenehmen Dingen sehnt, um seine Gesundheit zu bewahren oder um seinen Körper in guter Verfassung zu erhalten«, löst er nicht das Problem, ob man die sexuelle Lust als Mittel zum Zweck anstreben darf.

Der englische Franziskaner Richard Middleton geht noch weiter und präsentiert 1272 seine Verteidigung der Lust als eigenständiges Ziel. Er räumt ein, dass es sich nur um die Meinung einiger Theologen handele, erklärt aber, Argumente zur Untermauerung dieser These vorbringen zu können. Das Streben nach einer maßvollen Lust stelle keine Hingabe an die Begierde dar. Die Lust an sich könne nicht schlecht sein, denn die Mäßigung, die sie abmildere, sei nicht geeignet, als Tugend angesehen zu werden. Schließlich sei die Vereinigung des Mannes mit seiner Frau wegen des Sakraments der Ehe züchtig. Die maßvolle Lust stelle demnach ein akzeptables Ziel der ehelichen Vereinigung dar. Damit wird die Haltung von verheirateten Personen gerechtfertigt, die nicht ausdrücklich an die Fortpflanzung denken, wenn sie Verkehr haben. Aber die Vorstellungen von Middleton bleiben zwei Jahrhunderte lang ohne Echo.

Nun befinden wir uns in der Mitte des 15. Jahrhunderts. Ein neuer Geist zeigt sich in dem Werk *De laudabili vita conjugatorum (Das beispielhafte Leben der verheirateten Paare)*, geschrieben von einem Mönch aus Roermond in den Niederlanden, Dionysius dem Kartäuser. Das Buch enthält Elemente traditioneller Theologie und ist gleichzeitig Ausdruck des Wunsches, den Bedürfnissen christlicher Paare zu entsprechen. Dionysius erklärt mit Nachdruck, dass die Ehe gut sei – und erinnert zugleich daran, dass das Zölibat besser sei. Den ehelichen Beischlaf nennt er christlich, wenn er die Pflichterfüllung oder die Zeugung eines Kindes zum Ziel hat. Er hält ihn für erlaubt, um die Unzucht eines Ehepartners zu vermeiden. Dennoch sei es geboten, gewisse natürliche Grenzen nicht zu überschreiten. Aber der Autor bleibt nicht bei dieser Erkenntnis stehen. Die Eheleute müssen durch eine geistige

Liebe verbunden sein, da sie ihr gemeinsames Heil suchen, durch eine natürliche Liebe, denn sie sind menschliche Wesen, durch eine soziale Liebe, denn sie leben zusammen. Dürfen sie sich auch mit einer körperlichen Liebe, die auf sinnliche Lust gegründet ist, lieben? Da der eheliche Akt gut ist, glaubt Dionysius, der sich auf die Theorie des Aristoteles bezieht, dass verheiratete Personen sich aufgrund der Lust lieben dürfen, die sie sich gegenseitig bereiten. Er lässt also die körperliche Liebe zu. Aber sein Werk, das er in einem Kloster schuf, hat die universitäre Theologie nur wenig beeinflusst. Jedenfalls übernimmt Martin Le Maistre (1432–1481), ein Pariser Hochschullehrer, die Argumentation Richard Middletons zur Lust und entwickelt sie weiter.

Le Maistre ignoriert die Differenzierungen, die Augustinus in Bezug auf die Absichten, die den Verkehr zwischen Eheleuten leiten, vorgenommen hat. Es geht ihm darum, ein Mittelmaß zwischen zwei Extremen zu finden, das er als »eheliche Keuschheit« bezeichnet. Diese ist genau zwischen Schamlosigkeit und Empfindungslosigkeit angesiedelt. Verbindungen zwischen Eheleuten, die nicht die Fortpflanzung zum Ziel haben, seien dann nicht konträr zur ehelichen Keuschheit, wenn sie aus folgenden Gründen stattfinden: eheliche Pflichterfüllung, Vermeidung von Unzucht, Pflege körperlicher Gesundheit, Erlangung von Seelenruhe.

Le Maistre weist damit die Meinung der Mehrheit seiner Kollegen zurück, die den ehelichen Verkehr für eine lässliche Sünde halten, um Unzucht zu vermeiden, und denjenigen Verkehr für eine Todsünde, der dazu bestimmt ist, Lust zu bereiten. Er geht sogar noch weiter: »Ich sage, dass jemand sich nach Lust sehnen kann, zunächst aus Geschmack an dieser Lust selbst, anschließend um Langweile und den Schmerz einer Melancholie zu vermeiden, die aus der Abwesenheit dieser Lust herrührt. Der eheliche Verkehr, der dazu dient, die Traurigkeit zu vermeiden, die aus dem Fehlen sexueller Lust herrührt, ist nicht schuldhaft.« Denen, die ihm Augustinus und Aristoteles entgegenhalten, antwortet Le Maistre, dass Augustinus nur dem »maßlosen« und »gegen die Natur gerichteten« Verkehr gegenüber feindlich eingestellt sei und dass Aristoteles sich dem Genuss angenehmer Dinge nicht widersetze, wenn sie dem Körper und dem Geist zugutekommen. Die Lust stelle ein Gut dar, und sie zu suchen bedeute nicht, der Lüsternheit zu dienen, sondern sie im Gegenteil unter die Autorität der Vernunft zu stellen.

Seine Argumente, sagt er, seien nicht gegen die Fortpflanzung gerichtet, denn Personen von guter Gesundheit könnten leichter zeugen. Und denen, die daran zweifeln, dass die Lust als ein Ziel erstrebt werden dürfe, das sich auf Gott beziehe, erwidert er, dass Aristoteles erlaube, die Lust zu einem ehrbaren Zweck einzusetzen; folglich sei es möglich, sie für Gott zu nutzen.

Gewiss lässt Le Maistre Vorsicht walten. Er verbirgt sich hinter der Autorität von Aristoteles. Manchmal scheint er zuzugeben, dass das Streben nach reiner Lust eine lässliche Sünde darstellt, aber er kommt sofort auf den griechischen Philosophen zurück, dem zufolge die echte Vernunft die Vereinigung aus Lust genauso erlaubt, wie sie es erlaubt, Lamm oder Hammelfleisch zu essen; es reicht, wenn die Anwendung dessen maßvoll ist.

Im Übrigen erweist sich die Meinung, wonach der aus Lust stattfindende Verkehr eine Todsünde darstellt, aus Sicht unseres Theologen als sehr gefährlich. Ein einfacher Mensch wird daraus nämlich schließen, besser Verkehr mit einer anderen Frau als seiner zu haben, wenn er Spaß haben möchte. Das bringt Le Maistre dazu, den ehelichen Verkehr auch jenseits der Absicht zur Fortpflanzung zu rechtfertigen. Indem er sich auf den Verstand stützt, umgeht er die scheinbar unumstößliche Verbindung zwischen Fortpflanzung und legitimem Verkehr.

Aber diese These, die sich einer tausend Jahre alten Tradition entgegenstellt, stößt ein weiteres Jahrhundert lang nur auf Feindseligkeit. Der Einfluss derartiger gelehrter Theorien auf die gesellschaftliche Wirklichkeit erscheint ohnehin unerheblich. Die Bauern, die die große Mehrheit der Bevölkerung ausmachen, kennen die Lehre der Kirche durch die Predigten ihrer Geistlichen oder der Wanderprediger und durch die Zurechtweisungen bei der Beichte. Zweifellos streben viele von ihnen Lust an, wenn sie mit ihren Frauen schlafen – mehr noch, wenn sie ihre Mägde flachlegen, wie aus den Begnadigungsbriefen hervorgeht. Die Theorien des Aristoteles und die Überlegungen der Hochschullehrer haben mit dieser Wirklichkeit wenig zu tun.

Es ist jedoch wichtig zu unterstreichen, dass seit dem 10. Jahrhundert mehrere neue Aspekte eine Rolle zu spielen beginnen. Die gregorianische Reform, die auf eine Unabhängigkeit der Kirche zielt, hat zum Ziel, dass sich die Laien auf die Ehe, die Geistlichen auf das Zölibat und damit auf die Enthaltsamkeit beschränken. Sie führt im 12. Jahrhundert zur Durchsetzung der monogamen und unauflöslichen Ehe. Und die soll für die Eheleute nutzbringend sein. In seiner *Summa confessorum (Bußsumme)*, entstanden um 1210–1216, fordert Thomas von Chobham die Ehefrauen auf, die intimsten Momente – »im Bett inmitten der Umarmungen« – dafür zu nutzen, ihren Männern zu predigen, was moralisch gut und was verwerflich ist. Ähnliche Ratschläge werden den Männern gegeben. So findet das eheliche Apostolat sogar in den Akt der Vereinigung selbst Eingang.

Die Ausschaltung, die Verurteilung der sexuellen Lust stellt aber nur ein Element eines viel umfassenderen Entwurfs der irdischen Existenz dar.

5.

Die Verachtung der Welt

Das Leben auf dieser Erde stellt nur einen kurzen Übergang dar, der auf das ewige Leben vorbereiten soll. Daher ist es wichtig, sich einzig um sein Seelenheil zu sorgen und ein Leben zu führen, das sich wie jenes der Mönche möglichst eng an die Existenz annähern soll, die künftig an der Seite Gottes gelebt wird. Jegliche Vergnügungen werden demgemäß abgelehnt – angefangen mit denen, die die eheliche Vereinigung begleiten. In diesem umfassenderen Sinn sprechen wir von einer Haltung der »Weltverachtung« oder, mit dem lateinischen Begriff, des *contemptus mundi.*

Ein suggestives Gedicht

Roger de Caen, ein Benediktinermönch, der den Großteil seines Lebens in der Abtei Le Bec in der Normandie verbringt, wo er um 1095 stirbt, ist sehr wahrscheinlich der Autor eines *Carmen de mundi contemptu (Lied von der Verachtung der Welt)*, eines Gedichts, das diese Geisteshaltung perfekt veranschaulicht. Er möchte den Mönchen ihre Verpflichtungen in Erinnerung rufen. Seine Empfehlungen sind Teil einer allgemeinen Konzeption von der Nichtigkeit der menschlichen Angelegenheiten. Der Mönch, der den Verzicht auf die Güter dieser Welt gewählt hat, dürfe sich keine vergänglichen Dinge mehr wünschen. Da es sein Ziel sei, den Himmel zu erreichen, müsse er die Erde verachten! Das Leben sei nichts anderes als ein unaufhörlicher Kampf gegen tausende von Versuchungen.

Auf schroffe Weise verdammt Roger jegliches Vergnügen:

»Liebt nichts, was den Sinnen gefällt, denn was das Fleisch entzückt, schädigt den Geist; die Freuden der Welt schaffen ewige Leiden; das kurze Leben beraubt des ewigen Lebens.« Der Autor denkt überhaupt nicht an ein

Mittelmaß zwischen Lasterhaftigkeit und Askese, so dass auch die erlaubten Freuden verurteilt zu werden scheinen. Was sind Ehre, Reichtum, Ruhm und Jugend? Schönheit, Adel, Kraft, Frauen, große Herrschaften, prachtvolle Häuser, kostbare Steine, Gold und Geld? Macht, weitreichendes Wissen, falsche Wonnen, das Leben selbst? Was die Pest, der Dieb oder der Feind nicht davontragen können, der Tod entreißt es. Also sollte jedes einzelne dieser Elemente, das Freude erzeugen kann, eingeschränkt werden.

Diejenigen, die von Ehren und Macht hoch hinausgetragen werden, verlieren das Gefühl für die menschliche Verfasstheit. Sie realisieren nur, was sie haben, und vergessen, was sie sind, nämlich sterbliche und vergängliche Wesen. Je höher die Position, desto größer die Gefahr, so wie der mächtige Baum von einem heftigen Wind umgerissen wird, während die bescheidene Myrte in Sicherheit bleibt. Der Kontrast zwischen der vermeintlichen Größe der irdischen Handlungen und der Bedeutungslosigkeit des Grabes ist offensichtlich. Ein kleines Gefäß genügt, um Caesar aufzunehmen, der einst mächtiger war als das gesamte Universum.

Reichtum birgt dieselben Gefahren wie Macht. Roger liefert uns eine Beschreibung des ewig beunruhigten Reichen, der von der Habgier dazu getrieben wird, Schandtaten zu begehen. Der Arme dagegen kennt die Ruhe. Gewiss, ein schönes Gewand verdeckt nicht die menschlichen Mängel, aber Roger lässt nicht einmal diese Schönheit gelten.

Vielmehr erfolgt eine Verurteilung der Tafelfreuden, der raffinierten Gerichte, des kostbaren Geschirrs, des prunkvollen Rahmens, der angeregten Diskussion, des Gesangs mit Gästen, des wohlklingenden Tons der Instrumente. »Überfüttert von Speisen, mit vollem Bauch und freudestrahlend vor Glück erfreut sich das Schwein mit seinen Kurtisanen an den Vergnügungen der Nacht.«

Die Gelehrsamkeit verhindert ebenso wenig wie Ruhm oder Reichtum den Tod. Platon mag die Geheimnisse der Natur studiert und vielfältige Kenntnisse erworben haben, jetzt, so Rogers unerbittliches Urteil, ist er doch nur Asche. Das ist das Schicksal aller großen Geister: zu enden wie alle anderen Menschen.

Was einen Menschen betrifft, der sich für besonders robust hält, so besitzt er für unseren Mönch allerhöchstens gemeinsame Merkmale mit den Tieren. Ja, hinsichtlich der körperlichen Fähigkeiten übertreffen die Tiere uns Menschen sogar.

Die Jugend vergeht schnell. Der Heranwachsende verwandelt sich allzu rasch in einen hinfälligen Greis. Die Schönheit, die eine Gefahr für die Tugend darstellt, verblasst. Und dieser Gedanke führt uns zum Thema: zur Frau, die unser Autor heftig tadelt, denn »sie bricht durch ihre perfiden Reize die Kraft und den Geist des Mannes«. Sie tut dem Abbruch, was die Natur dem Mann gegeben hat. Es folgt die Verurteilung der Freude, die der Anblick einer hübschen jungen Frau auslösen kann, und der Bemühungen, die diese unternimmt, um sich zu verschönern, indem sie ihre Augen schminkt, indem sie sich die Ohren durchsticht, um Ohrringe hineinzuhängen, indem sie fastet, um einen blassen Teint zu erhalten, indem sie sich das Gesicht anmalt, indem sie sich die Augenbrauen zupft, indem sie die Brüste zusammenpresst, indem sie sich die Haare entfärbt. Roger greift ein traditionelles Thema auf: »Wenn die Eingeweide und der Rest ihres Körpers offen lägen, würdest du sehen, welcher Schmutz ihre weiße Haut bedeckt. Wenn ein strahlender Purpur einen Misthaufen bedecken würde, gäbe es jemanden, der verrückt genug wäre, seinetwegen den Misthaufen zu lieben?«

Das menschliche Leben ist kurz und voller Leiden. Kälte, Hitze, Hunger, Durst, der Tod geliebter Wesen, Krankheiten, Unfälle … Krankheit zerstört die Gesundheit. Der Tod setzt dem Leben ein Ende. Alles, was Dummköpfe für kostbar erachten, ist unbedeutend. Demnach muss man Dinge suchen, die eines weisen Mannes würdig sind.

Der Mensch hat sehr wohl Größe, jedoch auf spirituellem Gebiet – was ihn dazu führen muss, die irdischen Gegebenheiten gering zu schätzen, denn sie sind nur vergänglich.

Selbstverachtung, Weltverachtung. Zwar richtet die Ermahnung sich an Mönche, doch existieren die Ideen, die sie verbreitet, nichtsdestoweniger auch außerhalb der Klostermauern. Wie könnte man in einem solchen Klima der Weltverachtung nach Lust streben oder sie auch nur nicht zurückweisen? Oder ist es gar nicht so, dass Roger de Caen wirklich für eine mächtige Strömung des klerikalen Denkens steht?

Die Vortrefflichkeit eines Lebens ohne Lust

Schon Johannes stellt in seinem Evangelium den *logos* (das Wort) und das Fleisch einander gegenüber:

In das Seine kam er [der Logos],
doch die Seinen nahmen ihn nicht auf.
Allen aber, die ihn aufnahmen,
gab er Vollmacht,
Kinder Gottes zu werden,

denen, die an seinen Namen glauben,
die nicht aus dem Blut
und nicht aus dem Wollen des Fleisches
und nicht aus dem Wollen des Mannes,
sondern aus Gott geboren sind.

Die Verachtung der Welt richtet sich zunächst gegen die sinnlichen Freuden, die Freuden des Fleisches. Aber für einige Autoren nimmt sie eine radikalere Form an, indem sie gewissermaßen die Freuden des Geistes mit einbezieht. So besteht für Petrus Damiani das spirituelle Leben aus einem vollständigen Verzicht. In einem Brief verlangt er von dessen Adressaten, einem Juristen aus einer Stadt der Romagna, den weltlichen Dingen gegenüber gleichgültig zu sein, mehr noch, sie zu verachten. Tugend und Lust bezeichnet er als die beiden Gattinnen des Mannes. Die Lust betrifft dieses Leben, die Tugend den ewigen Ruhm. Die eine wird wegen ihrer Reize geliebt, die andere erscheint unausstehlich, denn sie schlägt den Männern harte und mühsame Dinge vor. Aber Gott hat uns die Tugend gegeben, während die Lust unserer Verderbtheit entspringt.

Ein Jahrhundert später geht der künftige Innozenz III. in einer frühen Schrift namens *De contemptu mundi (Über die Weltverachtung)* noch einen Schritt weiter: »Die Frau empfängt in Unreinheit und Gestank, gebärt mit Traurigkeit und Schmerzen, stillt mit Bangheit und Mühsal, wacht in Drängen und Angst [...]. Wer hat auch nur einen einzigen gänzlich angenehmen Tag in seinem Vergnügen verbracht?«

Zur selben Zeit, lange vor den Totentänzen des 15. Jahrhunderts, schreibt Hélinand de Froidmond, ein Trouvère (nordfranzösischer Minnesänger), der Zisterziensermönch geworden ist, in seinen *Vers de la mort (Totenverse)*:

Was gilt Schönheit, was gilt Reichtum,
was gilt Ruhm, was gilt Hoheit?
Denn der Tod ganz nach Belieben
überzieht uns mit Regen und Trockenheit.

Dies sind Reden von Geistlichen, deren Absicht es ist, die Gläubigen zur Buße zu rufen, damit sie das ewige Leben erreichen. Und am Ende des 12. Jahrhunderts geht es vielleicht auch darum, die neuen Reichen anzuprangern, die von der wirtschaftlichen und sozialen Entwicklung profitieren.

Die logische Folge dieser Verachtung der Welt besteht in der Flucht vor derselben. Angesichts der Desillusionierung, die darin liegt, dass die irdische Existenz sich häufig durch Unglück und Leiden auszeichnet und immer durch ihre Kürze, folgt man besser dem Rat des heiligen Bernhard aus seiner Predigt an die Pariser Schüler, die so stark den Gefahren des städtischen Lebens ausgesetzt sind: »Flüchtet, flüchtet und rettet eure Seele; eilt in die Orte der Zuflucht.« Die Zufluchtsorte, das sind die ländlichen Klöster, denn die Lehre der Weltverachtung ist in erster Linie eine klösterliche. Ihr Erfolg erscheint verbunden mit der religiösen Erneuerungsbewegung des ausgehenden 11. Jahrhunderts, die eine Menge Menschen dazu treibt, vor den weltlichen Vergnügungen zu flüchten, um sich völlig Gott zu widmen.

Diese Mentalität findet zweifellos in einer ganzen Reihe von Verhaltensweisen ihren Ausdruck, so etwa bei demjenigen, der auf dem Totenbett sein Vermögen den Armen und religiösen Einrichtungen vererbt, oder bei denen, die geliebte Wesen und irdische Güter verlassen, um sich im Habit des Pilgers oder Kreuzritters auf den Weg zu machen, oft ohne große Hoffnung auf Rückkehr, oder bei denen, die Wanderpredigern folgen oder solchen häretischen Doktrinen anhängen, die jegliches Zugeständnis hinsichtlich Sex, Gewalt und Geld radikal ablehnen.

Auch wenn die pessimistischen Lehren Ende des 12. Jahrhunderts an Strahlkraft verlieren, ändert das nichts daran, dass die Geistlichen im Allgemeinen eine lustfreie Existenz preisen. Einige verwechseln allerdings den Weg, dem alle Christen folgen sollen, um zur Vollkommenheit zu gelangen, mit jenem, der auf die Regeln des Klosterlebens gegründet ist. Und eine ganze Reihe von Klerikern rät verheirateten Personen eine Existenz, die praktisch auf ein kontemplatives Leben hinausläuft. So legen am Ende des Mittelalters Regeln für ein christliches Leben, die die Form von regelrechten Tagesplänen annehmen können, die tägliche Verwendung der Zeit fest. Diesen Regeln muss jede Frau folgen, die ihr Heil ernsthaft anstrebt. Die Texte nehmen keinerlei Bezug auf solche Aspekte des Familienlebens wie den ehelichen Verkehr, betrachten die häuslichen Pflichten und die Rolle der Frau in der Gesellschaft mit Vorbehalten und schenken dem materiellen Zierrat keinerlei Beachtung. Sie erinnern bei jeder Gelegenheit daran, dass der Zustand der Jungfräulichkeit oder Witwenschaft dem der Ehefrau weit überlegen ist und dass das kontemplative Leben dem aktiven Leben vorzuziehen ist.

Für einige Beichtväter hat der Tagesablauf einer verheirateten Frau dem einer Witwe zu ähneln, da die eine wie die andere lange Momente dem Gebet widmen und ihre häuslichen Pflichten den spirituellen unterordnen soll. Die ehelichen Beziehungen werden überhaupt nicht erwähnt. Eine derartige Lebensplanung, zunächst für eine Elite konzipiert, gilt bald als Modell für alle Frauen. Aber wie vereint man die so unverzichtbaren und doch verachteten Alltagspflichten mit dem Streben nach der vielgepriesenen spirituellen Existenz?

Der weltliche Tageslauf ahmt den religiösen nach. Wenn sie sich nicht in der Kirche befindet, betet die Frau in ihrem Zimmer, wohin sie sich zurückzieht, um Gesellschaft zu meiden und sich zu sammeln. Nach dem Abendessen betet sie dort die Komplet und unternimmt ihre Gewissensprüfung, bevor sie schlafen geht. In einem derartigen Kontext wird kein Vergnügen angestrebt – nicht einmal in der Form einer angenehmen Unterhaltung mit einer Freundin –; es scheint im Gegenteil gemieden zu werden und erscheint als Eindringling, der sich dem Rhythmus einer gänzlich auf Gott gerichteten Existenz entgegenstellen könnte.

Die Prediger ermahnen die Gläubigen dazu, den Vergnügungen zu entsagen.

Am Beispiel des Schminkens: Die Frau darf nicht versuchen, ihre Unvollkommenheit zu verbergen, die Spuren der Jahre auszubessern. Es gibt reichlich Predigten mit imaginären Erzählungen wie der folgenden, die darauf zielen, die Gefahren der Eitelkeit aufzuzeigen: Ein Pariser Bürger hat eine alte, faltige und verwelkte Frau geheiratet. An einem Feiertag schmückt sie sich mehr als gewöhnlich und schickt sich an, der Kirchenprozession zu folgen. Der Mann, der sich hinter ihr befindet und von weitem goldblondes Haar, überragt von einer eleganten Frisur, erblickt, stellt sich vor, dass dieser Putz zu einer jungen Frau von ausnehmender Schönheit gehört. Von Neugier getrieben, beschleunigt er seinen Schritt, dann dreht er sich abrupt um. »Oh Himmel!«, ruft er ganz verwirrt, als er seine Ehefrau an ihren Falten erkennt, »haben Sie sich in einen Affen verwandelt, Madame? Es ist besser, Ihnen zu folgen, als Sie zu treffen. Von hinten sind Sie die eine Frau; von vorne sind Sie eine andere. Man kann von Ihnen wohl sagen: Der Sack ist mehr wert als die Aussteuer.«

Auch die Freude an Bekleidung ist verpönt. Bruder Richard, ein Franziskaner, der 1492 in Paris predigt, verlangt von seinen Zuhörern, Buße zu tun und ihre Gewohnheiten zu ändern. Von seiner am Tag des heiligen Markus, das heißt am 25. April, gehaltenen Moralpredigt sind die Pariser so aufgewühlt, dass sie unmittelbar darauf, in weniger als drei oder vier Stunden mehr als hundert Feuer entfachen, wo sie »Spieltische, Tricktrack, Würfel, Spielkarten, Kugeln, Billard und jegliches andere Spiel verbrennen, das dazu dienen könnte, beim Spielen um Geld Zorn zu erregen und zu fluchen«. Am selben Tag und auch noch am folgenden verbrennen die Frauen »ihren Kopfschmuck wie Wulsthaube und Haarteile, Teile aus Leder oder Wolle, die sie an ihre Kopfbedeckung heften, um sie steifer zu machen oder sie vorne hochzustülpen. Was die jungen Frauen betrifft, so lassen sie ihre Hörnerhauben, ihre Zöpfe und eine große Menge ihrer Schuhe zurück.«

Ein gewisser Bruder Thomas beschwört eine ähnliche Szene herauf. Als er unter seinen Zuhörern adelige Damen mit hohen Frisuren entdeckt, stachelt er die jungen Männer mit dem Schrei »An die Haube, an die Haube« an, so dass die Frauen behütet wie die Beginen davonlaufen. »Aber«, so schreibt der Chronist Monstrelet, »wie die Schnecke, die ihre Fühler zurückzieht, wenn man dicht an ihr vorbeigeht, und sie wieder herausstreckt, wenn nichts mehr ist, so machten sie es, denn kurze Zeit nach dem Weggang des Predigers verhielten sie sich wie vorher.«

Die städtischen Organe verkünden – wenn auch mit anderer Motivation – zahlreiche Gesetze gegen übertriebenen Kleiderluxus. Häufig ohne Erfolg.

Die Freude am Essen findet gleichfalls keine Gnade. Die Geistlichen stigmatisieren diejenigen regelrecht, die neue Speisen auszuprobieren wagen. Nur für den Bauch eines Menschen, kritisieren sie, werden die Diener in die Ferne geschickt, »um Wurzeln in unbekannten und verlassenen Bergen zu sammeln, Fische in tiefen Flüssen zu fangen oder unnütze Sträucher an trockenen Orten abzupflücken […]. Andere verlieren sich in unnützen Versuchen zur Zubereitung von Gerichten, denken sich eine unendliche Anzahl von Gebräuen, Braten und Genüssen aus; sie wünschen sich ihre Lebensmittel, wie fette Frauen es tun, bisweilen weich, bisweilen hart, bisweilen kalt, bisweilen warm, bisweilen gekocht, bisweilen gebraten, bisweilen mit Pfeffer gewürzt, bisweilen mit Knoblauch, bisweilen mit Zimt, bisweilen mit Salz.« Kulinarische Neugier stellt demnach nichts als Gefräßigkeit dar.

Die praktische Umsetzung

Inwieweit taugt eine derartige Lehre aber für die Lebenspraxis? Ist es möglich, eine von jeglicher Lust befreite Existenz zu führen? Wenden wir uns jenen zu, die die Kirche als Beispiele anführt, nämlich den Heiligen.

Eine Person, ein Thema: Es geht um den heiligen Stephan, den Gründer des Klosters von Aubazine, nicht weit von Brive im aktuellen Département Corrèze gelegen. Sein Leben wurde von einem Mönch dieser Einrichtung aufgeschrieben, einem Zeitgenossen Stephans während dessen letzter Lebensjahre. Die Vita entstand im Laufe der Jahre 1159–1190, also kurz nach dem Tod des Heiligen 1159. Obwohl das Werk – wenn auch nur ansatzweise – gewissen Regeln der Hagiografie folgt, enthält es aufgrund des frühen Datums seiner Entstehung wertvolle Bemerkungen.

Stephan, dessen Eltern ehrbare, jedoch in keiner Weise abgehobene Leute sind, übernimmt nach dem Tod seines Vaters die Rolle des Vorstands der familiären Hausgemeinschaft und leitet diese weise. Den Freuden der Jagd hängt er allerdings noch an und ist empfänglich für die Frivolitäten dieser Welt. Aber nachdem Gott ihn zum Priester berufen hat – er ist noch nicht einmal Mönch –, »verlässt er definitiv die Lebensart des Jahrhunderts. Was er vorher im Geist verachtete, davon ließ er nun in seinen Taten und in seinem Verhalten ab: Das Lachen und die frühere Sorglosigkeit verwandeln sich in Trübsal und die Fröhlichkeit in Traurigkeit. Der Fang von Seelen ersetzt die Jagd nach wilden Tieren. Kein Streben mehr nach teurer Kleidung; die angenehmen, mit Sorgfalt zubereiteten Gerichte erzeugen bei ihm nunmehr nur noch Ekel.«

»Anstelle von weicher Kleidung trug er ein Büßerhemd direkt auf der Haut. Sein von Tränen benetztes Brot trat an die Stelle angenehmer Gerichte, und er vermischte seine Tränen mit seinem Getränk. Alles in allem unterwarf er seinen Körper einer solchen Kargheit, dass er ihn fast vernichtete, durch die Kälte ebenso wie durch den Nahrungsmangel. Mitten im Winter, als alles vor Eiseskälte erstarrte, hackte er das Eis mit einem Beil auf und tauchte bis zum Hals in das Eiswasser. Dort blieb er, bis die Kälte ihn völlig durchdrungen hatte.«

Aber Stephan gibt sich nicht mit dem Leben eines Priesters zufrieden, das normalerweise bereits karg ist. Er möchte der Welt entsagen und baut mit Hilfe einiger Gefährten ein Kloster. Da er die bisherigen Entbehrungen für ungenügend hält, trägt er heimlich einen Panzer, den er jahrelang verbirgt, bis er sich nach und nach auflöst.

Stephan erlegt den anderen Mönchen eine strenge Disziplin auf. »Er rügte und züchtigte die Disziplinlosigkeit und den Ungehorsam der Seinen, vor allem der jungen Mönche und der Kinder, so hart, dass Zeugen von Entsetzen erfüllt waren. Die Disziplin war so streng, das selbst auf ein kurzes Aufschauen, ein Lächeln oder die Erfüllung einer Aufgabe, ohne die Order dazu erhalten zu haben, eine schwere Strafe folgte. Es gab Regeln, die man nicht übertreten durfte, außer es wurde durch einen Befehl verlangt oder von einer Arbeit vorgeschrieben.«

»Die Stille bei ihnen war absolut, Tag und Nacht, nicht nur im Kreuzgang, sondern überall, wo sie irgendeiner Beschäftigung oder Arbeit nachgingen.«

Was Stephan selbst betrifft, so hört er nicht auf, seinem Körper immer härtere Schmerzen zuzufügen.

Eine solche Askese wirkt auf die Mitmenschen nicht etwa abstoßend: Bei der Rückkehr von einer Reise zur Kartause beschließt der heilige Mann, die aufgrund der wachsenden Zahl der Mönche zu klein gewordenen Gebäude zu vergrößern.

Für die Frauen lässt Stephan an einem zurückgezogenen Ort im Wald ein Kloster bauen, an einer sehr steinigen Stelle, gesäumt von Felsen und umgeben von hohen Bergen, so dass die Bewohnerinnen nur den Himmel und die umgebenden Berge sehen können. Wenn man heute diese Einrichtung besucht – Coyroux –, von der nur Ruinen übrig sind, stellt man fest, dass dieser Ort sehr ungesund ist. Frauenfeindlichkeit des heiligen Mannes?

Das wäre nicht außergewöhnlich, wie ein vergleichender Blick auf andere zur Ehre der Altäre erhobene Zeitgenossen lehrt.

Ein anderes Thema: das Fasten. Es erhält erst gegen Ende des 3. und zu Beginn des 4. Jahrhunderts eine religiöse Bedeutung. Einige Kirchenlehrer neigen dazu, das Essen auf die physiologische Notwendigkeit zu reduzieren. Für Gregor von Nyssa, der 395 gestorben ist, erscheint das Vergnügen am Geschmack wie die Mutter der verbotenen Wollust. Origenes, Kyrill und Basilius lassen verlauten, dass man sich Leiden zufügen müsse, um die Lust zu zerstören und den Körper zur Tugend zu führen, wenn nötig auch gegen dessen Willen.

Auf jeden Fall waren Fasten und sonntägliche Eucharistie damals charakteristisch für die Christen. Fasten bedeutet, das Risiko einzugehen, an Hunger – der alle lebenden Wesen bedroht – zu sterben, um von Gott Überfluss und Heil zu erlangen. Es bedeutet gemäß Leo dem Großen, Papst 440–461, auch, an der göttlichen Barmherzigkeit teilzuhaben, denn das Fasten ermöglicht die Almosen, die den Nächsten ernähren. Wenn wir fasten, »erhält der Christ seine Nahrung«.

Im 7. Jahrhundert spricht Isidor von Sevilla vom Fasten als von einer Vereinigung mit den Engeln: »Das Fasten ist eine heilige Sache, ein himmlisches Werk, das Tor zum Königreich, der Rahmen in die Zukunft, denn wer es heilig durchführt, ist mit Gott verbunden, er bleibt abseits von der Welt, und sein Geist erhebt sich.« Somit ist das Fasten nicht nur ein Zeichen von Trauer, von Reinigung, von Buße; es ist auch Askese. In einem Werk, das dem 403 verstorbenen Abt Nilus zugeschrieben wird, kann man schon lesen: »Es ist die Sehnsucht nach Nahrung, die den Ungehorsam erzeugt, es ist die Freude am Geschmack, die uns aus dem Paradies vertrieben hat. Die Freude am guten Essen begeistert den Gaumen, aber sie erzeugt den Wurm der Sittenlosigkeit, der niemals schläft. Wer einen leeren Magen hat, ist bereit, Wache zu halten und zu beten; wer den Magen voll hat, hat Lust zu schlafen.«

Zahlreiche Kirchenväter verbinden Nahrung mit Begierde und glauben, dass das Fehlen von Nahrung ein Heilmittel gegen die sexuellen Wünsche darstellt. Ebenso erklärt eine Abhandlung aus der Mitte des 14. Jahrhunderts, die sich an Jungfrauen richtet: »Fasten heilt die Krankheit, trocknet die Körpersäfte aus, vertreibt die Dämonen, verjagt die schlechten Gedanken, erhellt den Geist und reinigt das Herz, heiligt den Körper und erhebt den Menschen zum Thron Gottes.«

Die Lektüre von älteren mittelalterlichen Kochbüchern lässt vermuten, dass die adeligen Schichten diese Auflagen zunächst auch respektieren. Im 13. Jahrhundert jedoch entsprechen das Fasten und die Abstinenz nicht mehr dem von den früheren Autoren gepriesenen Ideal. Die Fastenzeit endet zur None und nicht mehr zur Vesper, und im 14. Jahrhundert endet sie am Mittag; weiterhin ist ein kleiner Imbiss am Abend erlaubt. Das Wort »Abstinenz« bedeutet nur noch Entzug von Fleisch, auch wenn manchmal zusätzlich Milch und Eier vermieden werden. Die Befreiungen vervielfältigen sich. Und die Kochbücher des Spätmittelalters geben Anlass zu der Vermutung, dass reiche Bürger und Adelige während der Fastenzeit alle Sorten von Fisch genießen.

Während jedoch die nahrungsmäßige Askese für viele an Strenge verliert, entwickeln einige neue Klöster (Zisterzienser, Kartäuser) eine beispiellose Kargheit.

Vom 6. bis zum 12. Jahrhundert ist eine Entwicklungslinie sichtbar in der Art und Weise, wie Theologen, Juristen und Prediger das Problem angehen; aber je mehr Vorschriften zur Ernährung sie aufstellen, desto mehr sind die Christen angesichts manch formalistischer Übertreibungen auch verunsichert. Der 1274 gestorbene Bonaventura beruhigt: »Glaubt vor allem nicht, dass es eine größere Tugend ist, sich von Nahrung fernzuhalten als maßvoll zu essen.«

Diese Haltung, die auch Ludwig der Heilige zu der seinen macht, übrigens mit manchem Ansatz zum Exzess, wird indes nicht von allen geteilt. Vor allem bei den Frauen gibt es Anhängerinnen einer strengen Askese bei der Nahrungszufuhr.

Ludwig der Heilige, so zeigt Jacques le Goff, versucht, ähnliche Tischsitten wie die Mönche zu praktizieren. Er will sich als »Prud'homme« präsentieren, als »kluger Mann«, der Mäßigung und Enthaltsamkeit an den Tag legt. Seine Biografen beschreiben den Herrscher als einen Mann, der Obst und guten Fisch wie den Hecht sehr liebt; umso größer ist es das Verdienst, sein Verlangen zu zügeln. Ludwig der Heilige hat von einem Mönch gehört, der völlig auf Früchte verzichtet, bis auf eine Ausnahme: Wenn man ihm ein Stück Frühobst gibt, probiert er einmal davon, wobei er Gott dafür dankt, um dann für den Rest der Zeit darauf zu verzichten. Der König erzählt seinem Beichtvater davon und bedauert, diesem Beispiel nicht folgen zu können. Jedoch hat er die Idee, auf umgekehrte Weise zu handeln: Immer, wenn ihm eine neue Frucht kredenzt wird, isst er sie – im Sinne eines Opfers – nicht, später verzehrt er das Obst dann ohne schlechtes Gewissen. Und Geoffroy de Beaulieu erklärt, dass er keinen anderen Menschen je gesehen habe, der so viel Wasser in seinen Wein mische.

Gemäß Guillaume de Saint-Pathus, Franziskanerbruder und Beichtvater von Königin Margarete, der Gemahlin Ludwigs des Heiligen, lässt der König häufig die großen Fische, die ihm gebracht werden, links liegen, obwohl er sie doch so sehr liebt, und lässt sich stattdessen kleine Fische bringen. Er ordnet sogar bisweilen an, die großen Fische zu zerstückeln, um glauben zu machen, er habe davon gegessen, während er sich in Wahrheit mit einer Suppe zufriedengibt und die Fische als Almosen spendet. Wenn man ihm Braten oder andere köstliche Gerichte und Soßen bringt, mischt er häufig Wasser in die Würze, um den guten Geschmack der Soße zu zerstören. Sagt der Diener in einem solchen Fall zu ihm: »Sire, Sie zerstören den Geschmack«, dann antwortet er: »Sorgen Sie sich nicht darum, ich mag es so lieber.« Er isst häufig Suppe von schlechtem Geschmack oder plumpe Gerichte. Und wenn man ihm ein köstliches Gericht bringt, fügt er kaltes Wasser hinzu und nimmt ihm den guten Geschmack. Wenn in Paris die ersten Neunaugen auf der königlichen Tafel aufgetischt werden, isst er nichts davon und schenkt sie den Armen. Und genauso verhält er sich tatsächlich bei neuen Früchten und jeglichem Frühobst.

Ludwig der Heilige hat eine regelrechte Diät entwickelt, die daraus besteht, das zu essen, was am schlechtesten schmeckt, auf Geschmack und köstliche Gerichte zu verzichten, sich von den besonders bevorzugten Lebensmitteln fernzuhalten (Fisch, Obst), überhaupt in Maßen zu essen und zu trinken und häufig zu fasten. Von Natur aus den Tafelfreuden zugeneigt, zwingt er sich zum Verzicht, ebenso wie er, der mit einem heißblütigen Temperament gesegnet ist, die Regeln der Kirche hinsichtlich der ehelichen Sexualität peinlich genau befolgt.

Einige Christen gehen noch weiter. Die Lebensläufe von Maria von Oignies, Ida von Löwen, Elisabeth von Spalbeck, Margarete von Ypern beispielsweise, die alle aus den Niederlanden stammen, zeigen, dass diese Frauen bis an den Punkt gelangen, wo sie sich nicht mehr normal ernähren können und Leiden beim Anblick oder Duft von Nahrungsmitteln empfinden. Voller Schuldgefühle darüber, dass sie gegessen hat, verstümmelt sich Maria von Oignies selbst und beschließt, eine lange Fastenzeit zu beginnen; sie isst nur einmal am Tag, nimmt keinen Wein, kein Fleisch zu sich, begnügt sich mit einem groben, schwarzen Brot, das ihr die Zunge bluten lässt; einmal, nach

36 Tagen völliger Abstinenz und Stille, versucht sie, etwas zu essen, aber der Geruch ist ihr unerträglich, und sie kann nur den Wein aus dem Kelch der Vergebung trinken. Ida von Löwen, eine Kaufmannstochter, nimmt nur verschimmeltes Brot zu sich, und wenn man ihr Nahrung anbietet, mischt sie alles, um den guten Geschmack zu zerstören. Elisabeth von Spalbeck nimmt nichts außer – und das ungern – einigen Schlucken Milch zu sich. Wenn ihr jemand Obst, Fleisch, Fisch an die Lippen hält, begnügt sie sich damit, den Saft zu schlucken, isst aber nichts Festes.

Aus der Sicht ihrer Biografen manifestieren diese Mystikerinnen durch das Fasten ihren Willen, dieser Welt zu entsagen. Vielleicht stellen sie damit jedoch auch ihren familiären Reichtum in Frage, der Schuldgefühle hervorruft. Und das Fasten ermöglicht es ihnen, sich mit dem leidenden Christus zu identifizieren.

Angela von Foligno findet den Eiter gar »ebenso köstlich wie die Kommunion«. Ist das Vergnügen also nicht doch ein Bestandteil der menschlichen Natur, dem man nicht entkommen kann? Denn die Menschen leben eben im Hier und Jetzt.

Dritter Teil

Genuss mit allen Sinnen

Der Duc de Berry an der Festtafel. Les Très Riches Heures du Duc de Berry
(um 1413–16)

D er 1141 gestorbene Hugo von Sankt Viktor, dem die Nachwelt den Titel »neuer Augustinus« verliehen hat, schreibt: »Der Körper hat fünf Sinne: das Sehen, das Gehör, den Geruchssinn, den Geschmack und den Tastsinn, durch die der Geist sich auf geeignete Weise nach außen zu den sichtbaren Dingen öffnet und alles erzeugt, was für den Körper angenehm, zweckmäßig, nützlich und wichtig ist. Durch die Vernunft wie auch durch die Kontemplation richtet sich der Geist auf die unsichtbare Welt, indem er in sich selbst zurückkehrt. Der Mensch besteht aus zweierlei Natur, einer geistigen und einer körperlichen: Auf diese Weise ist er mit einer doppelten Erkenntnisfähigkeit ausgestattet. Inwendig ist er mit der Vernunft versehen, die auf die Betrachtung des Unsichtbaren gerichtet ist, außen ist er mit der Empfindsamkeit ausgestattet, die sich an der Betrachtung der sichtbaren Welt erfreut. Der Verstand findet in den unsichtbaren Gütern seine Frucht und sein Vergnügen, wie die Empfindsamkeit in den fühlbaren Gütern den ihr angemessenen Genuss findet.«

Es existieren also, auf einem niedrigeren Niveau, fühlbare Vergnügungen, die von einem materiellen Gegenstand herrühren und einen der fünf Sinne betreffen. Daher werden sie sinnliche Freuden genannt. Man muss über den Körper als Zwischenstation gehen, um zur Lust zu gelangen. Wenngleich nicht jegliche Lust auf die Sinne beschränkt ist, so liegt ihr doch immer ein mehr oder weniger sinnlicher Ursprung zugrunde.

Kann man eine Hierarchie der fünf Sinne aufstellen? Laut Roger Bacon ist das Sehen der vornehmste der Sinne. Das Gehör ist das Organ, auf dem Autorität basiert, während der Geruchssinn, der Geschmack und der Tastsinn Erkenntnisse liefern, die in ihrer Art gänzlich tierisch sind. Aus dem Sehvermögen zieht die experimentelle Methode den größten Nutzen; ohne das Auge könnte unmöglich etwas erkannt oder verifiziert werden. Diese Überlegenheit des Sehens wird noch besser verständlich, wenn man die fünf Sinne den vier Elementen zuordnet, die selbst von unterschiedlicher Bedeutung sind. Dem Sehvermögen entspricht das Feuer, dem Gehör die Luft, dem Geruchssinn der Wasserdampf, der sich zwischen der Luft und dem Wasser befindet; der Geschmackssinn befindet sich zwischen dem Wasser und der Erde, schließlich ist der Tastsinn allen Elementen gemein.

Aber um für die Schönheit empfänglich zu sein, darf der Mensch nicht durch Hunger gequält werden! Und obwohl Aulus Gellius in Umschreibung der *Ethik* von Aristoteles in *Noctes Atticae (Die attischen Nächte)* behauptet, dass »diese beiden Freuden des Geschmacks und der Berührung, das heißt die Gefräßigkeit und die körperliche Liebe, die beiden einzigen Vergnügen sind, die der Mensch und das Tier gemein haben, und dass deshalb jeder

Mensch, der von diesen tierischen Lüsten versklavt wird, zu den wilden Tieren gezählt wird«, stellen die Tafelfreuden doch ein fundamentales Element der mittelalterlichen Geselligkeit dar.

6.
Die Mahlzeit

Essen und Trinken

Die Nahrung

Bauern und Edelleute teilen nicht dieselbe Ernährung, und vom 5. bis zum 15. Jahrhundert fand eine Entwicklung statt. Aber über die sozialen Unterschiede hinaus existiert ein allen gemeinsamer Geschmack.

Die Historiker des vergangenen Jahrhunderts präsentieren die mittelalterliche Küche als fett, schwer und unverdaulich. Beurteilt man die Soßen, ist diese Vorstellung nicht korrekt. Diese beinhalten keinerlei fettige Bestandteile wie Öl oder Butter. Getoastetes Brot, Mandeln oder zerkleinerte Nüsse sowie Eigelb sind Mittel der Wahl, um die Soße anzudicken.

Die mittelalterlichen Soßen beinhalten als Hauptzutat eine mehr oder weniger saure Substanz wie Saft von grün geernteten Trauben, Essig, manchmal Saft von bitteren Orangen oder Zitronen. Dem fügt man Gewürze bei, so dass der sauer-würzige Geschmack vorherrscht und den Gaumen anzuregen vermag.

Die sehr verbreitete grüne Soße, die in allen kulinarischen Werken angegeben wird, bereitet man folgendermaßen zu: »Nimm Ingwer, Zimt, Pfeffer, Muskatnuss, Gewürznelke, Petersilie und Salbei. Zerkleinere zunächst die Gewürze, dann die Kräuter und nimm ein Drittel des Salbeis und der Petersilie, und wenn du willst zwei oder drei Zehen Knoblauch. Benetze dies mit Essig oder Saft von sauren Trauben. Merke, dass in alle Soßen und alle Gewürze Salz und geröstetes Brot zugegeben werden muss, um sie einzudicken.«[5]

Die mittelalterliche Küche ist trotz ihrer Leichtigkeit weit entfernt von unserer »Nouvelle Cuisine«. In der Tat versucht sie nicht, den Geschmack und die Erscheinungsform der natürlichen Produkte zu erhalten. Die Gerichte nehmen vielmehr eine irreführende Erscheinung an, so wie das »Rind als Wildbret vom Bären« oder der »Stör in der Art des Kalbes«. Sie sind mit Hilfe natürlicher oder künstlicher Mittel eingefärbt. Die Wurzel der Orcanette liefert ein strahlendes Rot. Zwei Flechten, »tournesoc« und »tournesol«, zaubern Rottöne hervor, die ins Blaurote übergehen, ins Violette oder sogar ins Blaue. Den Köchen liegt nicht daran, den Lebensmitteln ihre natürliche Farbe zu lassen, sondern sie wollen sie mit leuchtenden und angenehmen Farben ausstatten.

Die Kräuter, deren Gebrauch seit dem 17. Jahrhundert stark zurückgegangen ist, werden im Mittelalter sehr geschätzt. Man bezeichnet als solche die aromatischen Substanzen aus dem Orient. Die Rezeptsammlung *Le Viandier* erwähnt 16 davon, die unbedingt notwendig sind, um die enthaltenen Rezepte zuzubereiten. Aber es gibt noch weitere.

Einige Gewürze, die im Römischen Reich verwendet wurden, sind verschwunden, während andere nach und nach auftauchen, wie die Gewürznelke, der Kardamom, die Gewürzlilie, die Muskatnuss, die Muskatblüte oder Paradieskörner. Der Pfeffer, der in der Antike in großen Mengen verzehrt wurde, nimmt in der mittelalterlichen Küche einen weniger wichtigen Platz ein; er ist maximal in einem von drei Rezepten enthalten und *Le Viandier* greift gar nicht auf ihn zurück. Die Gründe für diesen Rückgang sind sozioökonomische. Der Pfeffer macht nämlich quantitativ drei Viertel der über Venedig importierten Gewürze aus. Sein günstiger und recht stabiler Preis ermöglicht einen gewohnheitsmäßigen Verzehr und macht aus ihm ein von den weniger betuchten Schichten – Studenten, Landsknechte, sogar Gefangene – gern benutztes Gewürz. Der Arzt Arnaud de Villeneuve bezeichnet ihn im 14. Jahrhundert als »Würze der Armen«. Im Gegensatz dazu sind die selteneren und kostspieligeren Gewürze wie Nelke, Muskatnuss und -blüte sowie Paradieskörner der Aristokratie vorbehalten. Generell ist die Vorliebe für Gewürze jedoch in allen gesellschaftlichen Klassen verbreitet und mehr als 80 Prozent der Rezepte enthalten Würzaromen. Am Beispiel der Aalspieße nach

---

5   Die Rezepte stammen aus: Die Kochkunst des Mittelalters. Ihre Geschichte und 150 Rezepte des 14. und 15. Jahrhunderts, wiederentdeckt für Genießer von heute, von O. Redon, F. Sabban und S. Serventi. Unsere Anmerkungen zum Geschmack verdanken den Arbeiten von Bruno Laurioux viel.

Art von Saint-Vincent: »Nachdem man Salz, Essig und einen Tropfen Öl mit vier Sorten Gewürzen, nämlich Pfeffer, Gewürze, Nelke und Zimt – davon jeweils eine halbe Unze –, und einen Zweig Rosmarin in ein Gefäß gegeben hat, wird der Aal mit diesem ›Ingwerwasser‹ eingerieben. Wenn der Aal gut durch ist, presst man über die in einer Schüssel befindlichen Stücke sechs Granatäpfel mit gut zwanzig Orangen aus und bestreut sie mit feinen Gewürzen.«

Die Gewürze werden nicht nur für die Herstellung von Fleisch- und Fischgerichten verwendet. In Suppen, Entremets (kleinen zwischen den Hauptgängen servierten Gerichten) und Nachspeisen dürfen sie gleichfalls nicht fehlen. Um Birnen in Sirup zu machen, »kochen Sie Birnen im Wasser, bis sie weich sind. Schälen Sie sie und schneiden Sie sie in Stücke. Nehmen Sie eine gute Menge Zimt und passieren Sie diesen drei oder vier Mal mit gutem Wein durch ein Siebtuch über einem Topf. Fügen Sie Zucker in großer Menge, Anis, Nelke, Muskatblüte hinzu und, wenn Sie wollen, klein geschnittene Datteln und Korinthen. Setzen sie es auf das Feuer, und wenn es kocht, fügen Sie die Birnen hinzu. Lassen Sie das Ganze kochen. Wenn es genügend gekocht hat, achten Sie darauf, dass es gut zimtfarben ist, und fügen Sie Ingwerpulver in großer Menge hinzu. Achten Sie darauf, dass es süß ist, und servieren Sie es.«

Getränke werden ebenfalls gewürzt, wie der Clairet und der Hippokras, mit Honig oder Zucker gesüßte Gewürzweine, die man vor allem zum Abschluss des Essens mit Konfitüren oder Süßwaren serviert. Um ein Lot Hippokras herzustellen – das sind vier Pinten, die in Paris je 98 Zentilitern entsprechen, also 3,92 Liter insgesamt –, muss man folgendermaßen verfahren: »Nehmt eine Unze [ungefähr 30 Gramm] ›cinamome‹ , langer Pfeifenzimt genannt, ein Stück Ingwer und ebenso viel Galgant [Gewürzlilie] und zerstoßt alles zusammen. Dann nehmt ein Pfund guten Zuckers, zerstampft alles miteinander und weicht es mit gut einem Lot des besten Weins aus Beaune, den ihr bekommen könnt, ein. Lasst alles ein oder zwei Stunden ziehen. Dann passiert ihr es mehrmals durch ein Seihtuch, bis es recht klar ist.«

Diese Gewürze werden jedenfalls nicht ohne Gespür verwendet, und der Würze kommt in der mittelalterlichen Kochkunst eine größere Bedeutung zu als den Feinheiten des Garprozesses.

Die Vielfalt, aber auch die Verbrauchsmengen sind beachtlich. Jedes Mitglied des Gefolges von Beatrix von Ungarn, der Mutter des Dauphins Humbert II. von Viennois, verbraucht zu Beginn des 14. Jahrhunderts über 1,18 Kilo Gewürze im Jahr. Da vermutlich ein Teil dazu dient, Geschenke zu machen, kann diese Zahl ein wenig reduziert werden. Angesichts der Preise verringert sich der Verbrauch, je geringer der Rang in der sozialen Hierarchie ist.

Wozu dient ein derartiger Verbrauch? Wenn jemand glaubt, es gehe darum, den Geruch der verrotteten Gerichte zu übertönen, genügt es, die Ratschläge der kulinarischen Abhandlungen anzuführen: Sie legen Wert auf die Exaktheit der Mischungen, die Beurteilung der vorherrschenden Geschmacksnuancen, den Augenblick des Hinzufügens in die Gerichte. So schlägt ein Werk für gebratene Kraniche, Gänse oder Spanferkel eine süßsaure Soße vor, die auch Majoran und Safran enthält, stellt aber gleichzeitig fest, dass für Flussvögel Safran nicht angemessen sei, und fügt hinzu, dass »der gute Koch hierbei den gesunden Menschenverstand benutzen und sich an die Vielfältigkeit des Landes anpassen kann«. Es geht somit nicht darum, den Geschmack zu verschleiern, sondern angenehme Geschmacksrichtungen im Gaumen der Gäste zu treffen. Manchmal gibt das Gewürz dem Gericht den Namen, so wie die Cameline-Soße (mit Zimt).

Die Verwendung der Gewürze scheint nicht überall gleich zu sein.

Soziale Vielfalt: Die am wenigsten Begüterten begnügen sich mit wohlriechenden Kräutern wie Petersilie, Majoran, Fenchel, Minze oder auch mit Knollengewächsen wie Knoblauch oder Zwiebeln. Letztere finden sich jedenfalls in beliebten Gerichten. Mit Knoblauch gewürzte Soßen (einfach, weiß, rosa, für Fische) sind häufig in Kochbüchern vertreten. »Knoblauchwürze für alles Fleisch: Nimm Knoblauch und gare ihn in der Glut. Dann zerkleinere ihn gut und gib rohen Knoblauch und geröstetes Brot dazu, milde Gewürze und Brühe. Zerkleinere all diese Dinge zusammen, lasse die Soße ein wenig kochen und serviere sie heiß.« Der Knoblauch, dessen Geruch mit dem bäuerlichen Leben verbunden wird, ist auch der großen Tafeln nicht unwürdig, wenn er in der Küche so zubereitet wird, dass seine Kraft gemäßigt ist. Und die Tischgesellschaft muss die Wahl zwischen verschiedenen Soßen haben. In einem Fabliau befiehlt die Gattin eines Grafen, die seit ihrer Hochzeit die Hausherrin herauskehrt, dem Koch, nur noch mit Knoblauch gewürzte Soßen zu machen. Der Graf bestraft sie, denn der Knoblauch und die Frau, beides gemäßigte Genüsse, müssen an ihrem Platz bleiben.

Geografische Vielfalt: Die Italiener benutzen weiterhin Pfeffer und schätzen den Safran, den sie selbst herstellen. Manchmal bevorzugen sie sogar ihre Produktion, die weniger subtil, aber dafür auch weniger teuer ist als der orientalische Safran. Die Franzosen fühlen sich von einer Mischung aus Ingwer und Zimt, mit einer Vorherrschaft des Ersteren, angezogen; sie übernehmen im 14. Jahrhundert die Paradieskörner, die dem Pfeffer ähneln, aber teurer sind, weshalb sie nur von Reichen benutzt werden.

Alle Palastabrechnungen von Mahaut, Gräfin von Artois zu Beginn des 14. Jahrhunderts, beinhalten einen Spezialartikel *épices de chambre* (»Zimmergewürze«), welche die feinsten gewesen zu sein scheinen, während die gewöhnlichen Gewürze in derselben Rubrik wie Obst als *épices de garnison* oder Küchengewürze auftauchen. Eine bedeutende Summe wird jedes Jahr für sehr teure Gewürze ausgegeben, die aus exotischen Ländern kommen. Man legt davon vor allem um Mariä Lichtmess herum wegen der Fastenzeit große Vorräte an.

In einer Abrechnung aus dem Jahr 1318 vermerkt eine Notiz »Küchengewürze für die Fastenzeit, geholt bei Pierre le Vaillant«, einem Pariser Lebensmittelhändler, folgenden Inhalts: 400 Pfund Mandeln zu 9 Sous das Pfund; 20 Pfund Ingwer zu 5 Sous; 20 Pfund Zimt zu 3 Sous; 20 Pfund Pfeffer zu 4 Sous; 3 Zuckerhüte, die insgesamt 30 Pfund wiegen und mit 7 Pfund berechnet werden; 3 Pfund Safran für 42 Sous; 4 Pfund Gewürznelken für 42 Sous; 2 Pfund Kubebenpfeffer für 40 Sous; 2 Pfund Muskatblüten für 28 Sous; 3 Pfund Gewürzlilie für 20 Sous; 3 Pfund Paradieskörner für 45 Pfund; 4 Pfund Langer Pfeffer, 16 Sous; ein Pfund Muskatnuss, 8 Sous; 12 Pfund Kümmel, 8 Sous; 90 Pfund Grütze, 30 Sous; 130 Pfund Reis für 5 Deniers pro Pfund; 6 Pfund Stärke für 6 Sous; 70 Pfund Walfett für 4 Sous das Pfund. Insgesamt 64 Pfund, 17 Sous, 6 Deniers.

Gewiss existiert eine den westeuropäischen Ländern gemeinsame Küche. Das Blanc-manger (»weißes Essen«) ist in Italien ebenso bekannt wie in England, in Deutschland, in Katalonien und in Frankreich. Die Erfordernis der weißen Farbe führt zur Verwendung von Zutaten dieser Farbe. Da diese Speise wenig gewürzt ist, empfehlen die Ärzte sie den Kranken. Und da die Menschen des Mittelalters darauf ganz versessen sind, haben die Köche Gerichte für die Fastenzeit erfunden, bei denen Fisch mit weißem Fleisch das Huhn und den Kapaun ersetzt.

Aber das Blanc-manger wird je nach Region auf unterschiedliche Weise zubereitet. Die Engländer dekorieren besonders gerne mit Mandeln. »Die Zubereitung des Blanc-manger: Lass den Reis eine ganze Nacht im Wasser einweichen und wasche ihn am Morgen gut […]. Wenn das Ganze sämig genug ist, bestäube es mit einer guten Menge Zucker, füge in weißem Fett frittierte Mandeln hinzu und serviere es.« Die Franzosen zuckern weniger und bevorzugen Naturreis: »Wenn du willst, kannst du es mit Naturreis zubereiten, zum Beispiel angerührt mit Ziegenmilch nach Art von Outremont. Und wenn du es servierst, gib in Speck frittierte Mandeln und weißen geschnittenen Ingwer darauf.« Die Italiener benutzen eher Reismehl und haben die Gewohnheit, stärker als die anderen zu würzen.

Man kann dem Namen eines Gerichts übrigens nicht blind vertrauen. Das Kochbuch des Italieners Martino enthält das Rezept eines Blanc-manger, das zum Übergießen von Kapaunen gedacht ist und gelb sein kann: »Wenn du willst, dass das Gericht aus zwei Farben bestehen soll, nimm ein Eigelb und Safran; mische diese Dinge mit einem Teil Blanc-manger und füge Verjus hinzu, den Saft unreifer Trauben, damit er saurer wird als der weiße Teil. Auf diese Weise zubereitet heißt es ›Ginster‹. Und wenn du zwei Kapaune hast, bedeckst du einen mit der weißen und den anderen mit der gelben Soße.«

Insgesamt muss man eher von Präferenzen als von Unterschieden reden, da die Köche die Gerichte eines »internationalen« Repertoires entsprechend den nationalen Geschmäckern beziehungsweise den Vorlieben einer sozialen Elite zubereiten. Man kann dies etwa bei der Verwendung des Zuckers feststellen.

Uns mag erstaunen, dass die mittelalterliche Küche so wenig bestrebt ist, salzige und süße Gerichte voneinander abzugrenzen, auch wenn eine der Geschmacksrichtungen überwiegt. Jede Soße, jede Brühe kann gleichzeitig süße und salzige Elemente enthalten.

Das westliche Mittelalter benutzt im Gegensatz zu einer verbreiteten Vorstellung und im Unterschied zur Antike wenig Honig. Zucker dagegen ist teuer, Rohrzucker wird in Sizilien und Andalusien angebaut, Zucker aber auch aus entfernten orientalischen Ländern importiert. In Frankreich dient er im 13. Jahrhundert vor allem medizinischen Zwecken und erscheint bis zum 15. Jahrhundert selten in den kulinarischen Zubereitungen, während Katalonien, Italien und England ihn schon gern benutzen. Zu Beginn des 14. Jahrhunderts süßen die französischen Köche kaum zehn Prozent ihrer Speisen. Natürlich ist es möglich, ohne Zucker zu süßen, und so werden lieblicher Wein sowie Trockenfrüchte für Gerichte mit brauner oder schwarzer Farbe benutzt, während der Zucker, der – wie die anderen Gewürze – im Allgemeinen erst vor dem Servieren auf die Gerichte gestreut wird, ihre weiße Farbe verstärkt. So widersetzen sich die Engländer, die den süßsauren Geschmack mögen und die Kraft der Gewürze durch Zugabe von Zucker abschwächen, kulinarisch den Franzosen, die den sauren, mit Gewürzen gemischten Geschmack bevorzugen.

Die Italiener schätzen wie die Engländer den Zucker. Aber was bereits am Ende des Mittelalters den eigentlichen Charakter der italienischen Küche ausmacht, ist die häufige Verwendung von Nudeln. Diese Teigwaren werden schon auf sehr unterschiedliche Weise zubereitet: Ravioli, Lasagne, Makkaroni, Vermicelli, Gnocchi und dergleichen mehr.

Für die Zubereitung von Lasagne nimm fermentierten Teig und nimm eine möglichst dünne Form. Dann teile ihn in Vierecke, die drei Finger breit sind. Dann nimm kochendes gesalzenes Wasser und lasse darin die oben genannte Lasagne kochen. Wenn sie gut durchgekocht ist, füge geriebenen Käse hinzu.

Und wenn du magst, kannst du auch gute Gewürze in Pulverform über die Lasagne streuen, wenn sie erst einmal auf der Platte ist. Dann gib eine Schicht Lasagne darauf und streue ebenso Gewürze darüber; und darüber eine weitere Schicht und pulverisierte Gewürze, bis die Platte oder der Napf gefüllt sind. Anschließend isst man sie mit einem Stäbchen aus zugespitztem Holz.

Lasagne steht für eine Pastazubereitung, die seit der Antike bekannt ist. Das oben genannte Rezept hat die Besonderheit, dass fermentierte Nudeln verwendet werden, das heißt ein aufgegangener Teig. Andere Sammlungen von italienischen Rezepten beinhalten Lasagnerezepte auf der Basis von Mehl und Wasser, an den Festtagen gekocht in einer Fleischbrühe und während der Fastenzeit mit Mandelmilch angemacht. Hier wird die Lasagne nur in Salzwasser gekocht. Festzuhalten ist, dass man, um sie schön heiß essen zu können, ein Gerät benutzt, mit dem man es vermeidet, sich die Finger zu verbrennen. Die Gabel lässt nicht mehr lange auf sich warten!

Die Geschmäcker variieren sogar von Region zu Region. In Frankreich besitzen die Bretonen den Ruf, Milch und Käse sehr zu lieben. In dem *Privilège aux Bretons (Privileg für die Bretonen)*, einem satirischen Text aus dem ausgehenden 13. Jahrhundert, gewährt der Papst den Bretonen das Recht, während der Fasten- und der Festtage Milch zu trinken und Käse zu essen.

Was fette Stoffe angeht, bemerkt der Arzt Jean Despars, dass die Einwohner von Seeland und Friesland Butter so sehr schätzen, dass sie sie sogar in Bier und Wein mischen. Im Gegensatz dazu ist Butter in den Mittelmeerländern unbekannt, und als König René sich in der Provence niederlässt – ein Land des Olivenöls –, muss er sich an einen angevinischen Landsmann wenden, um Butter geliefert zu bekommen. In der Fastenzeit wird in allen Regionen Öl verwendet, aber das teure Olivenöl wird im Norden durch Mohnöl, im Burgund durch Nussöl ersetzt.

Chronologische Vielfalt – auch wenn die Geschmäcker sich oft recht langsam verändern. Der Zucker, bis dahin in Frankreich wenig geschätzt, findet hier erst in den Jahren um 1400 eine gewisse Verbreitung. Eine richtiggehende Leidenschaft für dieses Lebensmittel zeigt sich dann im 15. Jahrhundert, vor allem in jenen Mittelmeerländern, die Zuckerrohr anbauen. Der Geschmack entwickelt sich also hin zu weniger sauren Würzungen. Die Cameline-Soße des 15. Jahrhunderts ist viel süßer als die des vorausgehenden Jahrhunderts.

Bruno Laurioux versucht einen gedanklichen Brückenschlag zwischen dieser Soße von warmer Farbe (der des Kamels), die man dank des Zimtes erhält, zu den damals im Westen sehr geschätzten Kamelhaartuchen und glaubt, dass die Farbe der Speise die Menschen des Mittelalters vielleicht mehr als der Geschmack selbst anzog.

Ein regelrechtes Modegewürz sind die Paradieskörner, die am Ende des Mittelalters in Frankreich großen Erfolg haben. Noch zu Beginn des 14. Jahrhunderts wenig bekannt, stellen sie im darauffolgenden Jahrhundert ein unentbehrliches Gewürz dar, um dann im 16. Jahrhundert wieder in Vergessenheit zu geraten. Tatsächlich gibt es ein adeliges Publikum, das stets nach Neuerungen giert, die im Folgenden dann in weniger begüterten Milieus, von niederen Adeligen oder Bürgerlichen, aufgegriffen werden. Gerade der hohe Preis etwa der Paradieskörner stellt einen Grund dafür dar, ein solches Produkt zu verwenden, das sich die meisten Leute nicht leisten können.

Im Mittelalter existiert ein kulinarischer Austausch. Maestro Martino arbeitet in Rom, ist aber voll der Bewunderung für die katalanische Küche und bezeugt den französischen Soßen seine Hochschätzung. Von der ungarischen Pastete sind zwei Rezeptversionen überliefert, wohlgemerkt beide italienisch, und den Kochbüchern ist die flämische Brühe ebenso geläufig wie die französische Pastete, der lombardische Eintopf oder sogar die sogenannte Sarazenenbrühe.

Was aber veranlasst den Autor des *Ménagier de Paris (Der Pariser Hausherr)* dazu, eine solche Brühe als britisch anzusehen? Vielleicht zählen die Worte so viel wie die Kochanleitung, die Imagination, das Heraufbeschwören fremder Länder, wenn sie auf die Realität treffen. Und doch unterscheiden sich eine Reihe von Gerichten, deren Name in verschiedenen Ländern ähnlich lautet, nur durch winzige Unterschiede. Man kann von Vielheit und Einheit zugleich sprechen. Da die Fürstenhöfe umherziehen, bleiben die Rezepte nicht auf einen engen Raum begrenzt.

Und eine Küche, die dem Geschmack der Zeit schmeichelt, gibt auch den »Technikern« unter den Köchen Gelegenheit, Sensibilität zu beweisen; so beispielsweise bei der Pastete mit lebenden Vögeln, einem Rezept von Maestro Martino: »Stelle eine große Pastetenform her und mache unten ein ausreichend großes Loch hinein, um mit der Faust hindurchzufassen, oder noch größer, wenn du magst. Die Seiten dürfen ein wenig höher sein als gewöhnlich. Lass diese Form, gefüllt mit Mehl, im Ofen backen. Wenn sie durch ist, öffnest du die untere Öffnung und nimmst das Mehl heraus; du hat eine weitere kleine Pastete, gefüllt mit lauter guten Sachen, in der Größe der unteren Öffnung an der großen Form zubereitet, die gut durch ist und bereit zum

Verzehr, und durch dieses Loch gibst du sie in die besagte Form hinein; in den Leerraum, der rund um die kleine Pastete bleibt, tust du kleine lebende Vögel hinein, so viele, wie hineinpassen. Diese kleinen Vögel müssen in dem Moment hineingesetzt werden, in dem du [die Pastete] am Tisch präsentierst. Wenn sie den Gästen gezeigt wurde, die beim Bankett sitzen, nimmst du den Deckel ab, und die kleinen Vögel fliegen davon. Das Ziel ist es, die Tischgesellschaft zu unterhalten und zu erfreuen. Aber damit sie sich nicht betrogen fühlen, schneidest du die kleine Pastete auf und servierst sie.«

So achtet Martino darauf, auch die Gaumengelüste der Gäste zu befriedigen, damit nicht etwa auf das durch das Wegfliegen der Vögel bereitete Vergnügen Enttäuschung folge.

Aber ist es notwendig, auf raffinierte, delikate Gerichte zurückzugreifen, um Genuss zu empfinden? Symbolisiert das frische Brot, das warme Brot, das mit ausgewähltem Mehl hergestellt wird und das man gerade aus dem Ofen holt, nicht alle Genüsse des Körpers und des Geistes? Natürlich gibt es das Brot der Armen und das Brot der Reichen, das Brot der Adeligen und das Brot der Mönche. Das *panis cibarius* zum Beispiel, ein grobes Gerstenbrot, ist für die Hausbediensteten bestimmt, und der heilige Bernhard bemerkt, dass es, mit Wasser gegessen, denen nicht mundet, deren Körper müßiggeht; aber demjenigen köstlich erscheint, der von seinem Körper Gebrauch macht.

Die Getränke

Der Wein spielt eine fundamentale Rolle unter den mittelalterlichen Getränken. Er wird von allen Klassen der mittelalterlichen Gesellschaft geschätzt.

Le Jeu de saint Nicolas (Das Spiel vom heiligen Nikolaus) von Jean Bodel beschreibt die Atmosphäre in einer Taverne:

Raoulet
Wein – frisch angezapft, gut abgemessen und vom vollen Fass; mundig,
schmackhaft, rein und schwer, er steigt in den Kopf wie ein Eichhörnchen
im Wald, ohne jede Spur von Kahm oder Säure; berauschend, markig, voll
und würzig, klar wie die Träne eines Sünders, verweilt er auf der Zunge eines
Kenners: andere sollten ihn gar nicht kosten!

Pincedé *(kommt an der Taverne an)*
Dann muss ich wohl davon probieren, weil er auf unser Maß zugeschnitten
ist! Auch wer nicht so eine feine Zunge hat wie ich, wird davon trinken; ich
nämlich bin seit je an ihn gewöhnt.

Raoulet *(gießt den Wein in den Humpen und bietet ihn Pincedé an)*
Siehst du, wie er seinen Schaum auffrisst – und springt und funkelt und
perlt? Lass ihn einen Augenblick auf der Zunge, und du wirst einen Super-
wein schmecken!

Pincedé *(probiert den Wein und bietet ihn Raoulet an)*
Ha, bei Gott, das ist hier wirklich Getreide von Henin! Wie gut es einem
Menschen tut!

Die Römer, die den Wein schon immer schätzen, führen den Weingenuss und
-anbau im südlichen Gallien ein. Unter den Merowingern und den Karolin-
gern gibt es auf den großen Landgütern wo immer möglich auch Weinstöcke.
Das Christentum hat übrigens die Bedeutung des Weins dadurch noch ge-
steigert, dass er eine große Rolle in der Liturgie spielt, indem er zum Blut
Christi wird.

Bei den Barbaren gehen die Feste häufig in Trinkgelage über. Sobald die
Mahlzeit beendet ist, entfernt man gewöhnlich die Tische, und die Teilnehmer trinken so lange weiter, bis sie völlig betrunken sind. Gemäß Gregor von
Tours sind dann alle derart abgefüllt, dass die Diener überall im Haus schlafen, jeder gerade da, wo er hingefallen ist.

Am 17. September 837, einem Feiertag, trinkt jeder Geistliche von Le
Mans im Schnitt 3,636 Liter, genauer 1,636 Liter Wein und 2 Liter *potio*, was
eine Mischung aus Wein und Gewürzen ist. Kurz vor der nächsten Weinlese vertilgt man den Wein des vergangenen Jahres in Form dieses Tranks,
wobei die verfügbaren Mengen dem Fest den Charakter eines veritablen
Trinkgelages verliehen haben dürften. Aber auch der alltägliche Genuss
von Wein ist bedeutend. In Soissons werden den 25 Geistlichen, die für die
seelsorgerische Betreuung der Nonnen zuständig sind, für das ganze Jahr
250 Muids Wein zugebilligt, das sind 17 000 Liter oder 1,86 Liter pro Tag
und Person. Es scheint jedoch, dass sie in Wirklichkeit geringere Mengen
erhalten haben.

Ungefähr sechs Jahrhunderte später, um 1400, liegen die Rationen an den
Höfen des Grafen der Auvergne und von Guillaume, des Herrn von Murol,
im Durchschnitt bei zwei Litern pro Tag und Person, mit deutlichen sozialen
Unterschieden. Frauen trinken grundsätzlich ebenso häufig Wein: Marguerite
de Latour, die Äbtissin von Toul im Cantal, und ihre weibliche Umgebung
konsumieren je einen Dreiviertelliter pro Tag. Die Weine sind, selbst am Hof
des Grafen, von regionaler Herkunft. Allerdings darf man nicht vergessen,
dass gewisse Weine aus der Auvergne, wie der Saint-Pourçain, zu den meist-

geschätzten überhaupt gehören. Der Graf selbst bevorzugt allerdings einen anderen Wein, den aus Ris.

Die Vertrauten des Erzbischofs von Arles verfügen 1424 über 2,5 Liter pro Person und Tag, das sind 900 Liter pro Jahr. Selbst die Armen trinken erhebliche Mengen: 230 Liter pro Tag für die Viehhirten des Armenhauses von Aix. Aber für die weniger Begüterten handelt es sich im Allgemeinen um Billigwein. Und der Geschmack entwickelt sich vor allem zu den leichten und wenig alkoholhaltigen Weinen hin.

Bis ins 13. Jahrhundert werden die Weißweine besonders geschätzt, vor allem die sogenannten französischen Weine, also Produkte aus der Region der Île-de-France im weitesten Sinn. Es sind saure und leichte Weine, den kulinarischen Vorlieben nicht unähnlich.

Seit dem Ende des 13. Jahrhunderts entwickelt sich der Konsum starker Weine. Südlichere Weine werden geschätzt, wie diejenigen, die in La Rochelle, Auxerre und Beaune produziert werden. Letzterer steigt einem schnell zu Kopf, wenn man einer Notiz vom 12. März 1483 glaubt, der zufolge sich am vergangenen 1. Januar, um acht oder neun Uhr abends, mehrere Gefährten in eine Taverne namens *Les Quatre Filz Hémond* in der Rue de la Juiverie begeben. Sie verlangen vom Pächter Wein aus Beaune, denn der französische Wein heizt ihnen nicht genügend ein und ist nicht gut und stark genug.

Im 14. Jahrhundert bevorzugen die Adeligen in Nordeuropa Weine aus Bordeaux und dem Burgund. Es handelt sich um Weißweine, leichte Weine und Rotweine mit wenig Alkohol, die man aus Konservierungsgründen, aber auch wegen des Geschmacks, schnell, das heißt bevorzugt im ersten Jahr, trinkt.

Der Wein aus Saint-Pourçain in der Auvergne gehört in die Luxuskategorie. Im *Dispute du vin et de l'eau (Streit zwischen Wein und Wasser)* erklärt er sich stolz als:

> [...] der größte
> der Weine und der gefragteste
> und der von den großen Herren geliebte.
> Am Hof des Papstes und von Frankreich
> finde ich unter allen Weinen Beachtung,
> denn ich bin an einem guten Zweig geboren.
> Ich habe den Geschmack, ich habe die Farbe:
> kein Mann kann etwas Besseres finden.

Die Italiener hingegen bevorzugen kräftigere Weine, die sie selbst produzieren, und importieren keine französischen Weine. Wie ihre südlichen Nachbarn schätzen sie Likörweine sehr. Überhaupt importiert die gesamte westliche Christenheit süße Weine aus Kreta, Thyrus und aus Zypern, aber man kultiviert die Rebsorte Malvasier auch in verschiedenen Regionen Italiens. Wenngleich der Wein aus Zypern in Frankreich wegen seines Preises besonders geschätzt wird, können nur die großen Herren davon trinken. Der Hippokras wird am Ende der Mahlzeiten aufgetragen, wie aus dem *Ménagier de Paris (Der Pariser Hausherr)* hervorgeht. Villon ist versessen auf dieses Getränk, einen heißen Wein mit Zimt, Ingwer und Pfeffer.

Das Mittelalter kennt die zeitgenössische Sorge nicht, zu welchen Speisen welcher Wein passt. Der Wein wird eher nach den Kriterien sozialer Rang, soziale Rührigkeit und Alter ausgewählt. Für den Meister leichten und klaren Wein, für die Diener Tresterwein, der beim Pressen der Reste der Weinlese gewonnen wird. Genauer gesagt sind weiße und Clairet-Weine, die dezenter und leichter sind, den höheren Klassen vorbehalten. Die dunklen, nahrhafteren und, ein weiterer Vorteil, günstigeren Weine sind für diejenigen angemessen, die körperlich arbeiten. Die Ärzte empfehlen jungen Leuten, weiße oder junge Weine zu verwenden, denen sie je nach Konstitution Wasser zufügen; sie empfehlen den Alten rote oder reifere Weine, nicht mit Wasser verschnitten, die erwärmen und fröhlicher machen.

Derjenige, der Wein in gemäßigten Mengen trinkt, schreibt Aldobrandinus von Siena, »gemäß den Erfordernissen und den Möglichkeiten seiner Natur, und gemäß den Bräuchen, den Ländern und den Jahreszeiten, dem gibt er gutes Blut und eine gute Farbe und Wohlgeschmack; er verstärkt alle Tugenden des Körpers und macht den Mann glücklich, gutmütig und selig«.

Über diese allgemeinen Aussagen zu der durch Nahrung und Getränke bewirkten Befriedigung hinaus wollen wir, im Wesentlichen anhand eines konkreten Beispiels, des Fasanenbanketts, die Tafelfreuden genauer untersuchen, die zumindest für die Adeligen nicht nur aus Nahrungsaufnahme bestehen.

Tafeln

Das Fasanenbankett

Nachdem die Türken 1453 Konstantinopel eingenommen haben, beschließt Philipp der Gute, der Herzog von Burgund, ein prunkliebender Fürst, den Kampf gegen die Ungläubigen aufzunehmen. Der Ritterstand soll im Laufe eines glänzenden Festes, das sich tief in die Erinnerung einbrennen soll, für die Kreuzzugsidee gewonnen werden.

Die Festivitäten beginnen mit einem Mahl, das Herzog Johann von Kleve, ein Neffe von Philipp, für seinen Onkel und den Hofstaat am 14. Januar 1454 in Lille gibt. Der Graf von Étampes richtet seinerseits einige Tage später, am 5. Februar, ein Festessen aus, »viel üppiger und reicher und mit mehreren neuen Gerichten garniert«. Die Festkrone wird in einer prunkvollen Zeremonie an Philipp verliehen.

Das vom Herzog von Burgund veranstaltete Fasanenbankett findet am 17. Februar 1454 in seinem Schloss in Lille statt. Olivier de la Marche, Haushofmeister und Gardekommandant Karls des Kühnen, hat uns einen detaillierten Bericht dieses großartigen Festes hinterlassen: Zur angegebenen Stunde finden sich die Gäste in dem Saal ein, wo der Herzog ein sehr reichhaltiges Bankett hat vorbereiten lassen. Philipp trifft ein, begleitet von Fürsten und Rittern, adligen Damen und Fräulein, die die Tafelfreuden lieben.

Der Saal ist groß und ausgekleidet mit einer Tapisserie, auf der das Leben von Herkules dargestellt ist. Man tritt durch fünf Türen ein, die von Bogenschützen flankiert werden, die in graues und schwarzes Tuch gekleidet sind. Die Ritter und Knappen, deren Aufgabe es ist, sich um das Bankett zu kümmern, sind zum Teil in Damasttuch, zum Teil in schwarzen und grauen Satin gekleidet.

Es gibt drei Tische, einen mittleren, einen großen und einen kleinen. Auf dem mittleren ist zu bestaunen: eine Kirche mit einem Kreuz, transparent und kunstvoll gemacht, darin eine Glocke und vier leibhaftige Sänger; ein kleines, ganz nacktes Kind auf einem Felsen, das die ganze Zeit rosafarbenes Wasser pinkelt; ein verankertes Schiff, mit Waren und Seeleuten garniert; eine schöne Fontäne, bei der ein Teil aus Glas und ein Teil aus Blei ist; auf einer Aue, umgeben von Topasfelsen und wundersamen Steinen, ein kleiner heiliger Andreas mit einem Kreuz, und aus dem einen Ende des Kreuzes entspringt eine Fontäne.

Der zweite, längere Tisch trägt zunächst eine Pastete, in der 28 Musiker verschiedene Instrumente spielen. Eine zweite Komposition ist ein Schloss in der Art von Lusignan, wo sich ganz oben auf dem Hauptturm Melusine in Form einer Schlange befindet und wo, wann immer man will, aus zwei kleineren Türmen Orangenwasser hinab in die Gräben fließt. Die dritte ist eine Windmühle, auf einem Burghügel mit einem Stab, auf dessen Spitze eine Elster sitzt; und darum herum zielen mit Bögen und Armbrüsten ausgestattete menschliche Figuren verschiedenen Standes in ihre Richtung, um sinnbildlich zu zeigen, dass die ganze Welt auf die Elster zielt und dass es sich um ein verbreitetes Gewerbe (das der Kupplerin) handelt. Der vierte Tischaufsatz besteht aus einem Fass, aus dem zwei Sorten Getränke fließen, das eine gut und süß, das andere bitter und schlecht, und ein auf dem Fass stehender, reich gekleideter Mann hält ein Papier mit folgenden Worten in der Hand: »Wer davon möchte, der nehme davon.« Die Gäste können auch ein Dessert bewundern, das einen mit einer Schlange kämpfenden Tiger darstellt; ferner einen auf einem Kamel reitenden wilden Mann; eine Person, die mit einem Stab auf einen Strauch schlägt, der voll mit kleinen Vögeln ist, und, ganz nah, in einem eingezäunten Rosengarten einen Ritter und eine Dame, die Vögelchen essen; einen Verrückten, der inmitten seltsamer Berge, die aus verschiedenen Felsbrocken bestehen, auf einen Bär geklettert ist; einen von mehreren Städten und Schlössern umgebenen See und ein ansprechend gestaltetes Schiff.

Der dritte Tisch, der kleiner ist als die beiden anderen, ist dekoriert mit einem Zauberwald, wo mehrere wilde Tiere sich von selbst bewegen, als wären sie lebendig; es gibt da einen Löwen, der an einem Baum in der Mitte eines Hofs festgebunden ist, oder einen Kaufmann, der ein Dorf mit einer Kiepe auf dem Rücken durchquert, die gefüllt ist mit allen möglichen Kurzwaren.

Jeder Gang umfasst 48 Arten von Gerichten, und die Braten werden auf Karren serviert, die mit goldenem und azurblauem Stoff verkleidet sind.

Auf einer gewaltigen Anrichte werden goldenes und silbernes Geschirr und mit Gold und Juwelen verzierte Kristallkrüge präsentiert; niemand außer denen, die den Wein servieren, kann sich ihnen allerdings nähern, weil hölzerne Barrieren den Zutritt verwehren.

Die Menge der Herren und Damen, die sich drängen, ist so groß, dass man sich kaum bewegen kann. Viele der Eingeladenen nehmen nicht am Festessen teil, sondern wohnen ihm nur auf einem Podest bei; die Mehrzahl ist verkleidet. Sie sind von weit her gekommen, um das hochgerühmte Fest anzuschauen.

Nachdem sie die Dekorationen bewundert haben, werden die Teilnehmer von den Hofmarschällen zu ihren Plätzen begleitet. Die Anzahl der Herren und Damen ist so groß, dass die Tische von beiden Seiten besetzt sind. Das Essen beginnt. Die Gerichte und die Weine erregen freilich kaum die Aufmerksamkeit der Chronisten, denn die Darbietungen oder Entremets ziehen alle Blicke auf sich.

Als sich die Gäste gesetzt haben, schlägt die Kirchenglocke vernehmlich. Kinder stimmen ein Lied an. Die Musiker in der Pastete wechseln sich mit den Sängern in der Kirche ab. Acht solche Zwischenakte spielen sich ab. Zunächst kommt ein reich mit roter Seide ausstaffiertes Pferd rückwärts herein und durchquert so den Saal. Ein Monster, hinten ein Greif, oben ein Mann, reitet auf einem Wildschwein, das mit grüner Seide bekleidet ist. Es jongliert mit zwei Dolchen und einem Schwert und trägt auf den Schultern einen Mann, der sich, die Füße in der Luft, mit den Händen festhält. Ein Vorhang aus grüner Seide, der eine große Bühne verdeckt, wird hochgezogen und man sieht Jason, wie er schreckenerregende Rinder bekämpft. Nach diesem ersten Akt der *Aventures de Jason à Colchis (Jasons Abenteuer in Kolchis)* und einem erneuten musikalischen Zwischenspiel tritt ein wunderschöner Hirsch mit großen goldenen Hörnern und bedeckt mit einer prächtigen Schabracke aus roter Seide ein. Ein zwölfjähriger Junge, gekleidet in karmesinrotem Velours, steigt auf und singt das Lied *Je ne vis jamais la pareille (Ich habe niemals Gleichartiges gesehen)*. Ein zweiter Akt des Spiels von Jason wird aufgeführt: Der Held tötet eine scheußliche Schlange. Dann durchquert ein feuerspuckender Drache fliegend den Raum und verschwindet auf unerklärliche Weise. Von der Decke fliegt ein Reiher auf; zwei Falken verfolgen ihn, und einer von ihnen trifft ihn so heftig, dass er zu Boden fällt. Vier Signalhörner erklingen erneut für den letzten Akt des Spiels von Jason, der die Schlangenzähne ausstreut: Sogleich wachsen bewaffnete Männer aus dem Boden und kämpfen gegeneinander; sobald das Massaker beendet ist, fällt der Vorhang. Man spielt die Orgel in der Kirche und in der Pastete imitiert ein Konzert eine Jagd. »Dies waren die extravaganten Entremets dieses Festes.«

Es erscheint ein Riese, bekleidet mit einem langen Gewand aus grüner, zum Teil gestreifter Seide. In der linken Hand hält er eine große Axt mit zwei Schneiden, und mit der rechten führt er einen mit Seide bedeckten Elefant, auf dem sich ein Schloss mit einer Dame befindet. Diese trägt über ihrem Kleid aus weißer Seide einen schwarzen Mantel, dazu eine Beginenhaube. Es ist die Heilige Kirche, die um Hilfe bittet. Der Riese repräsentiert die Sarazenen, die sie versklaven wollen. Die Dame klagt:

Helft mir ohne Heuchelei;
beweint mein Leid, denn ich bin die Heilige Kirche, eure Mutter,
ruiniert und voller Traurigkeit.

Das Fest erreicht nun seinen Höhepunkt. Zahlreiche Herolde betreten den Saal, gefolgt vom Wappenkönig des Ordens vom Goldenen Vlies. Er trägt einen lebenden Fasan in seinen Händen, geschmückt mit einem prächtigen Goldkollier, das mit Juwelen und Perlen besetzt ist. Das Goldene Vlies sagt zu Philipp, dass man auf großen Festen den edlen Herren gewöhnlich einen Pfau oder einen anderen edlen Vogel präsentiert, um Gelübde auf ihn abzulegen. Der Herzog schaut zur Kirche, um sein Mitleid mit ihr auszudrücken, und übergibt dem Goldenen Vlies ein Schreiben, das sein Gelöbnis ausdrückt, die

Christenheit zu retten. Die Kirche dankt dem Herzog und ermutigt die Anwesenden, es ihrem Herrn gleichzutun. Dann zieht sie sich auf ihrem Elefanten zurück. Nach ihrem Weggang treten die Adeligen von allen Seiten heran, um Gelübde abzulegen und dies schriftlich festzuhalten. Aber da das Fest zu lang zu werden droht, ordnet Philipp von Burgund an, es zu unterbrechen. Alle, die sich noch mit einer Verpflichtung binden möchten, sollen dies am nächsten Morgen tun. Denn das Fest ist noch nicht beendet.

Alle erheben sich vom Tisch, die Dekorationen werden abgeräumt. Durch die große Tür treten zahlreiche Fackelträger, gefolgt von Tamburin-, Gitarren- und Harfenspielern. Und hinter ihnen erscheint eine in weißen Satin gekleidete Dame. Auf ihrer linken Schulter steht in goldenen Buchstaben »Gnade Gottes« geschrieben. Sie wird von zwölf Rittern begleitet, die jeder eine Dame an der Hand halten. Die »Gnade Gottes« führt die zwölf Tugenden vor den Herzog, dem sie ein Pergament übergibt: Da die Gelübde Gott und der heiligen Jungfrau gefallen haben, entsenden sie die »Gnade Gottes« und die zwölf Tugenden, denen alle zum Gehorsam verpflichtet sind. Die Gnade »Gnade Gottes« stellt die jungen Frauen dem Herzog vor: Es handelt sich um Glauben, Barmherzigkeit, Gerechtigkeit, Vernunft, Umsicht, Mäßigung, Kraft, Wahrheit, Großzügigkeit, Eifer, Hoffnung, Tapferkeit. Dann zieht sie sich zurück, während die Tugenden den weiteren Zerstreuungen beiwohnen.

Während des Tanzes erkundigen sich die von Edelmännern begleiteten Wappenkönige und Herolde bei den Damen und Fräulein, wer an diesem Tag am besten gekämpft habe: Der Preis wird dem Monseigneur de Charolais verliehen. Der Wein und die Gewürze werden in mit Juwelen verzierten Pokalen gebracht. Charolais lässt ein Turnier für den nächsten Tag ankündigen. Um zwei oder drei Uhr morgens zieht sich der Herzog mit seinem Hof zurück.

Dieses glanzvolle Schauspiel illustriert nicht nur den herzoglichen Prunk, sondern erscheint wie ein religiöser und politischer Akt.

Geselligkeit

Die Tafelfreuden sind bei den Herren nicht einfach nur Gaumenfreuden. Die Glanzpunkte des mittelalterlichen Festessens sind nicht die Momente, in denen die Gäste die Speisen genießen, sondern während der Entremets, das heißt hier: während der Vergnügungen »entre les mets«, zwischen den Gerichten.

Das Spektakel beschränkt sich nicht auf die Darbietung von Jongleuren, Akrobaten, Pantomimen, Schaustellern mit dressierten Tieren oder Musikern. Manchmal sind die Dimensionen des Geschehens ganz andere, wie bei dem Turnier, das 1343 in einem Saal stattfindet aus Anlass eines Festes, das Kardinal Annibale di Ceccano dort für Papst Klemens VI. veranstaltet. Während eines von Karl V. 1378 organisierten Banketts wird die Einnahme Jerusalems durch die Kreuzritter nachgespielt.

Der Begriff »Entremets« bezeichnet jedoch auch Gerichte, die nach den gebratenen Hauptgängen, zweifellos während dieser Vergnügungen, serviert werden. Manchmal ist ein regelrechter ästhetischer Gestaltungswille am Werk. So ist »der mit seiner Haut bekleidete Schwan« ein gebratenes, eingefärbtes Tier, das mit Gold und Silber bedeckt ist. Da es Brauch ist, Schwüre über einem Pfau zu leisten, von dessen Fleisch es heißt, dass es nicht verwese, bildet man das Tier sorgfältig nach, indem man seine Federn mit Garn richtet, um ihn den Gästen zu präsentieren, als schlage er ein Rad.

Der Service bei höfischen Festen wie bei einem Ballett geregelt, das der Haushofmeister dirigiert. »Wenn die Tafel gedeckt ist und der Brotmeister [seine Arbeit gemacht hat], sucht der Tischdiener den Mundschenk, der an dem Tag servieren muss, und führt ihn zum Weinkeller. Dort händigt der für Tischwäsche und -gerät zuständige Hofbeamte den Deckelpokal aus, den der Mundschenk am Fuß in seiner rechten Hand trägt, und in der linken Hand hält er einen Becher; [und zur gleichen Zeit wie den Pokal und den Becher gibt der Wäschemeister] die Schalen, Kannen und Krüge für den Fürsten dem Sommelier, der sie wäscht und säubert; und der Sommelier gibt den Pokal dem Mundschenk, der sich hinter den Saaldiener einreiht, der seinerseits die Schalen in der linken Hand trägt. Und nach dem Mundschenk geht der Sommelier des Weinkellers, der in seiner rechten Hand zwei Silberkrüge trägt. In dem einen davon befindet sich der Wein für den Fürsten, in dem anderen das Wasser; und der fürstliche Krug ist an dem Hornstück eines Einhorns kenntlich, das mit einer Kette an diesem Krug hängt. Der Sommelier darf in seiner linken Hand einzig einen Becher tragen, und in diesem Becher muss der Krug untergebracht sein, mit dem das Wasser serviert wird. Dieser Becher, den der Kellermeister trägt, dient zur Verkostung dessen, was der Mundschenk ihm anreicht. Nach dem Sommelier kommt der Diener, der die Krüge und Becher für den Tisch des Fürsten tragen muss.«

Jede Geste ist mit Präzision festgelegt. Es muss ein Vergnügen gewesen sein, diesen perfekt geregelten Aufzug anzuschauen. Tatsächlich liegt aber ein Hauptgrund für dieses Ritual in der Furcht vor Vergiftungen, und die hochgestellten Persönlichkeiten sehen vielleicht ihren Genuss beim Essen durch diese Tatsache ein wenig getrübt. Am Ende des Mittelalters kommt eine richtiggehende Giftpsychose auf, die manchmal zu völliger Verweigerung jeglicher Nahrung führt. So stellt Karl VII. gemäß Thomas Basin und Jean Chartier das Essen ein, »denn er wagte es nicht, einem seiner Leute zu vertrauen«. Auch wenn sie nicht dermaßen extrem reagieren, versuchen die Fürsten im Allgemeinen doch zu überprüfen, ob die Speisen etwa vergiftet sind, was die Gastlichkeit offensichtlich durchaus beeinträchtigen kann.

Damit das Vergnügen ungetrübt bleibt, ist es auch wichtig, dass die Gäste sich gut benehmen. Daher die zahlreichen Benimmregeln in Werken wie dem *Rosenroman*. Da wir auf diesen Text schon rekurriert haben, seien hier die von Bonvesin de la Riva in einer kurzen Abhandlung erwähnten Verhaltensregeln angeführt. Es handelt sich dabei um ein wertvolles Dokument, will man von der Kunst des Essens und Trinkens in der Lombardei des 13. Jahrhunderts erfahren. Unnötig zu sagen, dass diese Ratschläge eine sehr weite Verbreitung fanden. Es folgen einige der *Quinquaginta curialitatibus ad mensam (Von fünfzig Höflichkeiten bei Tische)*, die es den Gästen ermöglichen sollen, die Mahlzeit voll und ganz zu genießen:

Fünfte Höflichkeit: Zeige dich am Tisch korrekt,
höflich, aufgeräumt, heiter, munter und freundlich.
Du darfst dich nicht nachdenklich oder ernst zeigen, noch dich hinlümmeln,
noch die Beine übereinanderschlagen, noch dich verdrehen oder dich aufstützen.

Hier ist die folgende [fünfundzwanzigste]: Wer einen Teller teilt mit einer Dame,
muss ihr und sich selbst das Fleisch schneiden.
Der Mann muss sich aufmerksamer, beflissener und ritterlicher zeigen,
als es die schüchterne Dame vernünftigerweise tun darf.

Hier ist die folgende [siebenunzwanzigste]: Du darfst nicht zu sehr den Freund in deinem Haus beim Essen und Trinken hetzen.
Du musst ihm ein fröhliches Gesicht zeigen und ihn gut empfangen,
ihn gut behandeln und gerne bewirten.

»Man darf nicht so sehr darauf achten, was man isst, als mit wem man isst […]. Es gibt kein so süßes Gericht für mich, noch eine so appetitanregende Soße wie diejenige, die aus der Gesellschaft gewonnen wird«, schreibt Montaigne drei Jahrhunderte später. Wenn die Eintönigkeit des täglichen Lebens im Rahmen eines Festes dem geselligen Beisammensein Platz macht, bereitet die Tatsache, sich in guter Gesellschaft zu befinden, ein Vergnügen, das über die Befriedigung eines Grundbedürfnisses hinausgeht. Die Gäste, die im Mittelalter alle auf einer Seite des Tisches sitzen, teilen dieselben Freuden der Sinne, aber auch des Geistes miteinander, so dass das Fest zu einem Ort des Ideenaustausches – bis hin zu den philosophischen Gedanken im *Gastmahl* von Platon – und der Weitergabe von Wissen – bis hin zur Offenbarung in der Rede Jesu nach dem Abendmahl – wird.

Die gesellige Freude ist nicht zwangsläufig an Nahrungsfülle oder gar Konversation gebunden. Im Ägypten des 4. Jahrhunderts gibt es Mönche, die im einmal pro Woche sonntags gemeinsam und schweigend eingenommenen Mahl einen Moment des Glücks finden – allein aufgrund der Tatsache, zur Tischgemeinschaft zu gehören.

Die Strukturen der Geselligkeit – Vereinigungen, Bruderschaften, Korporationen – werden durch die Gastlichkeit gestärkt. Was ist gastlicher, als Essen und Trinken miteinander zu teilen? Allerdings variieren die Tafelfreuden je nach den sozialen Schichten.

Soziale Hierarchie

Festmähler, die eine Gesellschaft von Gleichen zusammenbringen, sind selten. Allenfalls die gemeinsamen Agapefeiern können die sozialen Unterschiede für eine gewisse Zeit verschwinden lassen, aber diese tauchen bald wieder auf.

Von vornherein anders organisiert sind die adligen Tafeln. Während des Fasanenbanketts erhalten die Gäste ihren Platz nach ihrem sozialen Rang zugewiesen.

Am Ehrentisch von mittlerer Größe sitzen zur Rechten Philipps des Guten, des Herzogs von Burgund und Gastgebers, in absteigender Reihenfolge der Nähe: Isabelle de Bourbon, seine Nichte, die seinem Sohn versprochen ist, dem Grafen von Charolais; Herzog Johann von Kleve, sein Großneffe; Beatrix von Portugal, seine angeheiratete Nichte; Isabella von Portugal, seine Gattin; Maria von Burgund, seine uneheliche Tochter. Zur Linken: Isabella von Burgund, seine Großcousine und Gattin von Johann von Kleve; der Graf von Saint-Pol; Marie de la Vieville, die Gattin des unehelichen Sohnes Anton von Burgund; Jacques, der Seigneur de Pons; die Gattin des Kanzlers Nicolas Rolin.

Am zweiten Tisch, dem größeren, haben eine Reihe von Rittern, Damen und Fräulein ihren Platz, von denen Olivier de la Marche folgende nennt: der Graf von Charolais, der Sohn des Herzogs; Johann von Burgund, sein Cousin; Adolf von Kleve, der jüngere Bruder des Herzogs von Kleve; Jean de Coïmbre, der junge Neffe der Herzogin; der Seigneur de Fiesnes, Bruder des Grafen von

Saint-Pol; Antoine de Bourgogne, der uneheliche Sohn; der Graf von Bou-
cam, Gatte der unehelichen Tochter Anne; der Graf Jacques de Hornes.

Der dritte Tisch, der kleinste, wird von Damen und Fräulein besetzt, deren Namen Olivier de la Marche uns nicht mitteilt.

Da die Festgesellschaft auf mehrere Tische verteilt ist, zeigt sich der soziale
Rang darin, ob man am Tisch des Gastgebers oder des Ehrengastes sitzt. Es
begegnet recht häufig, dass der Fürst allein speist. Genauso spielt die Distanz
zwischen dem Tisch, an dem man selbst sitzt, und dem des Hausherrn eine
Rolle. Manchmal stehen die Tische sogar in verschiedenen Räumen. So ist es
anlässlich der Inthronisationsfeier des Erzbischofs von York 1466, bei der 16
Tische in vier Räumen aufgestellt sind.

Die Anzahl der im Menu enthaltenen Gerichte erscheint weniger bedeutend, wenn man weiß, dass sich nicht alle Gäste von allen Gängen bedienen
können, denn jeder Service beinhaltet davon mehrere. Die Anordnung der
Gänge ist auch nicht zu unterschätzen, insofern ein und derselbe Service
gleichzeitig edle Gerichte für den Fürsten und seine nächsten Nachbarn und
fettere Gerichte für die Personen am Ende des Tisches enthalten kann. Es ist
auch möglich, gleichzeitig Fleisch- und Fischgerichte aufzutragen, wenn man
zum Beispiel Geistliche einlädt.

Die Miniaturen vermitteln uns eine Vorstellung davon, wie sich herr-
schaftliche, bürgerliche und bäuerliche Tische unterscheiden.

Bei den Bürgern ist das Tischgerät im Allgemeinen aus Zinn und nicht
aus wertvollem Metall. Aber das Mobiliar scheint einigen Komfort zu bieten.
Das Vergnügen rührt hier nicht daher, dass großer Aufwand betrieben würde,
sondern vom Zusammentreffen mit Verwandten oder Freunden.

Die Miniaturen, die bescheidene bäuerliche und Handwerker-Milieus zeigen, lassen nicht den Eindruck aufkommen, dass die Mahlzeit eine Gelegenheit
sei, um sich zu unterhalten oder Freude zu haben. Die rasch aufgenommene
Nahrung ist dazu bestimmt, die Kräfte wiederherzustellen, um möglichst schnell
die Arbeit wieder aufnehmen zu können. Mit Blick auf die üppigen Mahlzeiten
der Bauern bei Familienfesten ist diese Aussage jedoch zu nuancieren.

Die Freude am Schlemmen kann zu Ausschweifungen führen. Die Ban-
kette, an denen Karl VI. und die Großen des Hofes in den Jahren um 1400
teilnehmen, arten häufig aus und führen zu einer Erhitzung aller Sinne, die in
Wollust endet. So haben die Gäste im Mai 1389 anlässlich des in Saint-Denis
organisierten großen Festes so viel getrunken, dass das Abendessen des letzten Tages in Unzucht und Ehebruch versinkt. Die Jugend des Königs, seines
Bruders, des künftigen Herzogs von Orléans, der Königin und ihrer Gefolg-
schaft mag ihren Mangel an Beherrschung erklären.

Gerson, Jean Courtecuisse und Jacques Legrand prangern in ihren Predigten das exzessive Streben des Hofes nach fleischlichen Genüssen an, das sie *gula* (Völlerei) nennen. Dieses beinhaltet zwei Elemente: den Verzehr von Gerichten und Wein und die Wirkungen, die daraus folgen. Die wichtigste Rolle kommt dabei dem Mund zu, der den Geschmack schätzt und Freude schenkt, der aber auch schlecht über jemanden reder, Gott lästert, zur Unzucht antreibt. Der Mund provoziert somit die anderen Körperöffnungen, wobei das Geschlecht nur eines davon ist.

Was sind nun die unanständigen Vergnügen, die mit den Festessen einhergehen? Zunächst einmal möchte jeder besser gekleidet sein als die anderen Eingeladenen. Deshalb sind die Kleider nicht nur prächtig, sondern auch modisch. So liegen am Ende des 14. Jahrhunderts die kurzen Kleider der Männer auf unanständige Weise eng am Geschlechtsteil an, während die tiefen Dekolletés der Frauen ihre Brust sehen lassen. Die Parfüms vermischen sich, diejenigen der Gäste mit denen, welche die Diener im Speisesaal platziert haben; dazu kommen noch die Gerüche der Blumen, die im Sommer auf dem Boden ausgestreut werden.

Die adelige Gewohnheit, sich bei der Begrüßung mit einem Kuss zu umarmen, wird von Männern und Frauen der besseren Gesellschaft ebenfalls praktiziert, wenn sie sich treffen. Eine große Freizügigkeit herrscht an der königlichen Tafel, da Karl VI. seine Tischnachbarn ganz nach Laune und zu seinem Vergnügen auswählt. Dasselbe Tranchiermesser zu benutzen, aus demselben Becher zu trinken, sich aus derselben Schüssel zu bedienen wie der Nachbar oder die Nachbarin kann zu Abweisung führen oder im Gegenteil dazu, dass man sich näherkommt.

Die Gerichte und auch das Fleisch werden in großer Fülle serviert. Die Köche müssen Erfindungsreichtum beweisen, um Appetit zu wecken. Das gelingt ihnen offenbar ziemlich gut, denn einige Gäste übergeben sich, um weiteressen zu können.

Das Reden nicht zu vergessen. In der Tat versuchen viele Gäste, persönliche Vorteile zu erzielen, und zählen auf Beziehungen, um in der Gunst des Königs zu steigen. Sie geizen daher nicht mit Komplimenten, die ihren Gesprächspartnern schmeicheln sollen.

Die verurteilenswertesten Exzesse aber finden am Ende des Mahles statt. Unter dem Eindruck reichlicher und gut gewürzter Nahrung, der Getränke, der berauschenden Gerüche, der Berührungen hören die wenig schüchternen Hofdamen mit Freuden anzügliche Äußerungen seitens der männlichen Gäste.

Nach der Aufhebung der Tafel beginnen die Tänze, die laut Gerson jene Berührungen mit sich bringen, die dann die Leidenschaft entfachen. Eustache

Deschamps beschreibt eine amouröse Szene, die sich im Schloss von Boissy abspielt: Betrunkene Teilnehmer begeben sich in die Wohngemächer und spazieren dann völlig nackt von Raum zu Raum, um den Damen die Ehre zu erweisen.

Die großen Herren, die sich am Ende des 14. Jahrhunderts immer weniger um das Regieren kümmern, streben danach, ihre Zeit anders, angenehmer zu verbringen. Die Melancholie, die aus dem Gefühl ihrer Nutzlosigkeit entspringt, treibt sie geradezu in die Vergnügungen. Dabei hängen sie der Vorstellung an, dass sie auch ein Recht auf mehr Vergnügungen besitzen als die Bauerntrampel, weil es ja Gott ist, der die verschiedenen sozialen Klassen geschaffen hat.

Befriedigung aller Sinne

Hierzu gehört die Freude zu essen, die Freude am Betrachten der Entremets, welche die Mahlzeiten bereichern, oder solcher Speisen, die allein schon durch ihr Aussehen beglücken können, wie beispielsweise bei der sogenannten »neuen« Küche.

Farben rufen Assoziationen hervor. Um weiße Farbe zu erzielen, braucht man eine Basis aus Reis, ergänzt durch Geflügelfleisch, mit einer Würze aus Ingwer und Zucker. Die Soßen, die den Geschmack der Gerichte variieren sollen, können eine entscheidende Rolle spielen: Die Gäste wählen nach ihrem vermutlichen Geschmack oder ihrer deutlichen Farbe: schwarz (»Sarazenensoße«), weiß, hellbraun (Sauce cameline), blau, gelb, rot, grün. Diese Farben werden aus natürlichen Produkten hergestellt, wie grünen Spinatblättern oder Gewürzen wie dem gelben Safran, aber auch aus »künstlichen« Farbstoffen, hauptsächlich um Töne von rosa bis rot zu erzielen: Altrosa etwa wird mithilfe des rötlichen Safts erzeugt, den das Sandelholz absondert.

Und welche Freude, ein Püree die verschiedenen Bestandteile einer Mahlzeit andeuten und gleichzeitig die Unebenheiten verdecken zu lassen! So wird die Speise selbst zum dekorativen Objekt, bestäubt mit Zucker, garniert mit leuchtend roten Korianderkörnern, bei von prunksüchtigen Herren veranstalteten Banketten sogar mit wertvollen Perlen.

Die Gäste schätzen die Vielfalt der Formen, die die Köche in der weichen Materie kreieren: Pasteten, die verschiedene Objekte umschließen, Ravioli in Form von Tieren oder von Buchstaben des Alphabets. Und schließlich diese in durchsichtiges und zittriges Gelee verwandelten Brühen, die Fleisch oder Fische einschließen und dank des Wissens der Küchenmeister verschiedenartig gefärbt sind!

In einer Vielzahl mittelalterlicher Texte begleitet Toilettenwasser das gute Essen. Die Freude am Anfassen – mit angenehmem Wasserkontakt – fehlt demnach nicht. In einem Fabliau mit dem Titel *Les Trois Chanoinesses de Cologne (Die drei Stiftsdamen von Köln)* ist denn auch das Bad mit einem Fest verbunden. Der Autor wird von einer der Stiftsdamen in sein Haus eingeladen, wo sie ein Bad im Beisein zweier Freundinnen nimmt.

> Zwei Damen sind gekommen
> jede in ihrem Bad ganz nackt,
> und die dritte, ohne jede Hochnäsigkeit,
> entkleidet sich und betritt ihr Bad.
> Mir zuliebe, ich machte dort nie Schwierigkeiten
> […]
> Ich sah sie, hochrot und schön
> und voller Hitze,
> was ihnen Farbe verlieh:
> die heißen Bäder und die guten frischen Weine.

In der ersten der *Cent Nouvelles nouvelles (Hundert neue Novellen)* versucht der Steuereinnehmer des Hennegau, eine hübsche Nachbarin zu verführen. Er beginnt damit, zuerst nur den Ehemann einzuladen, um ihn zum Freund zu gewinnen. Unser Mann ist geschickt. Zudem vereinbart er diskrete Treffen. Als eine Reise des Ehegatten es dem Verliebten ermöglicht, die junge Frau zu empfangen, lässt er sofort die Stube anheizen und Pasteten, Kuchen und Gewürzwein vorbereiten. Die Freuden gehen weiter. »Einmal im Zimmer, stiegen sie sofort ins Bad, während vor ihnen in aller Eile für das gute Abendessen aufgedeckt wurde, das rasch serviert wurde.«

Der Dichter Charles d'Orléans besingt zur selben Zeit (in der Mitte des 15. Jahrhunderts) die Freuden, die mit dem Bad und guten Speisen verbunden sind:

> Soupieren im Bad und dinieren im Boot,
> in dieser Welt gibt es keine bessere Gesellschaft;
> der eine redet oder schläft, der andere singt oder grölt,
> die anderen singen Balladen oder Rondos.

> Und man trinkt dort alten und auch neuen Wein,
> dies nennt man das Vergnügen der Elster.
> Soupieren im Bad und dinieren im Boot,
> in dieser Welt gibt es keine bessere Gesellschaft.

7.

Die Zerstreuungen[6]

Der festliche Aspekt der Tafel impliziert die Frage nach dem Vergnügen, das die Menschen des Mittelalters empfinden, wenn sie sich Zerstreuungen hingeben. Nahe an der Natur führen sie ein Leben, das reich an körperlicher Betätigung ist. Die Festlichkeiten sind es, die die Monotonie des täglichen Lebens durchbrechen.

Körperliche Aktivitäten

Spaziergänge

Das Leben der überwiegend ländlichen Bevölkerung spielt sich im Rhythmus der Jahreszeiten ab. Nach der Winterkälte, vor der man sich nicht wirkungsvoll schützen kann, wird die Ankunft des Frühlings mit Jubel begrüßt. Wenn die schöne Jahreszeit zurückkehrt, lieben es alle, Adelige, Bürger und Bauern, spazierenzugehen. Die Bevölkerung von Paris strömt auf die Wiese von Saint-Germain, nahe der Abtei. Gerne werden Plätze in der Nähe der Stadttore besucht, wo sich zahlreiche Tavernen niedergelassen haben.

Der Knappe von Hauptmann Pedro Nino, der das Leben im Schloss von Sérifontaine beschreibt, dem Besitz von Admiral Renaud de Trie, zeigt, welchen Platz die Natur auch im Leben von Adeligen einnehmen kann: »Am

---

6 Der Leser wird vielleicht über die Kürze dieses Kapitels erstaunt sein. Aber ich wollte mein Werk »Les Loisirs au Moyen Âge« (Freizeit im Mittelalter) nicht noch einmal schreiben. Hier geht es lediglich darum, die aus den Freizeitaktivitäten erwachsenden Freuden zu umreißen. Für die Spiele verweise ich auf die Studie von Jean-Michel Mehl, Les Jeux au royaume de France du XIIIe au début du XVIe siècle (Spiele im Königreich Frankreich vom 13. bis zum Beginn des 16. Jahrhunderts).

Morgen, nach dem Aufstehen, ging die Dame mit ihren Fräulein in ihr Wäldchen, das in der Nähe war, jede mit ihrem Stundenbuch und ihrem Rosenkranz. Sie setzten sich entfernt voneinander hin und sprachen nicht, solange sie nicht gebetet hatten. Anschließend pflückten sie Blümchen und Veilchen; sie kehrten zum Palast zurück und gingen zur Kapelle, wo sie eine stille Messe hörten [...]. [Nach einem leichten Essen] ritt Madame mit ihren Fräulein auf den denkbar besten, prachtvoll aufgeputzten Zeltern, und mit ihnen ritten die Ritter und Edelmänner, die sich dort aufhielten; und sie gingen einige Zeit auf dem Land spazieren und fertigten sich Hüte aus Grünzeug an.«

Der Kontakt mit der Natur lässt sich auch auf raffiniertere Weise herstellen. Selbst die Barbaren sind nicht unempfänglich für die Gartenfreuden, wie es der Dichter Venantius Fortunatus, der Bischof von Poitiers war, bezeugt: »Hier lässt der Frühling mit purpurrotem Teint den grünen Rasen sprießen, und die Luft ist vom Duft der Paradiesrosen erfüllt. Hier bieten junge Weinranken schützenden Schatten gegen die Sommerhitze und dienen den mit Trauben beladenen Rebstöcken als Schutz. Dieses ganze eingezäunte Grundstück ist geschmückt mit tausenden verschiedenen Blumen; es gibt Früchte in weißer Farbe, andere in roter Farbe. Der Sommer ist hier milder als anderswo, und die Brise mit ihrem diskreten Säuseln hört nicht auf, die an ihren Stängeln hängenden Äpfel zu schaukeln. Childebert hat sie mit Liebe veredelt.«

Es handelt sich um den berühmten *locus amoenus* (den »lieblichen Ort«), zu dessen Beschreibung der mittelalterliche Diskurs zahlreiche Elemente aus der Antike übernommen und so kodifiziert hat. Isidor von Sevilla verwendet den Begriff in seinen *Etymologiae (Etymologien)*, um liebreizende Orte zu bezeichnen, die allein dem Vergnügen dienen und keine nützliche Funktion erfüllen. Von Vergil bis zum 16. Jahrhundert beinhaltet der *locus amoenus* zwangsläufig bestimmte Charakteristika, wie sie Mathieu de Vendôme aufführt: »Die Blumen duften, das Gras ergrünt, die Bäume treiben aus, Früchte sind zahlreich vorhanden, die Vögel zwitschern, der Bach rauscht leise, die Brise ist warm.«

Die von Guillaume de Lorris im ersten Teil des *Rosenromans* beschriebene Obstwiese bildet den idealen Ort, um die Zeit zu verbringen. »Indes [...] schlenderte ich allein durch den Garten, da und dort seine Schönheiten betrachtend. [...] und der Liebesgott machte sich auf, mir auf der Ferse zu folgen; ich aber hielt mich nirgends auf, bis ich den ganzen Garten durchschritten hatte. Die Mauern des Gartens verliefen ganz gerade und bildeten ein Viereck; Länge und Breite waren gleich. Keine nutzlosen Bäume waren im Garten zu finden, aber zwei oder mehr von allen jenen, die Früchte tragen.« Und der Autor zählt die Obstbäume auf ([Granat-]Apfelbäume, Nussbäume,

Mandelbäume u. a.) und die Zierbäume (Lorbeerbäume, Pinien, Weißbuche u. a.). Die Bäume waren so weit voneinander entfernt gepflanzt, wie es nötig war: Der Abstand zwischen zwei Bäumen betrug mehr als fünf oder sechs Klafter, aber die Äste waren von schönem Wuchs und hoch, und um den Ort vor der Hitze zu schützen, bildeten sie darüber ein so dichtes Dach, dass die Sonne nicht einmal in einer Stunde bis zum Boden hinabdringen und dem weichen Gras schaden konnte.

Im Garten ästen Hirsche und Rehe, und eine große Zahl von Eichhörnchen erkletterten die Bäume. Kaninchen waren da, die tagsüber ihre Höhlen verließen. Mehr als dreißig Spiele kannten sie und vergnügten sich miteinander im frischen grünen Gras. Da und dort sprudelten klare Brunnen im Schatten der Bäume; sie waren frei von Mücken und Fröschen. Ihre Zahl kann ich euch nicht nennen. Durch kleine Bächlein, deren Bett der Sinnengenuss hatte ausheben lassen, rauschte das Wasser ins Tal und erfüllte die Luft mit lieblichem Plätschern. Am Ufer der Bächlein und Brunnen spross Gras, niedrig und dicht. Da konnte man seine Geliebte hinlegen wie auf ein Federbett; denn der Boden war weich und frisch, dank den Brunnen wuchs genügend Gras. Außerdem verzierten Blumen den Ort, die da in Mengen blühten, jeden Tag, im Sommer und im Winter. Wunderschöne Veilchen dufteten, frisches und zartes Immergrün. Weiße, blaue und gelbe Blumen leuchteten wunderbar. Zu schön war diese Landschaft, geschmückt in allen Farben mit Blumen, die einen gar feinen Duft verbreiteten. Ich will euch nicht länger hinhalten mit meiner Schilderung dieses vergnüglichen und reizenden Ortes. Nun muss ich schweigen, denn ich könnte den Garten in seiner Schönheit nicht wiedergeben.

Die Vegetation des Gartens im *Rosenroman* beinhaltet sowohl heimische Bäume als auch exotische Pflanzen, die einen Eindruck von Fremdartigkeit erzeugen sollen. Der Dichter möchte das Bild einer üppigen Natur zeichnen, die keinen Sonnenstrahl durchdringen lässt. Im Mittelalter bevorzugen die Adeligen in der Tat den Schatten und nur Menschen, die körperlich arbeiten, haben einen gebräunten Teint. Mehrmals weist Guillaume de Lorris auf die Gegenwart unzähliger Singvögel hin. Die Atmosphäre lädt zum Feiern ein. Wir befinden uns an einem epikureischen Ort, wo alle Sinne befriedigt werden.

Wie es die Miniaturen bezeugen, sind die Gärten, in denen die schönen Damen und Herren so gerne spazierengehen, auch in der Realität wohlgestaltet, umfriedet mit sorgfältig geschnittenen Hecken, ausgestattet mit blumenverziertem Rasen. In Paris besitzen die Gärten des Hôtel Saint-Pol, der bevorzugten Residenz Isabeaus von Bayern, eine große Zahl Innenhöfe, die untereinander mit Weinlauben verbunden sind; Wandelgänge umgeben die Höfe; ein Pavillon, Wärmestuben, ein Jeu de paume, eine Voliere werden errichtet. Isabeau befiehlt im Mai 1416 umfangreiche Arbeiten, im August desselben Jahres lässt sie die Weinlauben reparieren und die Brunnen säubern. Die Gärten müssen wahrhaft prachtvoll gewesen sein, denn 1398 lässt Karl VI. »dreihundert Gebinde aus weißen und roten Rosenstöcken, [...] dreihundert Lilienzwiebeln, dreihundert Gladiolen, einhundertfünfzehn gepfropfte Birnbäume, einhundert gewöhnliche Birnbäume, zwölf Paradiesäpfelbäume, eintausend Kirschbäume, einhundertfünfzig Pflaumenbäume und acht grüne Lorbeerbäume pflanzen, die auf dem Pont-au-Change gekauft wurden.«

Jagd

Die Freude, die die Menschen des Mittelalters empfinden, wenn sie sich im Freien aufhalten – sei es in der noch wilden Natur, deren Gefährlichkeit die Autoren häufig betonen, sei es in der angelegten Natur –, kosten sie aus, indem sie sich verschiedenen Freiluftaktivitäten wie vor allem der Jagd hingeben. Gejagt wird mit Hunden oder mit Beizvögeln, wobei letzteres Vergnügen normalerweise dem Adel vorbehalten ist.

Im 14. Jahrhundert wird die Hetzjagd mit großer Präzision organisiert. Am Vorabend der Jagd versammeln sich die Jäger und teilen sich das Suchgebiet auf. Wenn der Hirsch erst einmal isoliert ist und das Areal, wo er sich befindet, markiert, ziehen die Jäger los, sich ihrem Lieblingssport hinzugeben.

Das *Livre de chasse du roy Modus (Jagdbuch des Königs Modus)* beschreibt die Szene auf idyllische Weise: »In der süßen Sommerjahreszeit singen die kleinen Vögel melodiös im schönen Wald, der Tau wirft seine milden Tränen, die auf den Blättern im Schein der Sonne glänzen, und die ganze Natur freut sich; man wählt also für die Versammlung einen schönen, angenehmen und abgelegenen Ort, wo sich die Jäger versammeln, die von ihrer Suche zurückkommen, der Jagdherr und alle, die ihm folgen wollen [...]. [Nach dem Bericht der Jäger] ordnet der Herr an, welche Jäger die Hatz durchführen sollen, welche Hunde sie hetzen lassen, welche Hunde im Relais bereitgehalten werden sollen und wo dieses sein soll. Dann setzen sie sich auf das grüne Gras, um zu essen und zu trinken, und wer einen Witz kennt, darf ihn erzählen. Und wenn man gute Neuigkeiten aus dem Wald hört und das Wetter gut und klar ist und man seine Kräfte wieder hergestellt hat, ist es natürlich, dass das Herz fröhlich ist. Wenn sie gegessen haben, steigen sie auf das Pferd, um die Jagd zu beginnen.«

Lucas Cranach d. Ä., Hirschjagd Kurfürst Friedrichs des Weisen (1529)

Der Graf von Foix, Gaston Phébus, ist um Argumente zugunsten des Jagens nicht verlegen. Ein guter Jäger könne keine Todsünde begehen. Vielmehr sei es der Müßiggang, der durch die Vorstellungskraft den Geschmack an der fleischlichen Lust wecke. Deshalb dürfe ein guter Jäger nicht inaktiv bleiben. Wenn er jage, dann denke er nur ans Schlafen, um frisch und munter zu sein und seine Pflicht zu erfüllen. Vom Morgengrauen an sei er beschäftigt. Am Ende des Tages werde er, zurück zu Hause, schnell schlafen gehen.

Der Jäger sei glücklich zu leben, denn er erfreue sich an der Natur und empfinde großes Vergnügen an der Jagd und der darauf folgenden Erholung. Er lebe länger, denn exzessives Essen sei sehr schädlich; er aber esse und trinke sehr gemäßigt. In seinem *Livre de la chasse (Jagdbuch)* benutzt Gaston Phébus häufig den Begriff »Freude«, um das Leben des Jägers zu beschreiben:

»Jetzt beweise ich dir, dass die Jäger in dieser Welt fröhlicher leben als alle anderen Leute: Denn wenn der Jäger am Morgen aufsteht, erblickt er den überaus milden und schönen Morgen und das klare und heitere Wetter, und er hört den Gesang der Vögel, die sanft singen, melodiös und verliebt, jeder in seiner Sprache, so gut sie können gemäß dem, was die Natur ihnen beigebracht hat. Und wenn die Sonne aufgegangen ist, sieht er den milden Tau auf den Ästen und auf den Gräsern, und die Sonne lässt sie durch ihre Kraft glänzen: Dies bedeutet großes Vergnügen und große Freude für das Herz des Jägers. Nachher, wenn er vor die versammelte Jagdgesellschaft tritt und vor den Herren und den Kompagnons seinen Bericht abliefert über das, was er gesehen hat oder aus den Spuren oder der Losung, die er in seinem Jagdhorn oder in seinem Schoß gesammelt hat, vermutet, wird jeder sagen: ›Das ist ein großer Hirsch, und wenn die Meute gut ist, lasst uns mit der Hatz beginnen.‹ Ich werde später erklären, was es ist, woran der Jäger so große Freude hat. Wenn er die Verfolgung aufgenommen hat, ohne dem Wild schon lange gefolgt zu sein, hört oder sieht er es vor sich getrieben und weiß sehr gut, dass es sein Anrecht ist; und die Hunde werden zu dem Platz gebracht und werden alle einzeln losgelassen, und die Meute hetzt gut: So hat der Jäger große Freude und Vergnügen. Danach steigt er eilig aufs Pferd, um seine Hunde zu begleiten. Und wenn die Hunde einmal ein wenig von der Spur abkommen, dann beschleunigt er das Tempo, um vor seine Hunde zu gelangen. Dann sieht er den Hirsch vor sich fliehen und begrüßt ihn mit seinen Rufen; und er sieht, welche Hunde in der ersten Gruppe kommen, dann in der zweiten, dann in der dritten oder vierten, wenn es sie gibt; wenn dann die Hunde vorbeigelaufen sind, macht er sich daran, hinter den Hunden herzureiten, und er ruft und bläst aus ganzer Lunge ins Horn, so stark er kann. So hat er große Freude und großes Vergnügen, und ich verspreche euch, dass er an keine andere Sünde oder etwas Böses denkt. Anschließend, wenn der Hirsch gestellt und in äußerster Bedrängnis ist, empfindet er große Freude. Dann, wenn er erlegt ist, zieht er ihm das Fell ab, zerlegt ihn und gibt den Hunden ihren Anteil an der Beute; dabei empfindet er ebenfalls große Freude. Und wenn er in den Palast zurückkehrt, kehrt er in gehobener Stimmung zurück, denn sein Herr hat ihm bei der Jagd von seinem guten Wein zu trinken gegeben. Und zurück im Palast zieht er Kleidung und Schuhe aus und er wäscht seine Schenkel und die Beine und gelegentlich seinen ganzen Körper. Und in der Zwischenzeit lässt er ein Abendessen mit Speck, Hirsch und anderen guten Nahrungsmitteln und gutem Wein vorbereiten. Und wenn er gut gegessen und getrunken hat, ist er ganz glücklich und entspannt. Nach der großen Hitze, die er am Tage hatte, genießt er die Luft und den heiteren Abend, er trinkt noch etwas und geht in sein Bett in die schönen, ganz frischen Leinentücher schlafen, und er träumt gut und gesund die ganze Nacht, ohne an eine Sünde zu denken. Ich sage daher, dass die Jäger ins Paradies kommen werden, wenn sie sterben, und sie leben glücklicher als jeder andere.«

Was die Beizjagd betrifft, so bietet sie nach dem *Jagdbuch des Königs Modus* vier Annehmlichkeiten. Die Flüge der Sperber stellen zunächst ein schönes Schauspiel dar. Dann ist man in guter Gesellschaft; jeder Jäger hat seinen Vogel, und man kann die Meisterleistungen der einen und der anderen miteinander vergleichen. Die Frauen sind ebenfalls beteiligt, während die Hetzjagd prinzipiell den Männern vorbehalten zu sein scheint. Gemäß Gace de la Buigne, der den *Roman des déduis (Die Freuden der Jagd)* verfasst hat, können Damen und Fräulein

> nach Ermessen ihres Herrn
> den Sperber als Ehre tragen
> und darüber große Freude empfinden,
> die ich euch schon beschrieben habe,
> ohne jemandem eine Gelegenheit zu geben,
> schlecht darüber zu reden.

Und schließlich profitiert man von der Natur, denn die Jagdsaison ist, wenngleich kurz, so doch schön, mild und angenehm.

Spiele im Freien

Spiele mit Bällen und Kugeln werden von den Bauern sehr geschätzt. Beim Boulespiel geht es darum, die Kugeln so nah wie möglich an einen in der Erde befestigten Holzpfahl oder an eine »Schweinchen« genannte Zielkugel rollen zu lassen, indem man die Kugeln der anderen Spieler wegschubst. Der Gewinn besteht meistens in einigen Flaschen Wein, Cidre oder Bier.

Aber »Soule« ist zweifellos das beliebteste Spiel. Im Mittelalter existieren davon zwei Varianten. Bei »Soule zu Fuß« geht es darum, die Kugel oder den Ball mit dem Fuß zu bewegen, das ist der heutige Fußball. Eine zweite Variante besteht darin, dass die Spieler, um den Ball zu bewegen, einen »crosse« genannten Stock benutzen, der an einem Ende gekrümmt ist.

Die Partie »Soule« spielt sich mal zwischen Mannschaften verschiedener Herkunft, mal zwischen den Einwohnern ein und desselben Dorfes ab, und zwar, in letzterem Fall, zwischen Ledigen und Verheirateten.

In einem königlichen Erlass vom 3. April 1369 verbietet Karl V. fast alle Wett- und Glücksspiele und empfiehlt, sich lieber im Bogen- und Armbrustschießen zu üben. Er ordnet an, dafür passende Standorte auszuweisen, den besten Schützen Preise zu verleihen, den Wettbewerben jede mögliche Unterstützung zu gewähren. Diese königlichen Willensbekundungen segnen allerdings nur ab, was in einigen Provinzen ohnehin alter Brauch ist, weshalb die königlichen Vorschriften von der Jugend auch sehr genau befolgt werden. So besucht 1425, anlässlich des Festtags des heiligen Martin, Colin Pierin, ein in Rouen wohnhafter Barbier, in Gesellschaft seiner Frau seinen Schwiegervater, der nahe an den Stadtmauern lebt, zum Abendessen. Zwischen den Mauern und dem Haus befinden sich auf den Feldern und Äckern Erdhügel, die dem Bogenschießen dienen. An diesem Tag sind junge Leute versammelt, die sich amüsieren. Nach dem Essen leiht sich auch Colin vom Bruder seiner Frau Pfeil und Bogen aus und gesellt sich zu ihnen.

Die Bürger bevorzugen das »Jeu de paume«, das seinen Namen von der Handmulde hat, die ursprünglich zum Schlagen des Balles benutzt wurde. Diese Spielweise ist bis zur Mitte des 13. Jahrhunderts die einzig gebräuchliche. Ende des 15. Jahrhunderts oder zu Beginn des 16. Jahrhunderts wird die Handfläche durch einen Schläger ersetzt. Die Stadt Paris besitzt damals eine gewisse Anzahl von Plätzen für das »Jeu de paume«, die im Allgemeinen in Gipsgruben angesiedelt sind.

Die Adeligen finden Vergnügen am sogenannten Sarazenenspiel, das im Französischen auch *quintaine* heißt. Eine Art Ritterpuppe wird mithilfe eines Bolzens drehbar auf einem Pfosten befestigt, so dass der Reiter, der mit seiner Lanze nicht genau die Mitte der Brust trifft, die Figur in Drehung versetzt. Da der rechte Arm des »Pappkameraden« einen Stab oder ein Schwert hält und der linke einen Schild, kann das Konstrukt den schlechten Kämpfer durchaus empfindlich treffen: Spiel als Übung für den Krieg.

Turnierspiele

Zur Zeit der Karolinger werden gemäß Neidhart für die Krieger Spiele veranstaltet, die sie für ihren Beruf trainieren, wie jene, die Karl und Ludwig 842 in Worms organisieren. Die Teilnehmer versammeln sich an einem passenden Ort, stellen sich in gleicher Anzahl einander gegenüber auf und stürzen sich wie zum Kampf aufeinander. Dann schwenkt ein Teil um, als ob sie vor ihren Kameraden flüchten würden, die sie verfolgen; anschließend verfolgen diese ihrerseits jene, vor denen sie geflüchtet sind; schließlich greifen die beiden Könige die Flüchtigen an. Diese Spiele verlaufen ohne Verletzungen und Beschimpfungen.

In der Zeit der Lehnsherrschaft verwandeln sich die Spiele zunehmend in Richtung einer fiktiven Kampfhandlung nach festen Regeln, bestimmt für berittene Teilnehmer, die mit ritterlichen Waffen ausgerüstet sind.

Das Turnier zu Rostock 1311. Chronicon der mecklenburgischen Regenten (um 1520)

Das Turnier nimmt die Züge eines Mannschaftssports an. Im 12. Jahrhundert stehen sich zwei Truppen von Männern gegenüber, die einen zu Pferd, die anderen zu Fuß. Das Vergnügen, sich im Spiel zu bekämpfen – wobei tödliche Unfälle nicht selten sind und die Kirche deshalb derartige Veranstaltungen verurteilt –, wird für manche von materiellen Vorteilen begleitet.

Turniere stellen festliche Ereignisse dar. Außerhalb der Fastenzeit können sie in ein und derselben Provinz von Februar bis November alle vierzehn Tage irgendwo auf freiem Felde stattfinden. Sie finden auf dem flachen Land statt. Der Organisator muss die Zeit und den Ort im ganzen Umkreis bekanntgeben, Boten in die benachbarten Regionen schicken, Unterkünfte und Zerstreuungen planen. Jedes derartige Turnier, das normalerweise drei Tage dauert und bei dem sich einzelne Adelige im Wettkampf gegenüberstehen, zieht beachtliche Zuschauermassen an.

Im 15. Jahrhundert interessiert man sich am burgundischen Hof unter Philipp dem Guten und Karl dem Kühnen mehr für das Lanzenstechen zwischen zwei Rittern und für *Pas d'armes*, bei denen ein einzelner Ritter einen bestimmten Platz gegen jeden Herausforderer verteidigt, als für Massenturniere. Kämpfe zu Fuß mit der Streitaxt und dem Schwert werden sehr geschätzt. Die größten und prächtigsten der *Pas d'armes* – die Turniere Pas de l'Arbre Charlemagne, Pas de la Belle Pèlerine, Pas de la Fontaine aux Pleurs und Pas de la Dame Sauvage – ziehen Kämpfer aus allen Regionen an.

Der Krieg kann den Adeligen des Lehnszeitalters trotz seiner tragischen Konsequenzen mit Freude erfüllen. Der Troubadour Bertrand de Born, gestorben 1210, feiert ihn mit diesen Worten: »Ich empfinde großen Jubel, wenn ich auf dem Felde die Ritter aufgereiht sehe und die gepanzerten Pferde; und es gefällt mir, wenn die Vortruppen das Volk mit dem Vieh in panische Flucht versetzen; und es gefällt mir, wenn ich hinter ihnen eine große Masse von Bewaffneten sich versammeln sehe; und es gefällt mir in meinem Herzen, wenn ich mächtige Schlösser belagert sehe und die Palisaden durchbrochen und eingestürzt und die Armee am Ufer, gänzlich von Gräben umgeben.« Ein literarischer Text, der jedoch der Wirklichkeit entspricht. Über einen Kampf, der 1325 im Fürstentum Lüttich zwei rivalisierende Geschlechter aneinandergeraten lässt, wird Folgendes berichtet: »Man hatte die Fußkämpfer hinter die Einheiten zu Pferde gestellt, denn zu dieser Zeit waren die Herren derart beseelt und beglückt zu kämpfen, dass sie eine Truppe von Fußkämpfern durchbrachen, wie eilig diese auch waren, und sie unter den Hufen ihrer Pferde zermalmten.«

Spiele im Haus

Wenn der Mensch des Mittelalters infolge schlechten Wetters oder aus anderen Gründen im Haus bleibt, kann er sich solchen Spielen widmen, die eher Nachdenken erfordern als Kraft oder Geschicklichkeit, zum Beispiel Schach.

Seit 1100 vervielfachen sich die Belege für dieses Spiel, einerseits die archäologischen, wie die in Süd- und Mittelitalien gefundenen Figuren, andererseits die literarischen. Auch die Tempelritter müssen Vergnügen daran gefunden haben, denn der heilige Bernhard befiehlt ihnen im 12. Jahrhundert, »das Schachspiel und die Würfel« zu hassen.

Die mittelalterlichen Spieler benutzen nur eine begrenzte Anzahl von Figuren. Man beginnt die Partie damit, sich Figuren wegzunehmen, um gewissermaßen abzuräumen. Eine Strategie wird zunächst nicht sichtbar. Erst wenn das Feld bereinigt ist, versuchen die Spieler, Schach zu geben und schachmatt zu setzen.

Zwei Arten von Schachmatt werden erwähnt, in gerader Linie und in der Ecke. Die Häufigkeit der zweiten Variante zeigt, dass man es bevorzugt, auf diese Weise zu gewinnen: Den gegnerischen König dazu zu zwingen, sich in eine Ecke des Schachfeldes zu flüchten, stellt einen schönen Sieg dar.

Während die Adeligen mehr oder weniger alle Spiele praktizieren, gilt dies für die anderen sozialen Klassen nicht ebenso. Das Schachspiel ist gewissermaßen das Vorrecht des Adels. Zwar ist es aufgrund des Preises für ein schönes Schachbrett und des Rangs, der diesem Spiel in der Literatur zukommt, nicht sicher, dass diese Zerstreuung von allen Adeligen geübt wird, jedoch ist sie zumindest weit verbreitet. In *Le Roman du comte d'Anjou (Der Roman vom Grafen von Anjou)* ruft der Graf seine Tochter, damit sie eine Partie Schach spielt, während die Ritter sich über Waffen unterhalten und die jungen Knappen über die Liebe und die Jagd und während die Damen und die Fräulein miteinander plaudern. In *Escoufle* wird Graf Richard de Montivilliers in der Normandie als guter Ritter beschrieben, geschickt beim Schachspiel und an der Tafel. Die zahllosen literarischen Zeugnisse stimmen mit der Realität überein. Laut Froissart liebt der Schlossherr von Évreux »das Schachspiel mehr als andere Dinge«. Herzog Louis d'Orléans, der Bruder Karls VI., der jedem Spiel seiner Zeit zugetan ist, kauft 1394 mehrere Bücher, von denen eines *Le Jeu des eschets (Das Schachspiel)* heißt. Seine Gattin, Valentine Visconti, teilt dieselbe Neigung für Schach. Ihr Sohn, der Dichter Charles d'Orléans, spielt mit seinen Vertrauten überall Schach: in seinen Schlössern, im Sommer in seinen Lustschlössern, sogar während seiner Reisen, als er etwa im Boot die Loire von Orléans nach Blois hinunterfährt. Sein Geschmack wird von seiner Ehefrau Maria von Kleve geteilt. In seiner Bibliothek gibt es ein Manuskript mit einer Miniatur, die im oberen Teil einen Kampf darstellt und im unteren einen Herrn, der gerade mit einer Dame Schach spielt; das Schachspiel symbolisiert in der Tat gleichzeitig den Krieg und die Liebe.

Mit dem Schachspiel werden intellektuelle Schärfe, die Herausbildung des Denkvermögens, die Analyse von Situationen verbunden, wichtige Elemente der aristokratischen Erziehung, wie es diese Zeilen aus *Sone de Nansai* bezeugen:

Vom Schachspiel, von den Tischgesellschaften und den Waffen,
von der Magie und der Geometrie
wollte er alle Regeln kennen.

Ein Abschnitt von Froissart zeigt, wie man »edel spielt«: Der König von England, Eduard III., trägt mit der Gräfin von Salisbury eine Partie Schach aus. Diese strengt sich an »so gut, wie sie kann, damit der König sie nicht für zu schlicht und unwissend hält«. Im Gegenzug »spielt [der König] nicht so gut, wie er kann«. Er verliert absichtlich einen Turm, dann einen Springer, was zum Verlust eines Läufers führt. Die Einsätze zeigen, dass die Partie vor allem dazu bestimmt ist, der Dame Freude zu bereiten. Der König riskiert »den sehr schönen Ring, den er an seinem Finger trägt und der mit einem großen Rubin versehen ist«, während die Gräfin nur einen kleinen Goldring ohne großen Wert verpfändet. Die fürstliche Buchhaltung zeigt allerdings, dass die Großen beim Schach längst nicht so bedeutende Beträge verlieren wie beim Würfeln, beim Kartenspielen oder beim Schlagballspielen. Während Louis d'Orléans am 13. Mai 1396 3000 Pariser Pfund für das Schlagballspiel ausgibt, riskiert sein Sohn Charles, ein großer Liebhaber des Schachspiels, im Jahr 1457 lediglich 27 Sous tournois und 6 Deniers. Die offenbar nicht ausgeprägten Spielerqualitäten des Fürsten und fehlende Summenangaben zum Schachspiel lassen vermuten, dass es keine Einsätze gab. Das Vergnügen siegt über die Habgier. Eine gewisse Trennung zwischen Denkspielen und Glücksspielen vollzieht sich.

Das Spiel, mal verurteilt, mal toleriert, erfährt auch ausdrückliche Anerkennung. Bringt es doch, wie manche zugeben, unterschiedliche Befriedigungen mit sich, körperliche oder materielle, aber auch psychologische oder ästhetische. Das Streben nach Vergnügen kann sich auch darin ausdrücken, wie man spielt. Erasmus rät: »Wenn du mit einem Gegner spielst, der weniger befähigt ist als du selbst, so dass du immer der Stärkere sein könntest, erlaube dir nur manchmal zu gewinnen, um die Partie amüsanter zu gestalten.« Auf der anderen Seite erleichtert ein Spiel, das den Körper entspannt und den Geist amüsiert, die weitere intellektuelle Betätigung.

Andere Arten des Zeitvertreibs appellieren an die rasche Auffassungsgabe, so wie dieses amouröse Rätsel:

– Schöner Herr, ich frage Euch, welches die drei Dinge sind, die es am besten ermöglichen, die Liebe zu erhalten?
– Meine Dame, es sind Loyalität, Vernunft und Diskretion.

Bei dem Spiel *Der König, der nicht lügt* wird ein König oder eine Königin gewählt, der oder die die Mitspieler befragt und im Gegenzug wiederum von diesen auf Ehre und Gewissen befragt wird. Die Stammgäste der »Salons« des 13. Jahrhunderts schätzen dieses kurzweilige Vergnügen sehr. Das Spiel

Château d'Amour (Liebesschloss) verwendet Fragen und Antworten, die mit Figuren aus dem *Rosenroman* zu tun haben.

> Vom Liebesschloss, bitte ich euch,
> nennt das erste Fundament!
> – Loyal lieben.
> Nennt mir die wichtigste Wand,
> die glücklich macht, stark und sicher!
> – Klug verdecken.
> Sagt mir, was sind die Zinnen, die Fenster und die Kacheln!
> – Ein verlockender Blick.
> Freunde, nennt mir das Türschloss!
> – Eine verleumderische Ablehnung.
> Was ist der Schlüssel, der es öffnen kann?
> – Taktvoll bitten.

Feierlichkeiten

In der Stadt

Stadt und Land bieten nicht dieselben Unterhaltungsmöglichkeiten. Sicherlich hängt das Vergnügen, das gewählt wird, besonders von der Person ab, von ihrer körperlichen Verfassung, ihren Empfindungen, die nichts mit dem Ort zu tun haben, wo sie sich befindet. Das ändert nichts daran, dass manche Zerstreuungen als stadtspezifisch erscheinen.

Eustache Deschamps schreibt Ende des 14. Jahrhunderts:

> Sie [die Frauen] sehnen sich nach den Städten,
> den süßen Worten, die man ihnen rezitiert,
> Festen, Märkten und Theater,
> Orten der Wonne, wo sie sich austoben können.

Es ist ein Vergnügen, das Spektakel auf der Straße zu beobachten, wenn jemand seiner Tätigkeit nachgeht oder einfach nur flaniert. Die Straße ist in der Tat vom Sonnenaufgang bis zum Zapfenstreich von prallem Leben und Lärmen erfüllt.

Jongleure unterhalten die Einwohner auf den Plätzen der Städte. Sie treten vor allem während der Festtage auf. In Provins findet am Marktabend eine Art Fackelzug statt, bei dem die städtischen Büttel mit Fackeln ausgestattet und in Begleitung von Jongleuren, die verschiedene Musikinstrumente spielen, durch die Stadt ziehen. Die Menge liebt es, der Show der Akrobaten beizuwohnen, die Geschichtenerzähler und die Sänger zu hören; geschätzt werden auch weibliche Gaukler, die tanzen und Schlangen bezirzen. Bei den Parisern steht die hier besonders gepflegte Verspottung der Bretonen hoch im Kurs, über die man sich lustig macht, weil sie ein schlechtes Französisch sprechen, ständig ihre unzähligen Verwandten erwähnen und den wenig edlen Beruf von Bürstenmachern ausüben.

Ab und zu finden öffentliche Festivitäten statt, wenn große Ereignisse anstehen: militärische Siege, fürstliche Geburten oder Hochzeiten. So wird am Dienstag, den 6. Februar 1392 zur selben Stunde, als Charles, der Sohn des Königs von Frankreich, das Licht der Welt erblickt, in allen Kirchen von Paris feierlich Dank gesagt und die Glocken läuten, wie der Mönch von Saint-Denis erzählt. Weiter berichtet er: »Alle Einwohner beiderlei Geschlechts, Adelige und gewöhnliches Volk, liefen durch die Straßen bei Fackelschein und zum Klang harmonischer Instrumente, in die sich melodiöse Stimmen und Gesänge von bewundernswerter Reinheit mischten. Während der ganzen Nacht tanzten junge Mädchen, und Possenreißer gaben kuriose Vorführungen. An den Kreuzungen ließ das Volk Beifallsrufe zu Ehren des Königs hören. Man hatte mit Wein und Gewürzen beladene Tische auf die Straßen gestellt, an denen Damen und Fräulein von höchstem Rang alle Passanten anmutig und gebührend willkommen hießen.«

Der Einzug von Fürsten in die Stadt, der den einen Gelegenheit gibt, sich luxuriös auszustaffieren, und den anderen, das Spektakel zu bewundern, ist ein hoch geschätztes Ereignis.

Wenn der König am Ende des 13. Jahrhunderts in einer seiner »guten Städte« (bonnes villes) ankommt, sehnt er sich vor allem nach einem Lager und einer Mahlzeit. Mitte des 14. Jahrhunderts wird es dann üblich, die Ankunft des Königs mit Feierlichkeiten zu begleiten – eine Woche lang im Jahr 1350, als Johann der Gute zum ersten Mal in Paris Einzug hält.

Die Mitglieder des Festzuges tragen eine für den Anlass angefertigte Livree. Der König wird mit Klängen von Hörnern oder anderen Instrumenten empfangen und die ganze Zeremonie gestaltet sich als eine laute und bunte Feier. Darüber hinaus werden anlässlich des Einzugs verschiedene Vorstellungen, vor allem Theaterdarbietungen, gegeben – alles zur Glorifizierung der Monarchie.

Tatsächlich schätzt die Öffentlichkeit von ganzem Herzen das Theater, das sie zunächst besinnlich stimmt (liturgisches und halb-liturgisches Spiel), aber schon bald auch unterhält. Das komische französische Theater, das verspä-

tet im 13. Jahrhundert entstanden ist, tritt zunächst in Tournai und Arras in Erscheinung. Im 15. Jahrhundert vervielfachen sich trotz der Katastrophen dieser Zeit die weltlichen oder komischen Darbietungen. Verschiedene Gattungen werden damals in Ehre gehalten: die lateinische Schulkomödie, die Morallehre, die unterhaltsame, häufig derbe Farce, die Personen und Berufe angreift. Das Meisterwerk ist die *Farce de Pathelin (Die Farce von Pathelin)*, die anscheinend auf den Winter 1464 zu datieren ist. Pathelin ist ein Anwalt, der sich krankstellt, um einem Tuchhändler nicht bezahlen zu müssen, was er ihm schuldet; aber ein Schäfer, dem er gezeigt hat, wie man das Gericht betrügt, legt ihn seinerseits herein.

Die Zuschauer sind zahlreich und kommen bisweilen von weit her. Wir wissen aufgrund der Einnahmen, dass es 1509 in Romans innerhalb von drei Tagen 13 947 Eintritte gab. Menschen aller sozialen Klassen interessieren sich für das Theater. In Mons werden 1511 die Schöffen, der Vogt und seine Gattin zu den Darbietungen eingeladen. Die Frau des Vogts nimmt gar acht Tage lang teil. Die Geistlichen wohnen gerne der Aufführung von Mysterienspielen bei; da diese allerdings aus kirchlicher Sicht zunehmend ein wenig zu profan werden, müssen die Priester von ihren Oberen die Erlaubnis erbitten, daran teilzunehmen. Aber diejenigen, die sich am meisten über solche Darbietungen freuen, sind die einfachen Leute. In Metz nehmen sie 1485 seit vier Uhr morgens ihre Plätze ein. Viele Frauen kommen mit kleinen Kindern, die für gehörige Unruhe sorgen.

Die Zuschauer drängen sich eng zusammen, um möglichst gut sehen zu können, so dass Absperrungen oder ein Wassergraben die Bühne vom Zuschauerbereich abtrennen müssen. Um Unfälle zu verhindern, verbietet der Rat der Stadt Mons im Jahr 1501 Kindern unter sechs Jahren, gebrechlichen Alten und schwangeren Frauen den Zugang zu dem Park, wo ein Stück aufgeführt wird. Am Abend, nach der Vorstellung, bricht sich die Freude erst richtig Bahn, Musiker unterhalten das Volk und die Nächte vergehen mit allerlei Vergnügungen.

Die Menschen des Mittelalters erfreuen sich auch an weniger appetitlichen Spektakeln. Am letzten Sonntag im August 1425 werden am Hôtel des Armagnacs in der Rue Saint-Honoré drei Blinde, jeder mit einem Stab bewaffnet, in einen Pferch gesetzt zusammen mit einem Schwein, das sie töten sollen. Im Glauben, das Tier zu treffen, versetzen sie sich gegenseitig zahlreiche Stockhiebe, und wenn man ihnen wirklich eine Waffe gegeben hätte, würden sie sich gewiss getötet haben. Schon am Vorabend sind sie durch Paris defiliert, mit einem großen Banner, das ein Schwein darstellt, an der Spitze und von einem Tambourspieler begleitet.

Auch Hinrichtungen werden geschätzt. Die Bürger von Mons zahlen viel, um zu sehen, wie ein Räuber geviertelt wird: »Das machte die Leute noch fröhlicher, als wenn ein neuer Heiligenkörper wiederauferstanden wäre«, schreibt der burgundische Chronist Jean Molinet. Von demselben Autor wissen wir, dass während der Gefangenschaft Maximilians I. von Habsburg in Brügge 1488 die Folterbank auf ein Podest in der Mitte des Marktes gestellt wird. Die Einwohner finden großes Vergnügen daran, ihre Schaulust an den Qualen zu weiden, die man verdächtigen Magistratsangehörigen zufügt. Die Hinrichtungen werden sogar aufgeschoben, damit die Zuschauer sich länger an der Folterung ergötzen können.

Die Stadt kann, wenn sie feiert, ihre eigenen Werte ausdrücken, ihre Sicht der Welt, die in den ländlichen Raum ausstrahlt. Aber manchmal hat das städtische Fest seinen Sinn auch in ländlichen Bräuchen. Stadt und Land können nicht getrennt voneinander existieren. Gemeinsam sind ihnen auch die verschiedenen Feieranlässe, die sich aus dem Jahresrhythmus ergeben.

Religiöse und weltliche Feiern

Feieranlässe im Laufe des Jahres sind vor allem dem religiösen Kalender zu verdanken. Der Zyklus der zwölf Tage von Weihnachten bis zum Dreikönigstag liegt in einer Zeit, in der die Feldarbeit praktisch eingestellt ist, in der die Tage der Handwerker weniger lang sind. Die Jahreszeit ist rau, und es ist angenehm, einige Augenblicke die Kälte zu vergessen und sich zu vergnügen – auch das Fasanenbankett spielt sich mitten im Winter, im Februar ab.

Der Zyklus von Karneval und Fastenzeit beinhaltet große Fröhlichkeit. Während des Karnevals offenbart sich eine verkehrte Welt; die Narren, ein Begriff, der im Mittelalter auch Geisteskranke bezeichnen kann, dürfen bei den Umzügen mittun. Der Karneval gibt Gelegenheit für eine Explosion der Freude, die von den Predigern lebhaft kritisiert wird. Olivier Maillard mahnt in seiner Fastenpredigt von Nantes: »Diese armseligen und an Geist und Körper dumpfen Christen, die sich drei Tage lang mit Nahrung vollstopfen, sich in der Ausschweifung, im Rausch und anderen Bestialitäten wälzen, würden nicht daran denken, regelmäßig die Fastenzeit einzuhalten, wenn sie sich nicht am Faschingsdienstag bis Mitternacht den Bauch vollgeschlagen hätten.«

Selbst die Heilige Woche und die Ostertage selbst schließen Zerstreuungen nicht aus. Besonders Ostern ist ein wichtiges Fest für die bäuerliche Küche, umso mehr, wenn man an die Kargheit der gerade zu Ende gegangenen Fastenzeit denkt.

Die Maienzeit: Der Roman *Flamenca* berichtet, dass man in Bourbon nach dem Abendessen tanzt und sich vergnügt. In dieser Nacht »pflanzt« man auch die Maibäume. Die Menschen singen in der Stadt; in den Obstgärten tun die Vögel dasselbe. Man trinkt Absinth. Am nächsten Morgen räumen die jungen Mädchen die Maienzweige ab und trällern: »Gesegnet sei die Dame, die ihren Freund nicht leiden lässt. Weder den Eifersüchtigen noch die Tadler fürchtet sie so sehr, dass sie darauf verzichtet, mit ihrem Ritter in den Wald, auf die Wiese oder in den Garten zu gehen […].«

Von Pfingsten bis Weihnachten liefern zahlreiche religiöse Feste den Vorwand für weltliche Vergnügungen. So wird das Fest des heiligen Martin im Winter, am 11. November, häufig mit einem besonderen Schauspiel gefeiert: Ende des 15. Jahrhunderts gibt es die Sitte, dass ein Priester an diesem Tag in der Öffentlichkeit tanzt, mit roten Schuhen an den Füßen und einem Hut aus Blumen auf dem Kopf. Anschließend wird er zum Opfer einer wilden Verfolgungsjagd.

Feieranlässe ergeben sich aber natürlich auch im Laufe des Lebens, etwa durch wichtige Familienereignisse. Festessen werden anlässlich von Geburten, Taufen, Hochzeiten, ja sogar von Beerdigungen anberaumt.

Ist die Lust an den Vergnügungen im Laufe des Mittelalters dieselbe geblieben? Es lässt sich feststellen, dass manche Menschen sich in Zeiten von Katastrophen und Epidemien Gott zuwenden, andere aber gerade in den Vergnügungen Ablenkung suchen, um zu vergessen und vom vergänglichen Leben noch so viel wie möglich zu profitieren. Der italienische Chronist Matteo Villani drückt dies sehr deutlich aus, als er von der großen Pestepidemie des Jahres 1348 und von deren Auswirkungen auf die Gewohnheiten der Florentiner berichtet.

»Man hätte glauben können, dass die Menschen, die Gott in seiner Gnade gerettet hat, als sie ihre Nächsten vernichtet gesehen haben und wussten, dass derartige Dinge sich in allen Ländern der Erde abspielten, besser, demütig, tugendhaft und katholisch geworden wären, dass sie keine Ungerechtigkeiten und Sünden begehen würden und voll von Liebe und Barmherzigkeit füreinander wären. Aber jetzt, da die Pest aufgehört hat, hat sich genau das Gegenteil ereignet, denn die Menschen, die in kleiner Zahl übrig geblieben und dank der Erbschaften und Nachfolgen reich geworden sind, haben die vergangenen Ereignisse schon vergessen, als hätten sie nicht stattgefunden, und führen ein skandalöseres und chaotischeres Leben als vorher. So sündigen sie, wenn sie sich der Faulheit und dem Sittenverfall hingeben, durch Gefräßigkeit, indem sie Festgelage, Tavernen und die Genüsse erlesener Nahrung ebenso wie die der Spiele suchen, sich ungebremst in Ausschweifungen ergehen, fremdartige und ungewöhnliche Kleidungsmoden und unziemliche Manieren übernehmen und Neuerungen im Schnitt der Kleidung einführen.

Und das niedere Volk, Männer wie Frauen, wollte aufgrund des außerordentlichen Überflusses an Dingen nicht mehr die gewohnten Berufe ausüben; sie verlangten die teuerste und erlesenste Nahrung für ihre tägliche Tafel, und man ließ die Dienstmädchen und die Frauen von niederer Herkunft heiraten, wobei diese dann die schönen und prächtigen Kleider der verstorbenen adeligen Damen trugen. Und ohne jeden Rückhalt gab sich unsere Stadt fast vollständig einem unehrenhaften Leben hin und genauso oder noch schlimmer machten es die anderen Städte und Länder der Welt.«

8.
Schönheit und Kultur

Die ästhetischen Freuden

Andreas Capellanus lässt in seinem Werk *De amore (Von der Liebe)* einen der Gesprächsteilnehmer sagen: »Wer kann zweifeln, dass derjenige, der die Freuden des Geistes wählt, demjenigen vorzuziehen ist, der die niederen Gelüste anstrebt? Denn alles, was die niederen Freuden betrifft, unterscheidet uns in keiner Weise von den wilden Tieren, sondern damit hat die Natur selbst uns mit ihnen verbunden. Die Freuden des Geistes jedoch wurden der menschlichen Natur sozusagen als ihr eigene zugeteilt und allen anderen Tieren von der Natur selbst verweigert. [...] Überdies hat man niemals jemanden gefunden, der der Freuden des Geistes müde gewesen wäre oder durch ihren Gebrauch gesättigt; der niedere Genuss wird schnell widerlich für den, der Gebrauch von ihm macht, und zwingt nach getaner Tat zur Reue.« Und weiter kann man lesen: »Es ist unmöglich, Lust zu empfinden, ohne die Freuden des Geistes zu kosten, außer wenn man sich zu sehr lüsternen und schändlichen Trieben hingibt.«

In welchem Maße also bilden die Entremets aus Musik und Poesie, die während des Fasanenbanketts »serviert« werden, ein Mittel zu ebendiesem Zweck: die primären Vergnügungen hin zu gehobeneren Gefühlen wie Liebe und Schönheit zu kanalisieren?

Die Lehre

Die mittelalterliche Ästhetik[7] beschränkt sich nicht auf Überlegungen zur Schönheit, sie stellt eine Verbindung zwischen dieser und Gott her.

Zu Beginn des Mittelalters lehrt Boethius, ein berühmter lateinischer Philosoph und Dichter, um 480 in Rom geboren und 524 in der Nähe von Pavia gestorben, dass das Vergnügen von der Wahrnehmung der objektiven Harmonie durch die Harmonie des Subjekts herrührt. Es ist angenehm, die Ähnlichkeit der Dinge mit sich selbst zu begreifen. Wenn wir sanfte und melodiöse Stimmen wahrnehmen, empfinden wir Freude; wenn die Stimmen aber im Gegenteil chaotisch werden, fühlen wir uns beschwert. Zwischen Subjekt und Objekt besteht also eine Interaktion.

Die Vernunft siegt über die Empfindsamkeit. Die Sinne können komplizierte Proportionen höchstens auf konfuse Weise erfassen, selbst wenn sie sie wertschätzen. Bei der Architektur müssen beispielsweise das Auge und das Räsonnement zusammenwirken. Der einfache Hilfsarbeiter muss die Kontrolle durch die Architekten akzeptieren.

Im Subjekt besteht eine Übereinstimmung zwischen dem Vergnügen und der Leichtigkeit, der Einfachheit. Je einfacher ein Klang ist, desto leichter wird er wahrgenommen, desto leichter begreift man ihn, desto mehr Zufriedenheit empfindet man. Diese Feststellung gilt für die Bildenden Künste ebenso wie für die Musik.

Der einfache Mensch kann sich an der Schönheit erfreuen, ohne Fragen zu stellen, aber der Weise muss die Gründe seiner Freude kennen. Wenn der Musiker sich an einer Melodie ergötzt, muss er die Proportionen kennen, die die Wohlklänge ausmachen. Es geht jedoch nicht darum, ästhetisches Vergnügen und intellektuelle Kenntnis einander entgegenzustellen; der gelehrte Ästhet ordnet sich genau zwischen diesen beiden ein.

Wenn das Denken von Boethius weltlich erscheint, wenigstens in seinen wissenschaftlichen Werken, ist das von Cassiodor, einem römischer Staatsmann und Gelehrten, geboren um 490 und gestorben um 580, darin sehr christlich, dass es die Kunst und das Schöne in den Dienst der Religion stellt. Dem Wohlgefühl, das die Natur in ihm weckt, gibt Cassiodor beredten Ausdruck: »Ah! Wie die sonnenglänzende Erdkugel unsere Sinne erfreut! Mit welchem Wohlgefühl erfüllt uns das Licht dieser Welt! Durch ihre staunenswerte Anmut lassen uns die Blumen wieder aufleben, wenn wir sie bewun-

---

7   Grundlegend zu diesem Thema ist das Werk von Edgar de Bruyne, Études d'esthétique médiévale (Studien zur mittelalterlichen Ästhetik), dem die folgenden Seiten viel verdanken.

dern. Und mit köstlicher Freude betrachten wir die grünen Landschaften, das tiefblaue Meer, die transparente Luft und die funkelnden Sterne.« Aber er fügt auch an, dass, wenngleich uns die Schöpfung mit Freude erfüllt, die göttliche Majestät selbst uns doch umso mehr unbegrenzten Genuss bereitet.

Die karolingischen Humanisten glauben ebenfalls, dass es das höchste Ziel unseres Lebens ist, die unendliche Vollkommenheit Gottes zu bewundern. Alles, was wahr, gut und schön ist, verdient es, geliebt zu werden, insoweit als durch diese Liebe sich der Geist reinigt und dadurch das Gute an sich anstrebt, das heißt Gott.

Wenn die Künste im mittelalterlichen Bildungskanon auch nur einen untergeordneten Platz einnehmen, verdienen sie es doch, ausgeübt zu werden, denn indem man sie um ihretwegen liebt, liebt man das Gute, Wahre und Schöne an sich, wovon sie einen Widerschein bilden. Alkuin, ein angelsächsischer Theologe des 8. Jahrhunderts, fragt: »Gibt es etwas Einfacheres, als die schönen Formen zu lieben, die sanften Düfte, die lieblichen Töne, die angenehmen Liebkosungen, um nicht von den Ehren und dem Glück der Erde zu sprechen? [...] Ist es nicht einfach für den Geist, diese Güter zu lieben, die wie ein Schatten vergehen? Und wie schwierig wäre es dann für ihn, Gott zu lieben, der die Milde ist, die Schönheit, die Freude, die ewige Glückseligkeit? [...] Der Geist soll also gemäß der Ordnung lieben. Er soll bevorzugen, was oben ist, das heißt Gott, und zurückweisen, was unten ist, das heißt die Materie.« So gesteht Alkuin eine ästhetische Freude durchaus zu, die mit der Liebe zum Guten, der Sehnsucht nach Ewigkeit verknüpft ist. Wenngleich er über alle dingliche Schönheit die göttliche Schönheit stellt, leugnet er nicht, dass den schönen, für die Sinne wahrnehmbaren Formen ein Wert an sich zukommt.

Obwohl sie der christlichen Tradition treu bleibt, weigert sich die karolingische Ästhetik, zwischen der Wahrheit des Inhalts und der Schönheit der Form zu wählen. Der Dämon führt die Menschen in Versuchung mithilfe von fühlbaren Freuden, aber wenn wir Letztere dazu nutzen, uns zu Gott hin zu erheben, dann handeln wir gut. Deshalb verteidigt Alkuin die reichen Dekorationen der kirchlichen Gebäude.

Johannes Scotus Eriugena, ein irischer Theologe des 9. Jahrhunderts, zeigt als Erster den Gegensatz zwischen einer ästhetischen und einer eher materiell-praktischen Geisteshaltung auf. »Stellen wir uns zwei Männer vor, einer weise und unempfindlich gegenüber dem Stachel der Habsucht, der andere voll von chaotischen Sehnsüchten. Sie befinden sich am selben Ort und man zeigt ihnen ein Kunstobjekt, dessen Form ebenso elegant ist wie das Material kostbar.« Beide betrachten es. Der Weise preist die Schönheit der Vase zum Lobpreis des Schöpfers, keine Geldgier treibt ihn an, keine Leidenschaft stört seine Freude an der Schönheit. Der Geizige dagegen ist von Verlangen ent-flammt; er spricht nicht von der Schönheit des Objekts zum Ruhm Gottes, sondern lässt sich von der Habsucht vereinnahmen. Die objektive Schönheit der Vase bleibt dieselbe, aber die Haltung der zwei Männer ihr gegenüber ist eine sehr verschiedene.

Johannes Scotus selbst nimmt eine extreme Position ein. Für ihn muss die durch den Anblick des Schönen hervorgerufene Freude explizit mit der gött-lichen Schönheit verbunden sein; er anerkennt nicht, so scheint es, dass die interesselose Bewunderung einen Wert haben kann, auch ohne eine religiöse Absicht bewusst zu implizieren.

Für das menschliche Bewusstsein beinhaltet die Schönheit zwei Ebenen: das unmittelbare Gefühl und das reflektierte Urteil. Das Böse existiert nur, wenn wir von Begierde bewegt handeln, wenn wir bei der sinnlich wahr-nehmbaren Natur der Dinge verharren, anstatt alles auf Gott zu beziehen.

Springen wir einige Jahrhunderte weiter und begeben wir uns ins Zent-rum des Mittelalters. Guillaume d'Auvergne (um 1180–1249), der 1228 Bi-schof von Paris ist, drückt sein Gefühl über das Schöne in seiner Abhandlung *Du Bien et du Mal (Vom Guten und vom Bösen)* aus. Schönheit definiert sich hier in Bezug auf die Moral.

Alexander von Hales (um 1185–1245) nimmt, wie wir gesehen haben, eine Unterscheidung zwischen höheren und niederen Empfindungen vor. Diese Tendenz nimmt im 13. Jahrhundert zu, wobei der Graben zwischen materiel-lem und biologischem Vergnügen einerseits und geistiger Freude andererseits immer mehr vertieft wird. Alexander erinnert daran, dass man sich auf egois-tische Weise oder auf religiöse Weise an Schönem erfreuen kann. Jede end-liche Schönheit muss uns anregen, die unendliche Schönheit zu bewundern.

Gemäß dem heiligen Bonaventura existieren drei Arten von fühlbaren Freuden. Die Sinne erfreuen sich an einem Objekt, wenn es schön oder lieb-lich oder gesund ist. Aber vor jeglichem Vergnügen lässt die Wahrnehmung der fühlbaren Eigenschaften die körperliche Welt in das Bewusstsein eindrin-gen. Anschließend folgt dem empfundenen Vergnügen ein vom Verstand ge-fälltes Urteil.

Wenn ein Objekt auf das Subjekt gewirkt hat und es eine Entsprechung zwischen diesen beiden Elementen gibt, entsteht Wohlgefallen; die Harmo-nie ist der Grund für jeglichen Genuss. Je schöner ein Objekt ist, desto mehr Gefallen empfindet das Subjekt. Das höchste Schöne erzeugt auch eine un-begrenzte Freude.

»Drei Bedingungen sind wichtig für die Schönheit«, schreibt der heilige Thomas von Aquin. »Zunächst sicherlich die Integrität oder die Perfektion, denn die unvollständigen Dinge sind hässlich. Dann die richtige Proportion oder Harmonie. Und schließlich die Helligkeit, denn die Dinge, die eine glänzende Farbe haben, werden schön genannt.« Der Begriff der Schönheit wird also zurückgeführt auf die Ideen von Perfektion, Proportion und Licht.

Er fügt an: »Es gehört zur formellen Natur des Schönen, den Appetit der Menschen nicht durch den Besitz des realen Objekts zu stillen, sondern durch die Kenntnis seines Raums oder seiner ästhetischen Form. Aus diesem Grund werden unter den Sinnen, deren erste Funktion es ist, den echten Instinkten zu dienen, diejenigen, die die ›kontemplativsten‹ sind, in Verbindung mit der Schönheit gebracht: Dies sind das Sehen und das Gehör, die noch mehr im Dienst der intellektuellen Erkenntnis des Geistes stehen.«

Für den heiligen Thomas setzt Wohlgefallen Erkenntnis und Liebe zugleich voraus. Das Schöne kann kein Vergnügen hervorrufen, wenn man es nicht zu sehen wünscht. Das Schöne ist immer mit der Freude der Betrachtung verbunden. Aber man kann schöne Objekte betrachten, auch wenn man von ihrem spirituellen Nutzen absieht; man kann auch Freude beim Betrachten von Menschen empfinden.

Das Schöne unterscheidet sich vom Guten und Wahren. Das empfundene Vergnügen rührt beim Guten aus der Vervollkommnung her, die es herbeiführt, beim Wahren aus der Übereinstimmung unseres Urteils mit der Realität, beim Schönen aus dem schlichten Erfassen der Form.

Das Gute und das Schöne können zusammen unter einem Dach leben. Es kommt vor, dass dieselben ästhetischen Formen die biologischen Wünsche und die reine Freude der Betrachtung hervorrufen. »Bei den vitalen Freuden muss man unterscheiden zwischen dem, was fundamental ist, und dem, was nebensächlich ist. Was für das Leben absolut wichtig ist, sei es die Frau mit Blick auf die Arterhaltung, sei es das Essen und Trinken für den Erhalt des Individuums, ist an gewisse essentielle biologische Freuden gebunden. Aber zu diesen wichtigen Elementen gesellen sich nebensächliche Elemente, dank derer der Gebrauch des Notwendigen attraktiver und köstlicher erscheint; so wie der Geschmack oder der Geruch der Nahrung und, in einer anderen Reihenfolge, das Erscheinungsbild und die Schönheit der Frau.«

Die rein psychischen Freuden beinhalten drei Kategorien. Da gibt es in erster Linie die moralischen und wissenschaftlichen Freuden, dann die ästhetischen Freuden, wie die der Konversation, schließlich diejenigen, die mit äußeren Gütern zu tun haben, wie den Besitz von Vermögen.

Einige Kunstwerke werden für den Gebrauch gemacht, andere zum Vergnügen. Wenngleich Thomas diejenigen verurteilt, die einen unmoralischen Charakter haben, wie die Götzenstatuen, erlaubt er diejenigen, von denen man tugendhaften Gebrauch macht: die frommen Bilder etwa, die dazu dienen, die Gläubigen anzuleiten, oder die Gesänge zum Lobpreis Gottes. Er ermuntert dazu, diejenigen Kunstwerke aufmerksam wahrzunehmen, die hinsichtlich der Freuden, die sie mit sich bringen, nicht schlecht sind.

Lebewesen und Landschaften

Das ästhetische Vergnügen ist auf besondere Art und Weise mit dem Sehen verbunden, das vom Licht abhängt. So wie Finsternis Angst hervorruft, sind die Menschen des Mittelalters empfänglich für alles, was hell leuchtet.

Die Trouvères drücken ihre Liebe zum Licht aus, wenn sie die weibliche Schönheit feiern. Die blonden Haare ähneln den Sonnenstrahlen, so schimmern sie.

Die leuchtende Schönheit der Frau ruft große Freude hervor: »Wenn ich deinen Körper anschaue, deine Worte höre und dein Gesicht sehe, strahlt mein Herz«, so formuliert es Gace Brûlé.

Warum trifft Enides Schönheit Erec so sehr, als er sie im Roman *Erec und Enide* von Chrétien de Troyes zum ersten Mal bemerkt? Weil sie strahlend ist:

Ich sage euch fürwahr:
So golden und leuchtend
auch das Haar der blonden Isolde war,
sie hätte doch gegen diese Jungfrau zurückstehen müssen.
Darüber hinaus waren ihre Stirn und ihr ganzes Gesicht
klarer und weißer als die Lilienblüte.
Über dieser Weiße leuchtete ihr Antlitz wunderbar
in einer frischen roten Farbe,
die die Natur ihr verliehen hatte.
Aus ihren Augen strahlte eine so starke Helligkeit,
dass sie zwei Sterne schienen […].

Froissart ist gefesselt von den Reflexen der Sonne auf den Helmen, Harnischen, Lanzenspitzen, von den schillernden Farben der Banner einer Gruppe von Reitern. Olivier de la Marche bewundert den Glanz dieser Reflexe auf den blonden Haaren der deutschen und böhmischen Edelmänner. Auf der Kleidung der reichen Herren sind manchmal zahlreiche wertvolle Steine aufgenäht.

Die Gelehrten versuchen zu beweisen, dass das Licht die Quelle jeglicher Schönheit sei. Dort, wo es Körper gibt, ist auch Licht. Und in diesen Körpern bildet es das Wesen jeder Vollkommenheit. Je mehr ein Körper schimmert, desto schöner und edler ist er. Aber das Licht ist nicht nur die schönste Sache, es stellt gemäß Robert Grosseteste, Kanzler in Oxford und 1235 Bischof von Lincoln, auch die köstlichste Sache in dieser Welt dar. Es vereint das Schöne und das Gute: »Metaphysisch ist Gott das Licht in reinem Zustand, und in dem Maße, in dem die Dinge leuchtend sind, sind sie nicht nur edel, sondern sie sind göttlich.«

Schönheit von Menschen, Schönheit von Landschaften. Aus dem Jahr 1175 stammt der Lobpreis auf Paris von Guy de Bazoches: »Es liegt in einem köstlichen Tal, dem ein Kreis von Bergen die Krone aufsetzt, fruchtbar dank der Fürsorge von Ceres und Bacchus. Die Seine, unter der Menge der Flüsse keineswegs verachtenswert und stolz auf ihr Bett, kommt aus dem Osten und bildet eine Insel, indem sie mit ihren beiden Armen den Kopf, das Herz, das Mark der ganzen Stadt umschließt. Zwei Vorstädte erstrecken sich auf der Rechten und auf der Linken, von denen die geringste den Neid der missgünstigen Städte erregt. Die beiden Vorstädte strecken über die Insel zwei Steinbrücken aus [...]. Die Brücke, die Große Brücke genannt wird, weit, prächtig, geschäftig, sie brodelt, sie atmet, sie wimmelt von Schiffen, von Reichtümern, von unzähligen Waren, sie brodelt von Schiffen, atmet Reichtum und wimmelt von Gütern. Voilà, ein Ort, der nicht seinesgleichen findet. Was die Kleine Brücke betrifft, so ist sie für die Logiker reserviert, die darübergehen, dort spazieren gehen oder dort diskutieren. Inmitten dieser Insel erhebt sich der königliche Palast mit seiner dominanten Höhe.« Der Blick gerät angesichts des von Philipp dem Schönen neu errichteten Palastes in Entzücken. Jean de Jandun schreibt in seiner *Éloge de la ville de Paris (Lobschrift auf die Stadt Paris)*: »An diesem berühmten Sitz des französischen Königtums wurde ein prachtvoller Palast errichtet, ein herrliches Zeugnis der königlichen Pracht. Zwischen seinen uneinnehmbaren Wänden beherbergt er ausreichend großen und ausgedehnten Raum, um unzähliges Volk zu beherbergen.«

Die Umgebung der Stadt, wo die reichen Einwohner prächtige Wohnsitze bauen lassen, löst ebenfalls Bewunderung aus. Villani beschreibt 1338 die Umgebung von Florenz: »Es gab keinen Bürger, Städter oder Magnaten, der nicht im Contado ein großes und reiches Anwesen und einen recht reichen Wohnsitz mit herrlichen Gebäuden, viel schöner als in der Stadt, gebaut hätte oder bauen würde; jeder erlag diesem Laster, und wegen ihrer grenzenlosen Ausgaben hielt man diese Leute für verrückt. Es war so schön zu sehen, dass die Leute, die von außerhalb nach Florenz kommen, ohne es zu kennen, beim Anblick dieser außerhalb der Stadt im Umkreis von drei Meilen gebauten prächtigen Gebäude und dieser schönen Paläste zumeist glaubten, dass sie wie in Rom alle zur Stadt gehörten; dabei nicht mitgezählt die weiter von der Stadt entfernt liegenden prächtigen Paläste, Türme, Höfe und Gärten, umschlossen von Mauern, die man woanders als befestigte Plätze bezeichnet hätte. Insgesamt schätzte man, dass es im Umkreis von sechs Meilen um die Stadt herum so viele prächtige und edle Wohnsitze gab, wie Florenz zwei davon nicht gehabt hätte.«

Im 15. Jahrhundert ist Leon Battista Alberti der Theoretiker einer neuen Art zu bauen, einer regelrechten Kunst mit dem Ziel, die Städte zu verschönern, den Handel zu begünstigen, das Alltagsleben zu erleichtern und vor allem Vergnügen für die Augen zu schaffen. Er entwirft bereits eine funktionale Stadt, deren geradlinige Straßen auf Monumente zuführen, die von der Perspektive entsprechend betont werden, ganz im Gegensatz zur mittelalterlichen Stadt mit ihren verwinkelten Straßen. Er empfiehlt dem Architekten, bauliche Partien zu vermeiden, die den Blick nehmen oder beeinträchtigen, bequeme Wege vorzusehen, weite und geräumige Marktplätze, eine gute Lage für alle öffentlichen und privaten Gebäude entlang der Straßen und Gassen.

Manche Landschaften wecken starke Emotionen, vor allem, wenn man sie nach einer langen Reise entdeckt wie Ca da Mosto 1455: »Das Cap Vert ist hochgezogen und schön anzusehen. Es erstreckt sich zwischen zwei Bergen, in der Mitte von ihnen, und schwingt sich vom Meer empor, gänzlich umgeben von Hütten und Häusern, die von Schwarzen bewohnt werden […]. Ich bin viel in verschiedene Länder gereist, in den Orient und Okzident, aber ich habe noch niemals etwas Schöneres gesehen.«

Gemäß Robert Mandrou »belegt das Auge, das heute regiert, den dritten Rang nach dem Gehörsinn und dem Tastsinn, und weit hinter diesen«. Und er fügt hinzu, dass »in dieser Hinsicht die moderne Epoche einen wesentlichen Charakterzug der mittelalterlichen Zivilisation verlängert.« Schon Johan Huizinga sprach in seinem Buch *Herbst des Mittelalters* vom Vorrang des Sehens. Die Dinge scheinen komplexer zu sein. Die Lichtmystik, die so charakteristisch für das Mittelalter ist, wertet das Sehen auf. Es zeigt sich eine Spannung zwischen dem Gesichts- und dem Geruchssinn, der lange Zeit eine wichtige Rolle hinsichtlich der Weitergabe von Kenntnissen spielt. Wenngleich die mittelalterliche Kunst in erster Linie Visualisierung ist, ist es doch das Ohr, das die Predigt erfasst. Ein Gleichgewicht, das sich im 14. Jahrhundert zugunsten des Auges verschiebt. Sicherlich verbreitet sich der Gebrauch der Schrift seit der ersten Hälfte des 13. Jahrhunderts in der herrschenden Klasse. Aber während das Ohr, das den Ort bestimmt, woher ein Ton stammt, nur einen eindimensionalen Raum erahnt, bemächtigt sich der Blick des ganzen Raums: »Lebendig weiß ich mich gesehen, und meine eigene Sichtbarkeit lässt mich im Raum sein«, schreibt Paul Zumthor.

Das ästhetische Vergnügen rührt also hauptsächlich von den bildenden Künsten her.

Architektur, Skulptur und Malerei

Die Texte erlauben es, in einem gewissen Maß die Gefühle der mittelalterlichen Menschen gegenüber den Kunstwerken zu erkennen. Sicherlich muss man sich nicht an den Ausdrücken festhalten, die echte Topoi darstellen: Dieses oder jenes Bauwerk ist immer das schönste, das in der Stadt, ja in der Welt existiert. In der ganzen Normandie gibt es nichts, das mit der Abteikirche Le Bec vergleichbar wäre. St. Donat zu Brügge übertrifft durch seine Herrlichkeit alle anderen Bauwerke. Aber manche Passagen drücken mit Sensibilität ein wirkliches ästhetisches Vergnügen aus.

Der mittelalterliche Mensch hat die Wunschvorstellung, mittels des vom Gebäude begrenzten inneren Raums den universellen Raum bewundern zu können, und, umgekehrt, dass der äußere Raum sich an der Harmonie einer räumlich begrenzten Konstruktion erfreuen möge. Der Anblick architektonischer Schönheit versetzt in Freude, schreibt im 13. Jahrhundert ein Abt von Saint-Germain d'Auxerre. Wer traurig in die Kathedrale von Santiago de Compostela eintritt, kann gar nicht umhin, bei der Ankunft in den Emporen eine Zufriedenheit zu empfinden, die ihn die Sorgen des Alltagslebens vergessen lässt.

In dem *Guide du pèlerin de Saint-Jacques de Compostelle*, einem wahrscheinlich von Aimery-Picaud aus Parthenay le Vieux im 12. Jahrhundert geschriebenen Pilgerführer nach Santiago de Compostela, beschreibt der Autor, als er am Ziel seiner Reise ankommt, die Kathedrale, indem er sie mit einem menschlichen Organismus vergleicht, mit Kopf, Körper und Gliedern. Das Bauwerk besitzt neun Schiffe im Erdgeschoss und sechs im Emporengeschoss. Es hat ein Herzstück – die Kapelle mit dem Erlöseraltar –, das den Chorumgang in gewisser Weise krönt. Das Hauptschiff erinnert an einen Körper, dessen Arme von den Querschiffen gebildet werden.

Der Besucher, der das großartige, von der Kathedrale gebildete Ensemble bewundert, wird von den Portalen entzückt sein, ganz besonders von dem Westportal, zu dem man über eine monumentale Treppe gelangt. Säulen aus verschiedenen Marmorsorten und wunderbare Skulpturen bieten sich seinen Augen dar.

Eine perfekte Kathedrale. »In dieser Kirche gibt es keinen Riss, keinen Makel; sie ist wunderbar gebaut, groß, weiträumig, klar, mit harmonischen Ausmaßen, wohl proportioniert in Länge, Breite und Höhe, ein schöner und gepflegter Apparat, und sie ist sogar ›doppelt‹ gebaut, wie ein Königspalast. Wenn jemand traurig hochgestiegen ist und die oberen Teile durchschritten hat, wird er glücklich und getröstet von dannen gehen, nachdem er die perfekte Schönheit dieser Kirche bewundert hat.«

Der Bischof von Le Mans, Guy de Passavant (1145–1187), lässt einen Palast bauen, der sich perfekt in die Landschaft integriert, so sehr, dass das ästhetische Vergnügen derjenigen, die durch die Fenster in den Garten schauen, der Freude derjenigen entspricht, die von den Gärten aus die Fenster bewundern.

Die Kunst der Bildhauerei erblüht nach einem längeren Niedergang im 12. Jahrhundert, um sich anschließend mit großer Geschwindigkeit zu entwickeln.

Wenngleich sie bisweilen kritisiert wird, vor allem wegen ihrer Nähe zur Idolatrie, besitzt die Bildhauerei auch Fürsprecher. Die Zerstörung antiker Statuen wird angeprangert. »Man muss sie vom künstlerischen Blickwinkel aus beurteilen und nicht vom religiösen; dies sind eher Kunstwerke als Götzenbilder«, liest man im *Codex Theodosianus*.

Bischof Heinrich von Winchester kauft im 12. Jahrhundert mehrere antike Statuen in Rom und lässt sie in sein Land bringen. Meister Gregor, sein Zeitgenosse und Landsmann, ist von der *vanitas*, der Nichtigkeit dieser Werke, überzeugt, zeigt aber große Bewunderung ob ihrer Schönheit. Der Koloss von Rhodos, von dem derzeit nur noch der Kopf und eine Hand übrig sind, entzückt ihn aufgrund seiner Größe. Außerdem lobt er seine Perfektion, beeindruckt vom natürlichen Aussehen seines gelockten Haupthaars und vom lebendigen Ausdruck seines enormen Gesichts. Noch mehr Enthusiasmus ruft eine nackte Venusstatue hervor, die von solch wunderbarer Kunstfertigkeit ist, dass sie eher an ein lebendiges Wesen erinnert als an ein Abbild. Die Menschen des Mittelalters scheinen vor allem die Lebendigkeit zu schätzen, die die Werke ausstrahlen.

Sie unterscheiden zwischen Schönheit des Ausdrucks und Schönheit der Form. Ein missgebildetes Gesicht, das erschrecken kann, kann wegen seiner expressiven Kraft schön sein. Hässlichkeit kann ästhetisches Vergnügen bereiten.

Formelle Schönheit begleitet häufig die körperliche und die moralische Schönheit: Die antike Kunst stellt nicht die Wirklichkeit dar, sondern ein Ideal. Auch die romanischen und vor allem die gotischen Bildhauer der großen Kathedralen schaffen Werke, die schöner als die Realität sind – den Beau Dieu, einen idealisiert dargestellten Christustypus, die Jungfrau Maria, die Heiligen und die Engel –, um Gott zu ehren, der der Ursprung jeglicher Schönheit ist.

Das ästhetische Vergnügen bringt nicht nur schöne Formen hervor, die besonders von den gewählten Proportionen abhängen, sondern auch Farben, deren Zusammensetzung in technisch versierten Abhandlungen beschrieben wird. Das Interesse scheint sich dabei zunächst auf einfache und brillante Farbtöne zu richten – die Liebe zum Licht haben wir bereits erwähnt. Gemäß dem technischen Traktat des Heraclius mit dem Titel *De coloribus et artibus Romanorum (Von den Farben und Künsten der Römer),* das wahrscheinlich Ende des 10. Jahrhunderts in Rom verfasst und zwei oder drei Jahrhunderte später in Prosa gesetzt wurde, müssen die Pflanzenfarben die Frische der Blumen bewahren, die am selben Morgen gepflückt wurden. Alles, was glänzt – Gold, Edelsteine –, ist schön. Die Farbe muss dem Feuer ähneln oder der Sonne. Ihre Schönheit ist die des Lichts, aber dieses stammt letztlich vom Himmel, wo sich die Sonne, der Mond und die Sterne befinden.

Ab dem 12. und 13. Jahrhundert werden Nuancen beim Mischen einfacher Farbtöne erwähnt. Das 3. Buch des Heraclius, das im 13. Jahrhundert hinzugefügt worden ist, verdeutlicht dieses Interesse: »Der Ausdruck aller einfachen Farben ist von sich aus schön, aber wenn man sie mischt, werden die einen im Vergleich zu den anderen noch schöner durch die Vielfalt, die sie hervorbringen. Die zusammengesetzten Farben verhalten sich anders als ihre einzelnen Elemente; ihre Schönheit stammt einerseits aus dem Wesen der Bestandteile selbst, andererseits aus der Interaktion dieser Komponenten. In ihrer Mischung wie auch in der Art, die Schichten aufeinander (und nebeneinander) zu setzen, zeigt sich die ganze Finesse der Kunst. So entstehen die verschiedensten, schönsten und köstlichsten Nuancen.«

Gemäß dem Mönch Theophilus – im 11. Jahrhundert vielleicht der Autor eines der besten technischen Handbücher des Mittelalters – müssen die Gesichter auf Fresken, deren Hintergrund Azurblau ist, in Weiß oder Grau, Grün oder Gelb gehalten sein, mit roten oder roséfarbenen Nuancen.

Die Farben müssen dauerhaft und leuchtend sein, denn aus diesen Eigenschaften entsteht die Schönheit. Das Handwerk muss solide und präzise sein, damit das Werk vollendet werden kann. Damit es auch ästhetisches Vergnügen bereitet, enthalten einige der Manuskripte, in denen Theophilus' Werk überliefert ist, eine Einleitung, die die malerischen Regeln definiert: »Die Künste lehren sich graduell, in Abschnitten. Der Maler muss zunächst lernen, die Farben herzustellen. Dann verwende deinen Geist auf die Mischungen: Für den guten Maler bedeutet es ein ebenso großes Verdienst, die Probleme zu lösen, die Glanz, Weichheit und Dauerhaftigkeit der Farbtöne darstellen, wie die Farben zu harmonisieren. Anschließend komponiere ein Bild, aber vollende alles bis zum letzten Detail, damit deine Malerei ganz zur

Schönheit hin orientiert ist und sozusagen ein perfekt geplantes Ensemble bildet [...].«

Der Anblick der Farben beschert ein Vergnügen, zu dem sich ein Anteil Träumerei mischt, denn ihre Fertigung, wie in den Abhandlungen nachzulesen, setzt gleichzeitig Mineralien, Insekten, Blumen ein und lässt an exotische Gegenden und Legenden denken. Darüber hinaus besitzen die Farben eine symbolische Bedeutung und ihre Herstellung ähnelt der Alchemie. So ist es nicht erstaunlich, dass der Autor einer solchen Abhandlung dem Maler empfiehlt, das Geheimnis für sich zu behalten, das dann auch bis zu van Eyck gewahrt bleibt. Für viele kommt zweifellos zum Genuss des Schauens auch ein Gefühl des Geheimnisvollen hinzu.

Die großen Herren rufen Künstler an ihre Höfe, die sie aber als Handwerker ansehen, damit sie ihnen Schlösser bauen und diese entsprechend ausstatten. Nicht alle von ihnen wissen die Kunstwerke zu schätzen, aber einige von ihnen sind wahre Ästheten, wie Herzog Johann von Berry, der Bruder Karls V.

Musik

Wenn der Erzähler im *Rosenroman* seinen Garten betritt, wähnt er sich im irdischen Paradies. Und das Erste, was er dort entdeckt, sind die Vögel.

»Eine große Zahl von singenden Vögeln war da versammelt. Hier waren Nachtigallen, dort Elstern und Stare; es flatterten Schwärme von Zaunkönigen und Turteltauben, Distelfinken und Schwalben, Lerchen und Meisen. An andrer Stelle versammelten sich die Kalanderlerchen, welche des Singens kaum müde werden. Es gab auch Amseln und Drosseln, die sich bemühten, die andern mit ihrem Gesange zu überbieten. Papageien flogen da und viele andere Vögel, die in den Wäldern und Büschen, die sie bewohnten, sich ihres Gesanges erfreuten. Zu schön war der Chor der Vögel, von dem ich euch sprach. Ihr Gesang war demjenigen der Engel im Himmel vergleichbar. Wisst, ich freute mich unendlich, als ich ihn hörte. Kein Sterblicher hat je eine so süße Melodie vernommen. Man mochte glauben, es seien nicht die Stimmen der Vögel, sondern der Gesang der Sirenen des Meeres, die ja ihrer hellen und klaren Stimmen wegen so genannt werden. Die Vögelchen sangen gerne; sie waren auch nicht unwissend und unverständig. Und als ich ihren Gesang vernahm und den Garten in seinem Grün erstrahlen sah, erfasste mich eine unsagbare Wonne; noch nie war ich so froh gewesen. [...]

Die Vögel sangen zu einem großen, galanten und freudenreichen Fest, die einen laut, die andern leise. Liebeslieder und Sonette erklangen um die Wette.

Ihr süßer Gesang – ich scherze nicht – erfüllte mein Herz mit großer Freude. Als ich ein wenig zugehört hatte, konnte mich nichts mehr zurückhalten, den Sinnengenuss zu suchen […].«

Denn, nachdem er genug zugehört hat, möchte er nun den Sinnengenuss oder das Vergnügen genauer kennenlernen. Nicht unweit findet er das Vergnügen, und bei ihm engelhaft schöne Menschen, die die Carole tanzen, einen Reigen, während ihnen eine Dame, die Fröhlichkeit genannt wird, mit klarer und reiner Stimme vorsingt. Dort sind auch Flötenspieler, Spielleute und fahrende Sänger, von denen einer Kehrreimlieder (Rotrouanges) singt, ein anderer lothringische Weisen. Und bei der Beschreibung der Obstwiese vergisst der Autor nicht festzuhalten, dass das Wasser sich »mit lieblichem Plätschern ergießt«.

Der Dichter Jean de Condé (um 1275/1280 – um 1345) ist der Autor einer *Messe des Oiseaux (Vogelmesse)*, die dem Gesang der Vögel offensichtlich einen hohen Stellenwert einräumt.

Tatsächlich können verschiedenste Geräusche, die nicht von Musik herrühren, Freude und Zufriedenheit mit sich bringen. Wenn begeisterte Jäger versammelt sind, dreht sich ihr ganzes Gespräch um ihre bevorzugte Zerstreuung. Gace de la Buigne erzählt, dass am Hof des Königs von Frankreich im 14. Jahrhundert so viel von Hetzjagd und Beizjagd die Rede ist, dass sich Personen, die diese Vergnügungen nicht schätzen, ziemlich langweilen.

Worte wie sonstige Geräusche können als mehr oder weniger angenehm empfunden werden je nach der geistigen Verfassung desjenigen, der sie hört. Von den Jägern schreibt Jonas d'Orléans im 9. Jahrhundert, dass sie das Gebell der Hunde den Hymnen der Engel vorziehen; und Lambert d'Ardres erklärt in seiner zwischen 1194 und 1206 verfassten Chronik, dass sie den Ton des Horns mehr lieben als die Glocke des Priesters und die Stimme der Winde mehr als die des Pfarrers.

Und ebenso wie man die leuchtenden Farben der Kleider bewundert, schätzt man das Gebimmel, das bei Bewegung entsteht. La Hire trägt einen roten Mantel, der mit silbernen Schellen verziert ist. Als Ludwig XI. 1461 in Paris einzieht, tragen die Pferde der Grafen von Charolais und Saint-Pol und die des Herrn von Croy mit großen Schellen geschmückte Decken. Das Pferd des künftigen Herzogs von Burgund hat ebenfalls ein in einem kleinen Gerüst aus vier Pfeilern aufgehängtes Glöckchen auf dem Rücken. Anlässlich der Hochzeit des Grafen von Genf in Chambéry 1434 tanzen die Herren und Damen in weißer, mit Flittergold abgesetzter Kleidung; an den Gürteln der Männer bimmeln leise Glöckchen. Und die Musik gar bereitet eine Freude, die eine spirituelle Dimension erreichen kann.

Zahlreiche ästhetische Abhandlungen über die Musik sind schon während der ersten Jahrhunderte des Mittelalters geschrieben worden, aber sie bleiben allgemein und vage.

Gemäß Cassiodor stammt die Musik, die vor allem durch ihren Wohlklang charakterisiert wird, entweder von der Stimme, einem von der Natur geschaffenen Instrument, oder von einem Saiten- oder Blasinstrument, das heißt von Zithern und Flöten, die vom Menschen hergestellt und mithilfe der Hand benutzt werden.

Die Musik, sagt er zu Boethius, liebt die mitgeteilten Gedanken, die schönen Worte, die wohlbemessenen Gesten: Sie stellt das Symbol des christlichen Lebens dar. In psychologischer Hinsicht ist sein erster Effekt die Freude. Cassiodor spricht wiederholt von der Sanftheit der Instrumente mit weichen Klängen.

Die Musik lässt uns Sorgen und Beunruhigung vergessen. Sie verändert uns, denn sie wandelt Traurigkeit in Freude um, beruhigt den Zorn, lässt Gefühle von Sanftheit entstehen und die müden Geister sich erholen, sie verwandelt Hass in Wohlwollen. Während normalerweise der allgemein verständliche Sinn von Worten auf den Geist einwirkt, beeinflusst die Musik ihn mithilfe von Tönen. Sie stellt eine Sprache ohne Worte dar und »heilt den Geist von seinen Leidenschaften durch die süßesten Freuden«.

Das mittelalterliche Denken stellt die himmlische Musik an die erste Stelle, etwas, das man nicht hören, sondern nur kontemplativ erfassen kann, eine spirituelle Harmonie, die die Quelle jeglicher tönenden Musik darstellt. Die Musik der Welt erscheint wie ein sinnlich erfahrbares Pendant jener spirituellen Musik. Es geht hier um Polyphonie: Alle Musik löst Freude aus, aber die Freude, die aus verschiedenen, gleichzeitigen und doch harmonischen Stimmen entsteht, ist unermesslich.

Für Roger Bacon - ein englischer Franziskaner, um 1220 geboren und nach 1292 gestorben - erfreut das Ohr sich dank der Instrumentalmusik und des Gesangs der menschlichen Stimme. Er glaubt, dass darüber hinaus eine gleichsam den bildenden Künsten vergleichbare Musik existiert, nämlich der Tanz, der Gesten, Sprünge und Körperbeugungen beinhaltet. Und das vollkommene ästhetische Vergnügen kann nur durch die Verbindung von klangvoller Musik mit »bildendem« Tanz erzielt werden. »Damit das ästhetische Vergnügen komplett wird, müssen der Blick und das Gehör gleichermaßen interessiert sein - auf dass eine gegenseitige Anpassung zwischen dem dichterischen Versmaß, der Melodie des Gesangs, der instrumentalen Begleitung stattfinde und die Gesten und harmonisierten Bewegungen durch geeignete ›Figuren‹ und passende Kadenzen mit den Rhythmen und Akkorden korrespondieren. Nur dann wird das Vergnügen, das aus der Wahrnehmung der Proportionen resultiert, perfekt: Das zeigt die unbestreitbare Erfahrung.«

Man versteht, warum die oberen Schichten die Musiker und ihre Werke schätzen. Es ist gemäß Philippe de Mézières »angemessen, dass der König Spielleute mit leisen Instrumenten hat« – worunter man beispielsweise Saiteninstrumente oder Flöten verstand –, »um sich zu zerstreuen und die Verdauung nach Ratssitzungen und Arbeit zu fördern«. Desgleichen räumen die Fürsten der Musik einen wichtigen Platz unter den von ihnen selbst ausgeübten Zerstreuungen ein.

Wie seine Mutter spielt Charles d'Orléans die Harfe. Im Jahr 1413 nennt Jehan Petit Gay sich dessen Harfenist und Kammerdiener. Charles bringt aus England mehrere notierte Lieder mit, empfängt gerne Spielleute, Lautenspieler, Gitarrenspieler und Musiker, die sich auf die lauten Instrumente verstehen. Er schätzt die Trompeten und geistlichen Konzerte, und unter seinen Bediensteten befinden sich immer Vorsänger und ein Organist. Erst im Alter schätzt er die Tambourinkonzerte während der Maifeiern nicht mehr.

Die Herzöge von Burgund sind ebenfalls Musikenthusiasten. Philipp der Gute, der selbst das Harfenspiel gelernt hat, interessiert sich sehr für Spielleute und andere Musiker. Zu seinem Personal gehören Hofmusiker, Spielleute, Violinisten, Harfenspieler, Oboisten und Trompeter. Dufay unterrichtet den Grafen von Charolais vielleicht in der Musik und scheint zu Philipps Hofkapelle zu gehören. Dieser ernennt Binchois zu seinem Kaplan und überträgt ihm eine Präbende in Sainte-Waudru de Mons. Die Hofkapelle versteht sich auf zahlreiche Instrumente: Während der Fasanenfeier haben Orgel und Harfe ihren Auftritt, ebenso das deutsche Horn, die Trompete, die Oboe, der Dudelsack, das Tamburin, die Gitarre, die Drehleier und die Violine.

Der Hofkapelle Karls des Kühnen gehören 24 Sänger an, ferner Chorkinder, ein Organist, ein Gitarrist, mehrere Violaspieler, mehrere Oboisten. »Herzog Karl suchte die berühmtesten Sänger der Welt zusammen und unterhielt eine mit so harmonischen und köstlichen Stimmen ausgestattete Hofkapelle, dass es nach dem himmlischen Lobpreis keine so große Freude gab«, schreibt Molinet. Karl lässt sich täglich eine Messe singen und erfreut sich auch außerhalb der liturgischen Zeremonien an Musik. Er komponiert mehrere Lieder und eine Motette, obwohl er keine schöne Stimme hat. Vielleicht spielt er auch selbst ein Instrument – zumindest hat er im Alter von sieben Jahren eine Harfe als Geschenk erhalten.

Alle sozialen Klassen scheinen die Musik zu schätzen, vor allem während der Feiern, beim Tanz. Die Schäfer haben zu ihrer Zerstreuung oft Musikinstrumente bei sich; so spielen sie etwa den Dudelsack oder die Flöte. Denn, wie Guillaume de Machaut es beschreibt:

Hiltbolt von Swanegoen mit zwei Damen und Musiker. Codex Manesse (um 1320), fol. 146r

Musik ist eine Wissenschaft,
die will, dass man lacht und singt und tanzt:
sie kuriert die Melancholie […].
Überall, wo sie ist, bringt sie Freude mit sich,
sie tröstet die Unglücklichen,
und es genügt, sie nur zu hören,
damit die Menschen sich erfreuen.

Damit sie sich erfreuen und Gott danken, möchte man anfügen.

Durch die Freude, die sie bereitet, gibt die Musik sogar einen Vorgeschmack auf das himmlische Glück. Sie erhebt den Geist, während sie gleichzeitig den Körper bezaubert, meinen die Theoretiker. Cassiodor schreibt an Boethius: »Die Heiden bestätigen, dass das himmlische Glück darin besteht, die Freuden der allumfassenden Musik zu genießen, die kein Ende, keine Neige kennt. All dies ist wahr, wenn man das himmlische Glück nicht in der sinnlichen und materiellen Musik sucht, sondern beim Schöpfer jeglicher Harmonie; man sagt, dass ohne Musik nichts existieren kann und dass ohne sie die Freude unmöglich ist, und das ist wahr. Aber es ist noch wahrer, dass ohne Gott nichts sein kann und es kein Glück geben kann.«

Zur Zeit der Karolinger – aber auch davor und danach – wollen manche die wohlklingende Musik aus kirchlichen Gebäuden verbannen. Indem sie sich vom heiligen Hieronymus inspirieren lassen, stellen sie die im Irrtum befangene Melodie der Sinne der Harmonie der guten Taten gegenüber. Gott bevorzuge den tugendhaften Menschen gegenüber dem Sänger, auch wenn der noch so sehr mit Talent begabt sei. Agobard von Lyon, der 841 gestorben ist, verurteilt »diese Sänger, die die Konzerte nachahmen, die man im Theater und auf der Bühne hört, oder die in ihren Gesang eine übertriebene Süße legen. Man sagt, dass die Musik die Dämonen vertreibt, man würde aber besser daran tun, anzuerkennen, dass diese Gesänge sie im Herzen verankern. Ein freier Geist unterwirft sich nicht dem körperlichen Empfinden, er widersteht den unnützen Genüssen, die das Ohr verschafft, ebenso wie den anderen sinnlich erfahrbaren Freuden.«

Aber wie der heilige Augustinus dem heiligen Hieronymus widersprochen hat, so vertreten andere karolingische Autoren auch eine andere Meinung als Agobard. Etwa Pseudo-Hucbald: »Zweifellos ist derjenige, der aus ganzem Herzen singt, Gott angenehmer als derjenige, der nur mit der Stimme singt. Aber die Stimme und das Herz kommen vom Schöpfer, und der doppelte Gesang des Geistes und des Körpers – wenn der Geist lieblich vor dem Herrn singt, während zur selben Zeit die Sanftheit der Stimme das Zartgefühl der heiligen Emotionen bewegt – ist sicherlich nützlicher und kompletter als der Gesang des einen oder des anderen [...]. Wenn die Virtuosen – die Spieler von Zither, Flöte oder anderen Instrumenten, und auch die weltlichen Sänger und Sängerinnen – sich alle Mühe geben, mit ihrer Kunst Harmonie, Rhythmus, Takt in das zu bekommen, was sie singen, um das Ohr derer zu erfreuen, die ihnen zuhören, warum sollten wir heilige Kirchenlieder ohne Geschicklichkeit und auf nachlässige Weise singen, anstatt dieselbe Schönheit der Kunst zu verfolgen, die die Musiker in den weltlichen Belanglosigkeiten zu realisieren versuchen?«

In den 1170er Jahren kommt ein großer Humanist nach Chartres, Johannes von Salisbury, der Bischof der Stadt wird. Im *Policraticus*, einer Abhandlung zur praktischen Moral, die an die Adeligen, die Geistlichen, die Könige gerichtet ist, geht es um Fragen, die sich mit Blick auf den durch Gesang hervorgerufenen Genuss für die christliche Liturgie stellen. Dieser Genuss kann nämlich jene beunruhigen, die aus dem Gottesdienst jegliches götzendienerische Vergnügen ausschließen wollen. Zwei Fragen werden gestellt: Darf man einem heiligen Text eine gesungene Paraphrase hinzufügen? Darf man die Vokale des heiligen Wortes mit Koloraturen versehen? Da die Koloratur auf einem einzigen Buchstaben ausgeführt wird, bedeutet sie nichts und betrifft offensichtlich nur das Sinnesvergnügen. Aber Johannes von Salisbury erwidert: »Wenn [die Leichtigkeit und die Süße der Modulation] durch die Regel der Mäßigung beschränkt werden, befreien sie den Geist von den Sorgen, setzen den irdischen Besorgtheiten ein Ende, und durch eine gewisse Teilhabe am Jubel und an der Erholung, durch ein herzliches Frohlocken, das auf Gott überspringt, erheben sie den menschlichen Geist in der Gesellschaft der Engel. Aber woher nehmt ihr diese Mäßigungsformel? Jubeln werden meine Lippen, sagt der heilige Text, werden jubeln, wenn ich Dir Psalmen singe. Wenn also dein Mund den Lobpreis des Herrn aus dem Überfluss des Herzens schöpfend moduliert, wenn du gemäß dem Verstand und der Klugheit psalmodierst, wenn du schließlich weise psalmodierst, und sei es jenseits des verständlichen Sinnes des artikulierten Wortes, befolgst du die strengste Regel des Maßes, und du schmeichelst den Ohren weniger durch den Jubel der Stimme als durch den Verstand.« Das ist die Bestimmung des gregorianischen Gesangs. Er ist für die Ohren gemacht, er kann sich ausdrücken, ohne auf die artikulierte Sprache zurückzugreifen. Aber in erster Linie beruht seine Berechtigung auf der spirituellen Freude, die sich leicht von der sinnesmäßig erfahrbaren Freude unterscheidet und sich im Gebet und in der Liebe zu Gott ausdrückt. Andererseits ist diese Spiritualität mit dem Verstand verbunden, der den harmonischen Zusammenhang der Musik aufzeigt.

Manche englischen Mystiker des 14. Jahrhunderts glauben Harmonien zu hören. Die *Revelations of Divine Love (Die Offenbarungen der göttlichen Liebe)* von Juliana von Norwich beinhalten sechzehn Visionen zur Passion Christi. In einer sieht die in den Himmel erhobene Juliana ein Festmahl, wie es jeder von ihrem Schöpfer verklärten Seele vergönnt ist. Der Herr erfüllt dieses Mahl mit Freude und Jubel, »indem er nicht aufhörte, persönlich seine sehr teuren Freunde durch eine wunderbare endlose Liebesmelodie, die aus seinem schönen und glückseligen göttlichen Antlitz ausströmte, in aller Vertrautheit und Höflichkeit zufriedenzustellen und zu trösten«.

Nachdem sie jahrelang ein mondänes Leben geführt hat, vollzieht Margery Kempe, eine verheiratete Frau und Familienmutter, eine radikale Bekehrung und führt seither ein ganz der Buße und dem Gebet gewidmetes Leben. Ihre Erinnerungen berichten von göttlicher Musik, die sie während ihrer mystischen Entrückungen wahrgenommen hat, und dies 25 Jahre lang, besonders wenn sie fromm betet.

Sie hört drei Arten von Musik. Die erste ist die Musik des Heiligen Geistes. »Unser Herr verwandelte sie in die Stimme einer Taube, dann in die eines kleinen Vogels, den man Rotkehlchen nennt, der sehr schön für sie sang, und zwar häufig ins rechte Ohr.« Die zweite ist mit der Passion Christi verbunden und manifestiert sich in ihr zunächst durch eine grauenhafte Musik; sogleich aber verwandelt sich die Abneigung in Freude, die Freude der Auserwählten, die Freude des Erlösers. Die dritte rührt vom Paradies her. »Eines Nachts lag dieses Geschöpf ausgestreckt auf ihrem Bett, mit ihrem Ehemann. Sie hörte einen melodiösen und so lieblichen, so köstlichen Ton, dass sie sich im Paradies glaubte. Woraufhin sie lebhaft vom Bett hinuntersprang und sagte: ›Ach! Sünderin, die ich bin! Im Paradies gibt es so große Freude!‹ Diese Melodie war derartig süß, dass sie jegliche jemals hienieden gehörte Melodie übertraf und zum Grund dafür wurde, dass sie, wenn sie später eine fröhliche Kantilene hörte, sehr fromm reichlich Tränen vergoss, mit großen Schluchzern und Seufzern, so sehr hatte sie Sehnsucht nach der Freude des Himmels. Seitdem hörte sie nicht auf, diese Freude und diese himmlische Melodie im Sinn zu haben.«

Als Molinet berichtet, dass Karl der Kühne sich im Feldlager vor Neuss mit Literatur und Musik beschäftigt, gerät er regelrecht in Verzückung: »Denn Musik ist die Resonanz der Himmel, die Stimme der Engel, die Freude des Paradieses, die Hoffnung der Luft, das Organ der Kirche, der Gesang der Vöglein, die Erholung aller im Herzen Traurigen und Betrübten, die Verfolgung und Verjagung der Teufel.«

Die Freuden des Geistes

Lambert d'Ardres, der sich 1194 daranmacht, die *Histoire des comtes de Guines* *(Geschichte der Grafen von Guines)* zu schreiben, verfasst ein besonders interessantes Kapitel über die Kultur und den literarischen Geschmack des Grafen Baudouin II., den er gut gekannt hat. Dieser Herr interessiert sich nicht nur für seine Hunde oder seine Falken. Er umgibt sich mit Geistlichen, Gelehrten, Theologen. Er liebt es, sie zu befragen, ihnen Einwände zu präsentieren. Er lehnt sich gegen die Magister der Künste und die Doktoren der Theologie auf. Die Diskussion erhitzt sich, wird heiter, was seine Gesprächspartner nicht daran hindert, ihn zu bewundern: »Wer ist dieser? Man muss ihn wohl rühmen, denn er sagt wundersame Dinge. Aber woher weiß er all die gelehrten Dinge, wenn er sie nicht studiert hat?« Baudouin ruft den gebildeten Landri de Waben in seine Nähe, lässt ihn das Hohelied Salomons in die Volkssprache übersetzen und sich häufig Passagen daraus vorlesen. Ein anderer Gelehrter, Anfroi, übersetzt ihm Passagen aus Evangelium und *Vie de saint Antoine (Leben des heiligen Antonius)* und erklärt sie dem Grafen, so dass dieser sie versteht. Ein lateinisches Werk zur Physik wird auf seine Anregung hin ins Französische übersetzt. Das Werk des lateinischen Grammatikers Solin, *Polyhistor*, das sich mit Wissenschaften, Geschichte und Geographie beschäftigt, wird ebenfalls übersetzt und ihm vorgelesen. Lambert d'Ardres berichtet, dass Baudouin II. sich in der Theologie und der Philosophie sehr gut auskennt, dass er amüsante Geschichten zu erzählen weiß und dass er den Gauklern seine Überlegenheit beweisen könnte ob seiner Kenntnis der Heldenlieder und Fabliaux. Er selbst lernt einen Laien als Bibliothekar an. Auf seine Anregung hin und unter seinen Augen wird in seinem Schloss das *Livre du Silence (Buch des Schweigens)* verfasst; er belohnt den Autor reich mit Pferden und Kleidung.

Dieses Beispiel beweist, dass Freude nicht nur in der Befriedigung von körperlichen Bedürfnissen liegt und dass im Mittelalter auch die Laien die geistigen Werte schätzen.

Lektüre

Die Liebe zu den Büchern und die Freude am Lesen haben während des gesamten Mittelalters existiert. Während zunächst nur eine sehr beschränkte Anzahl von Personen davon angesteckt ist, hauptsächlich Geistliche, breitet sich die Bücherliebe später auch in der Welt der adeligen Laien aus.

Bei Loup, dem Abt von Ferrières, drückt sich diese Liebe in dem Wunsch aus, Werke zu entleihen, um seine Bibliothek zu bereichern. Als er 829/830 an Einhard schreibt, erbittet er die Ausleihe von Büchern, um eine Kopie anfertigen zu können: »Aber da ich die Grenzen jeglicher Zurückhaltung schon einmal überschritten habe, bitte ich Euch noch einmal, mir während meines Aufenthalts hier einige Eurer Bücher auszuleihen; um eine Bücherausleihe nachzusuchen, das ist unendlich weniger kühn als die Gabe der Freundschaft zu beanspruchen. Das sind: die Abhandlung des Cicero über die Rhetorik (ich besitze sie, das stimmt, aber voller Fehler an zahlreichen Stellen; deshalb habe ich mein Exemplar mit einem Manuskript verglichen, das ich hier gefunden habe: Ich wähnte dieses besser als meines, das fehlerhafter war) [...]. Es gibt in diesem Katalog auch mehrere andere Werke, von denen ich es mir inniglich ersehne, falls Gott es mir erlaubt, mich Eurer Gunst zu erfreuen, sie mir anvertrauen zu lassen, um sie während meines Aufenthalts hier zu kopieren, wenn ich Euch die anderen zurückgegeben habe.« 844 bittet er Markward, den Abt von Prüm, sich durch den Abt von Fulda Suetons *De vita Caesarum (Das Leben der römischen Kaiser)* zuschicken zu lassen, um es zu kopieren und ihm anschließend selbst dieses Werk vorbeizubringen oder es ihm durch einen sehr sicheren Boten zuzuschicken, denn er kann es in der näheren Umgebung nicht finden. Loup verleiht seine Werke gleichfalls, verlangt aber eine rasche Rückgabe.

Walter Map betont in seinen *De nugis curialium (Über die Flausen der Höflinge)*, einem Ende des 12. Jahrhunderts geschriebenen Werk, die Entspannung, die die Lektüre hervorruft: »Wenn du nach einer der Philosophie oder der Religion gewidmeten Zusammenkunft durchgeatmet hast, kannst du Freude daran finden, die Albereien dieses Werkes, die ohne Großartigkeit oder Tiefgang sind, zur Unterhaltung oder Entspannung zu lesen oder zu hören.«

Im 14. und 15. Jahrhundert umgeben sich die großen Herren gerne mit Gelehrten. Karl V. findet Gefallen daran, häufig mit Schriftstellern zusammenzukommen, sie um sich zu versammeln. Die in einer Miniatur festgehaltene Szene ist wohlbekannt, in der ein Geistlicher, ein Knie am Boden, ihm ein kürzlich illuminiertes Buch darbietet. Gilles Malet, der Kammerdiener des Königs, hat 1373 einen Katalog der Bibliothek seines Herrn erstellt; enthalten sind etwas mehr als 1000 Bände aus verschiedensten Bereichen, ein Faktum, auf das Wert gelegt wird: »Sie haben, sagte Raoul de Presles, immer die Wissenschaft geehrt, die gelehrten Männer geschätzt, ohne Unterlass verschiedene Bücher und Wissenschaften studiert.«

Wenn der König unterwegs ist, findet er Bücher überall in seinen Residenzen vor: in Melun, im Wald von Vincennes, in Saint-Germain-en-Laye, in Beauté-sur-Marne. Er liebt es, sie reich auszustatten, und lässt sie in prächtige

Seidenstoffe hüllen. Die Verschlüsse sind häufig aus Gold und feuervergolde-
tem Silber. Er signiert die Bücher manchmal mit seinem Namen, vermerkt das
Eintrittsdatum in seine Bibliothek und ebenso, ob das betreffende Werk auf
seine Anweisung hin ausgeführt, korrigiert oder illuminiert wurde. Er schätzt
auch den Inhalt seiner Bücher. Auf einen Sammelband, der unter anderem
das Werk *Enseignement des princes (Die Erziehung der Fürsten)* beinhaltet,
notiert er: »In diesem moralischen Buch sind mehrere bemerkenswerte und
gute Bücher enthalten, und es gehört uns, Karl, dem fünften unseres Namens,
König von Frankreich, und wir ließen es schreiben und vollenden im Jahr
1362. Karl.«

Zur Aufbewahrung seiner Manuskripte dienen Karl V. drei Zimmer im
Turm des Louvre, ausgestattet mit neuen Bücherkästen und Stühlen, ausge-
kleidet mit Zypresse und irischem Holz, und die Fenster sind mit Gittern aus
Messingdraht geschützt.

Von Philipp dem Guten hat man gesagt, er sei der Vater der Schriftsteller
gewesen, »der sein ganzes Leben lang zu seinem Zeitvertreib mit Geschichten
gefüttert worden ist«. Bischof Guillaume Fillastre schildert sein andauerndes
Bedürfnis nach geistiger Aktivität: Häufig gehe er erst um zwei Uhr morgens
schlafen, stehe aber um sechs Uhr morgens wieder auf, kenne den Müßiggang nicht und widme sich hauptsächlich dem Studium von Büchern. Die
Schriftsteller bieten Philipp ihre Werke im Originalmanuskript dar. So über-
reicht Hubert le Prévost dem Herzog seine 1459 geschriebene *Légende de
Saint-Hubert d'Ardenne*, »wobei er sicher war, dass dieser sich an allen Dingen
erfreute, die er geschrieben sah und aus denen er über die Heldentaten der
Vorfahren erfuhr, und im Besonderen an denjenigen, die zur Frömmigkeit
führen«. Wenn der Herzog interessiert ist, befiehlt er, die Texte auf Pergament
übertragen und sie mit Miniaturen ausschmücken zu lassen. Wenn manche
Werke sich als unverständlich erweisen, lässt er sie übersetzen und anpassen.
Und er erlaubt, dass die Schriftsteller seine Bibliothek für ihre Recherchen
benutzen.

Karl der Kühne versucht, die Welt der Alten wiedererstehen zu lassen.
Seine Gefährten dabei sind die Bücher. Molinet erklärt dazu: »Nach der Instandsetzung des Körpers widmete er sich der Instandsetzung des Geistes
und verbrachte seine Tage nicht mit närrischer Eitelkeit, mit mondänem
Spektakel, sondern mit heiligen Schriften, mit gelobten und hochempfohle-
nen Geschichten.« Nach dem, was man erzählt, geht er niemals schlafen, ohne
dass man ihm einige Großtaten der Alten vorgelesen hat. Er liebt es, von den
Taten seiner bevorzugten Helden, Julius Caesar und Pompeius, Hannibal und
Alexander dem Großen, aus einem zuverlässigen Text zu erfahren.

Isabeau von Bayern besitzt frühzeitig selbst eine gewisse Anzahl von Büchern. Seit 1387 beinhaltet ihr Reisegepäck einen mit Leder verkleideten Koffer aus Holz, der abgeschlossen werden kann und zum Transport ihrer Bücher und Romane dient, also einerseits der lateinischen religiösen Werke, andererseits der Werke weltlich-belehrenden Inhalts oder der Schriften auf Französisch. Am 12. Oktober 1390 werden drei Ellen grobes Tuch aus Louvier gekauft, um Taschen anzufertigen für die Bücher und Romane, die die Königin mit auf Reisen nimmt.

Die Grafin von Artois, Mahaut, widmet der Lektüre eine beachtliche Zeit. Sie lässt in ihrem Schloss in Hesdin ein Lesepult errichten, das es ihr erlaubt, ihre Romane bequemer zu lesen. Diese nimmt sie ebenso wie ihre Stundenbücher in Etuis oder Hüllen aus Leder mit auf Reisen. So begleiten ihre Bücher sie auch nach Paris, ins Artois oder nach Burgund.

Häufig interessieren sich die Adeligen für Bücher vor allem als gegenständliches Objekt, das selten und wertvoll ist, und viel weniger für den Text. Aber dies ist nicht immer der Fall, wenngleich die hohen Herren nicht unbedingt selbst lesen. Alart le Févre, der Dekan von Leuze, wird als »Vorleser« von Philipp dem Guten bezeichnet. Der Seigneur de Humbercourt liest Herzog Karl dem Kühnen sehr gerne die Heldentaten der Alten vor.

Nach dem Beispiel der bei den Römern so verbreiteten öffentlichen Lesungen geben auch die Schriftsteller selbst ihre Werke zum Besten. Gaston Phébus, der Graf von Foix, bittet Froissart, ihm nach einem mitternächtlichen Mahl *Meliador* vorzulesen. »Als ich las, wagte niemand zu sprechen noch ein Wort zu sagen, denn er wollte, dass ich gut gehört würde, und so hatte er große Freude daran, genau zuzuhören; als eine Passage kam, über die er diskutieren wollte, sprach er bereitwillig mit mir, nicht im Dialekt der Gascogne, sondern in gutem und schönem Französisch.« Es sollte noch besser kommen, wie Froissart weiter berichtet: »Als ich ungefähr sieben Seiten zu seinem Vergnügen gelesen hatte, ordnete der Graf beim Klang eines Instruments an – das ist die Wahrheit –, dass ich den Rest seines Weins trinken dürfe, der aus einem Gefäß von purem Gold kam.«

Als die Lektüre des gesamten Werkes beendet ist, bezahlt der Graf von Foix unseren Dichter. Er entlohnt ihn für die Zerstreuung, aber er kauft das Buch nicht. Froissart ist darüber enttäuscht. »Und ich brachte mein Buch, das er mir gelassen hat – ich weiß nicht, ob dies leichten Herzens geschah –, unbeschädigt nach Avignon.« Gaston Phébus hält das Buch nicht für wert, besessen zu werden. Aber, wie die Archivdokumente zeigen, er ist eben auch ein Geizhals.

In *Le Jugement du Roy de Behaingne (Das Urteil des Königs von Böhmen)* beschreibt Guillaume de Machaut Johann von Luxemburg, wie dieser in seinem Schloss Durbuy der Geschichte des Trojanischen Krieges lauscht. »Mit sehr großer Freude saß er auf einem Seidenteppich, und ein Geistlicher, dessen Namen ich nicht kenne, las ihm die Schlacht um Troja vor.«

Schreiben

Das Vergnügen am Lesen oder daran, sich aus Werken vorlesen zu lassen, ist nur einer Elite vorbehalten. Für die Freude des Schreibens gilt dies umso mehr. Wir kennen die Gefühle der Autoren beim Verfassen ihrer Werke nicht, aber trotz der Schwierigkeiten, die dem Schreiben inhärent sind, entspringt offenbar doch Freude daraus, imaginäre Abenteuer oder die großen Taten der Vorfahren niederzuschreiben. Wie der Dichter Charles d'Orléans in einer seiner Balladen bekräftigt:

> Ich habe die Zeit, um Balladen zu schreiben,
> man hat mir die anderen Freuden entzogen.

Und Christine de Pisan, die gewöhnlich mit ihrem Schreibzeug dargestellt wird, genießt ihre Arbeit offenkundig ebenfalls. Daneben verfolgt sie damit einen klaren Gewinnzweck: Ihre literarischen Werke, die freigebigen Mäzenen gefallen sollen, verfasst sie, um nach dem frühen Tod ihres Ehemannes ihre Familie ernähren zu können.

Größer scheint der Kreis derjenigen zu sein, die Vergnügen am Führen einer Korrespondenz finden, die übrigens auch literarische Aspekte zur Sprache bringen kann. Sidoine Apollinaire lobt das Buch von Claudien Mamert über die *Nature de l'âme (Die Natur der Seele)* in höchsten Tönen. Über sein eigenes Schreiben sagt er: »Ich habe meine Feder tatsächlich bisweilen der Ermahnung, häufiger dem Lobpreis, manchmal Ratschlägen, selten Klagen, recht häufig Scherzen gewidmet.« Loup de Ferrières erörtert verschiedene Passagen der *Arithmétique de Boèce (Arithmetik des Boethius)* oder schreibt von den Studien, denen er seine Freizeit widmen will. »Du darfst dich nicht gegen mich empören, wenn ich glaube, dass ich die sehr wenige Freizeit, die mir zuteil wird, damit verbringen muss, mich abzumühen, das zu suchen, was ich nicht kenne, ebenso wie das zu vertiefen, was ich schon erlangt habe. Und ich glaube nicht, dass ich mich irre, wenn ich denen, denen ich durch göttliche Gunst den Weg der Wissenschaft öffne oder ebne, die Notwendigkeit aufzeige, dem Weg zu folgen, auf dem ich ihnen vorangeschritten bin, wenn ich also – indem ich mich eines entscheidenden Textes bediene oder bedient habe – meinen Zuhörern die Verpflichtung auferlege, dasselbe zu tun, den Anwesenden mit lebhafter Stimme, den Abwesenden durch hartnäckiges Schweigen.«

Am Ende des Mittelalters etabliert sich in ganz Europa ein regelrechtes literarisches Netzwerk. Eustache Deschamps adressiert eine Ballade an Geoffrey Chaucer, »den Gott der weltlichen Liebe in Albion«. Christine de Pisan richtet 1403 eine Epistel an Eustache Deschamps, »den Erzähler unzähliger beachtlicher Verse«. Sie nennt ihn »lieber Meister und Freund«, »lieber Bruder und Freund«. Der Dichter setzt Christine in seiner Antwort mit einer Muse gleich: »Eloquente Muse unter den neun, Christine.«

Weiter schreibt er ihr: »O liebliche Schwester, ich, Eustache, bitte dich als dein Diener, mich in deiner Gesellschaft zu empfangen, damit ich das Studium gut kennenlerne; ich werde darin mein ganzes Leben lang besser, denn ich sehe dich, wie Boethius in Pavia, als einzigartig in deinem Tun im Königreich Frankreich.«

Es gibt verschiedene Briefe: Liebesbriefe im *Voir dit (Die wahre Erzählung)* von Guillaume de Machaut. Oder Briefe unter Kollegen, wie jene, die Christine de Pisan und die Sekretäre des Königs, Jean de Montreuil, Pierre und Gontier Col, während der Debatte um den *Rosenroman* ausgetauscht haben.

Eine Reihe von Autoren sind zugleich Bibliophile. Richard de Bury spricht von seiner »ekstatischen Liebe« für die Bücher.

Mäzenatentum

Um leben zu können, sind die Schriftsteller auf die Großzügigkeit der großen Herren angewiesen, die die hauptsächlichen Käufer für Manuskripte der gehobenen Preisklasse sind. Auch das Mäzenatentum spielt eine wichtige Rolle. Unser Wissen darüber, welche Bücher am meisten geschätzt wurden, verdanken wir nicht zuletzt seiner Erforschung.

Die Bibliothek von Louis d'Orléans, dem Bruder Karls VI., besteht aus zwei Teilen: Der eine ist einem speziell dafür abgestellten Kammerdiener anvertraut, der andere ist die eigentliche Bibliothek, die von Gilles Mallet, dem Bibliothekar des Königs, geordnet wurde. Darin gibt es Übersetzungen von antiken Werken, religiöse Traktate, weltliche Texte, seien sie zeitgenössisch oder nicht.

Louis d'Orléans beauftragt Gelehrte, Werke antiker Autoren ins Französische zu übersetzen, wie Aristoteles' *Ethik*, die *Politik* und die *Problemata physica (Physikalische Probleme)*. Er erwirbt Manuskripte, die die Werke von Sueton, Lukan, Titus Livius und Valerius Maximus enthalten.

Die religiöse Literatur gehört vielleicht weniger zum Vergnügen als zur Pflicht. Die Bibel, die Predigten des heiligen Gregor oder die Episteln des heiligen Paulus stellen mit Sicherheit nicht den bevorzugten Zeitvertreib eines Fürsten dar, dessen ausschweifendes Leben man ansonsten kennt. Aber dennoch kommt es zweifellos vor, dass er religiöse Texte liest.

Der dritte Teil der Bibliothek ist zeitgenössischen Schriften von Autoren wie Christine de Pisan, Eustache Deschamps oder Jean Froissart gewidmet.

Louis d'Orléans begeistert sich für die großen Ritterepen wie den *Roman de Lancelot (Lancelotroman)* oder die *Histoires du roi Artus (Geschichten von König Artus)*, aber auch für Chroniken wie jene Chronik Frankreichs, »geschmückt und ganz vollständig«. Daran schließen sich vor allem der *Rosenroman* und die Fabliaux an, ferner sind Einzelwerke zu verschiedenen Themen wie das *Livre du Ciel et du Monde (Buch von Himmel und Erde)* oder das *Livre des Échecs (Schachbuch)* vertreten.

Diese Sammlung entspricht dem Geschmack der Epoche.

Die Bücher, welche die Bibliothek seines Sohnes bilden, des Dichters Charles d'Orléans, werden 1409 aus Paris nach Blois gebracht. Im Zimmer des Herzogs, im dritten Turmgeschoss des Schatzamtes und in der Nähe seines Bettes, zwischen den beiden Fenstern, befindet sich ein Schrank mit drei Regalgeschossen. Die zwei oberen davon enthalten Bücher. Hier bringt Charles all die Manuskripte unter, die er aus England mitbringt oder in Frankreich aufstöbert. 1455 jedoch wird Charles' ehemaliges Schlafzimmer umgebaut und eine neue Bibliothek in Orléans in Aussicht genommen. Die Bücherschränke sind jetzt mit Schlössern ausgestattet.

Wenden wir uns dem burgundischen Hof zu. Philipp der Kühne legt den Grundstock für die Bibliothek, die sein Sohn Johann Ohnefurcht weiter ausbaut. Ihre Sammlung ähnelt der des Herzogs von Orléans. Es gibt drei große Sammelbereiche, dieselben wie eben genannt: Übersetzungen antiker Werke, religiöse Literatur, verschiedene weltliche Werke. Dazu kommt hier jedoch eine weitere, quasi offizielle Literaturgattung, die sich dem Ziel der Glorifizierung des burgundischen Hauses widmet.

Im Jahr 1400 übergibt Dino Raponde Philipp dem Kühnen als Neujahrsgeschenk einen prächtig illuminierten und gebundenen Titus Livius. Dieses Buch beinhaltet die zwischen 1352 und 1356 von Pierre Bersuire angefertigte Übersetzung für Johann II., den Guten, den Vater des Fürsten.

Die Lehrwerke weltlichen Charakters scheinen zahlreich zu sein. Philipp der Kühne besitzt den *Roman des déduis des chiens et des oiseaux (Die Freuden der Jagd mit Hunden und Vögeln)* von Gace de la Buigne und das *Livre de chasse (Jagdbuch)* von Gaston Phébus. Er ersteht eine Übersetzung des Buches von Boccaccio über die berühmten Frauen, besitzt zwei Exemplare des *Rosenromans*, verschiedene rechtliche Abhandlungen, den *Arbre des batailles*

(*Baum der Schlachten*) von Honoré Bovet, ein Bestiarium, eine Weltkarte, eine astronomische Abhandlung, die Werke von Christine de Pisan – darunter *Le Livre des faits et bonnes moeurs du sage roy Charles V. (Buch von den Taten und guten Sitten des weisen Königs Karl V.).* Nach dem Tod seines Vaters Philipp lässt Johann Ohnefurcht Christine übrigens weiter für sich arbeiten, und er besitzt ihre wichtigsten Schriften. Dieser Fürst ist auch im Besitz des *Livre du chevalier de la Tour-Landry pour l'enseignement de ses filles (Buch des Ritters de la Tour-Landry für die Erziehung seiner Töchter),* der Abhandlung zur Jagd mit dem Titel *Le Roi Modus et la Reine Ratio (Der König Modus und die Königin Ratio)* sowie einer Reihe anderer Manuskripte. Seine Bibliothek beinhaltet beispielsweise auch ein Buch über Medizin, eine Abhandlung zur Geometrie, einen Band, der unter dem Titel *Régime du Corps* die Gesunderhaltung des Körpers behandelt, und die *Cosmographia* des Ptolemäus.

Neben dieser didaktischen Literatur finden sich zwei Bände mit Fabliaux, der *Roman de Renart (Der Fuchsroman)* und das *Decamerone* von Boccaccio, das Johann Ohnefurcht in der Übersetzung ins Französische von Laurent de Premierfait erwirbt, weiter Chroniken wie das *Livre des Guerres de Constantinople (Buch der Kriege um Konstantinopel),* das Werk von Gottfried von Villehardouin, und der *Roman du roi Baudouin de Jérusalem (Roman König Balduins von Jerusalem),* schließlich Ritterepen, vor allem mehrere Romane zur Tafelrunde. Die Liste ist bei weitem nicht vollständig.

Man kann sich freilich fragen, ob die großen Herren nicht in erster Linie Freude daran haben, wertvolle Manuskripte ihr Eigen zu nennen. Gemäß einer Anekdote schenken die Brüder von Limburg, berühmte Miniaturenmaler ihrer Zeit, eines Tages ihrem Mäzen Johann von Berry ein Stück weißes Holz in Form eines Buches, aber ohne Seiten. Andererseits: Warum sollte jemand Übersetzungen in Auftrag geben, wenn nicht aus dem Grund, sich tatsächlich daran zu bilden oder zu erbauen?

Zusammenfassung:
Sublimation der Lust

Die Menschen des Mittelalters, deren Mentalität und Empfindsamkeit von der Religion geprägt sind, neigen dazu – zumindest gilt dies für eine gewisse Anzahl von ihnen, die zu einer kulturellen und religiösen Elite gehören –, alle Vergnügungen zu sublimieren.

Wir haben gesehen, auf welche Weise die Freuden, die aus den als edel angesehenen Sinnen entspringen, also dem Gesichtssinn und dem Gehör, auf Gott bezogen werden können. Dies überrascht nicht, soweit sie den Geist betreffen. Aber das Spirituelle kann sogar bei den mit dem Körper verbundenen Freuden durchscheinen.

Spiritualität und Nahrung erscheinen bei einigen Mystikern symbolisch vermischt. Frauen erleben Gott als fleischliches Wesen, das sie regelrecht verschlingen. Hadewijch, Mechthild von Magdeburg oder Ida von Löwen gebrauchen, wenn sie von ihren mystischen Begegnungen berichten, den Begriff »essen«. Anne Vorchtlin sagt zum Jesuskind: »Ich liebe dich so sehr, dass ich dich verschlingen würde, wenn ich könnte.« Und Katharina von Siena denkt bei der Auffahrt der Seele zu Gott an das Streben des Säuglings, die Brust seiner Mutter zu erreichen. Die Poesie von Hadewijch wie die Theologie der Katharina von Siena bezeugen, dass Nahrung und Fleisch gleichbedeutend sind; das Fleisch wiederum steht für das Leiden, das sich als so köstlich herausstellen kann, denn Leiden bedeutet Erlösung. Fasten, essen und schlemmen sind in gewisser Weise Synonyme, wie es Caroline Bynum zeigt. Die Frauen auf ihrem mystischen Weg zum Herrn sprechen hinsichtlich der Wegstrecke häufig vom »Mahl« oder vom »Appetit«, denn zu essen bedeutet, sich mit der Nahrung zu vereinigen; somit ist Gott Nahrung, und die Nahrung ist der Leib, und dieser ist Leiden, also das Heil.

Vom 13. bis 15. Jahrhundert lehrt die Theologie, dass während der Wandlung Gott zu einer körperhaften Nahrung wird. Dieser Moment enthält also gleichzeitig die Fleischwerdung und die Kreuzigung, so dass die Nahrung auf dem Altar für die Christen Verinnerlichung und tiefen Schmerz bedeutet. Essen heißt, Gott zu konsumieren, aber auch, ihn zu zerteilen. Eben weil der Körper Gottes in Stücke geteilt wurde und er gestorben ist, hat er die Menschen gerettet. Durch Essen mit diesem Körper eins zu werden, das heißt, sein Blut zu vergießen und damit das Werk der Erlösung zu tun: einen fleischlichen Körper zu himmlischen Ehren zu erheben.

Der Geruchssinn und der Tastsinn können ebenfalls dazu dienen, den Herrn auf direkte oder symbolische Weise zu lobpreisen.

Für die Kirchenväter ist der echte Weihrauch jener des Gebets. Sie erinnern an die Worte des Psalters 141 (140), der David, dem Ahnherrn von Jesus, zugeschrieben wird: »Mein Gebet gelte als Rauchopfer vor dir […].«

Christus stellt den göttlichen Duft dar, der sich auf dem Altar darbietet und dem Vater angenehm ist. Gregor von Nyssa formuliert in einer Studie zum *Hohenlied Salomons*:

Das Aroma deiner Düfte ist köstlich;
dein Name ist ein Öl, das sich ergießt […].

Die Qualen der Märtyrer von Lyon verbreiten einen lieblichen Duft und kündigen die mystische Verbindung der Seele mit Christus an.

Wie schätzen die christlichen Autoren den Gebrauch von Gewürzen ein? Unter Hinweis auf die Sünderin, die Jesus die Füße salbt und Vergebung erhält, verlangt Clemens von Alexandria, ein vom Platonismus und von einem mythologischen Bildungshintergrund geprägter Philosoph, der im Jahr 180 konvertiert ist, Gewürze nur zu frommen Zwecken zu verwenden. »Es ist bei uns absolut notwendig, dass die Männer nicht den Duft von aromatischen Substanzen ausströmen, sondern den der Tugenden, und dass die Frau Christus atmet, die königliche Salbe, und nicht die Puder und die Duftstoffe, und dass sie sich mit der unsterblichen Salbe der Mäßigung einreibt, dass sie Wohlbehagen im heiligen Duft des Geistes findet.« Clemens spricht nicht von Weihrauch, denn die christliche Liturgie verwendet ihn erst seit dem 5. Jahrhundert. Er ist einverstanden, die Schönheit der Blumen zu preisen, ebenso wie Origenes den Wohlgeruch der Zypresse lobt, »vorausgesetzt dass man, wenn man ihre Reize mit den Sinnen genießt, den Schöpfer rühmt«.

Das Wasser, dessen Berührung sehr angenehm sein kann, lädt zur Bekehrung ein, wenn man dem Straßburger Dichter Thomas Murner (Anfang des 16. Jahrhunderts) Glauben schenken darf:

Got det sich danach selbs erbarmen
Uber uns, fieng lernnen an,
wie man in das bad solt gan,
zu weschen, reinigen sich nit schamen.

Dem körperlichen Bad entspricht nach Philippe Braunstein die Reinigung der Seele:

Die Thermalkur: die Läuterung.
Ins Bad einladen: die Offenbarung.
Sich als schmutzig erkennen: die Beichte.
Sich ausziehen: seine Laster ablegen.
Sich nackt vor Gott zeigen: die Scham.
Die Füße waschen: die Demut.
Seinen Körper reiben: die Beichte hören.
Seine Haut abkratzen: die Buße.
Sich mit Ästen schlagen: die Inbrunst wecken.
Der Bademantel: das Leichentuch.
Das Ölbad: Taufe und Letzte Ölung.
Das tägliche Bad: die Messe.
Das Thermalbad: die Konvertierung vor dem Tod.
Dem Bademeister danken: die Danksagung.

Was die menschliche Liebe betrifft, die der äußerste Ausdruck des Vergnügens in seiner sexuellen Dimension ist, so stellt sie nur eine unvollkommene Übersetzung der göttlichen Liebe dar. »Mit den Küssen seines Mundes küsse er mich!« So beginnt das *Hohelied Salomons*. Es erscheint paradox, dass die Geistlichen, als Anhänger der Keuschheit, ein Gedicht in so fleischlicher Sprache überaus schätzen. Gregor der Große erklärt Ende des 6. Jahrhunderts, dass der Autor des *Hohenliedes Salomons* die Sprache der menschlichen Liebe benutzt hat, um die spirituelle Liebe zu beschreiben und die Leser zur göttlichen Liebe zu führen.

Um 1138 verfasst Guillaume de Saint-Thierry einen Kommentar zum *Hohenlied*, in dem er den mystischen Sinn des Kusses zwischen Eheleuten darlegt: »Was die Gesandten des Bräutigams (die Engel, die Propheten, die Doktoren) mitbringen, ist Gegenstand der Erkenntnis; aber was der Atem seines eigenen Mundes und seines Kusses einhaucht, ist Gegenstand des Wohlgeschmacks, den man eines Tages zur Gänze auskostet, wenn die Freude vollkommen sein wird.«

»[...] an dem Tag, an dem mit der Gestalt dieser Welt jegliche Unebenheit vergangen sein wird [...], wird die Vereinigung von Bräutigam und Braut vollkommen und immerwährend sein in der Fülle der Ähnlichkeit. Nicht nur der Bräutigam wird angesehen, wie er ist, sondern jeder Mensch, der den Titel der Braut verdient haben wird, wird sein, wie er selbst ist. Auch der Kuss wird seine Erfüllung finden in dem Moment, in dem sich die berauschende Inbesitznahme Kuss um Kuss, Umarmung um Umarmung, vollständig und endlos, vollzieht.«

Einige Traumgesichte zeigen Christus oder Maria, wie sie ihren Gläubigen einen nicht mit Worten auszudrückenden Kuss auf den Mund gewähren. Gautier de Coincy erzählt in seinen *Miracles de la Vierge (Die Wunder der Jungfrau)* die Geschichte eines Küsters, der Maria völlig ergeben ist und Tag und Nacht zu ihr betet. Eines Nachts, als er müde eingeschlafen ist, betritt Maria seine Zelle. Da er sie weinend um die Ehre bittet, ihre heiligen Füße zu küssen, antwortet ihm Maria lächelnd:

Ich will,
schöner sanfter Freund, dass niemals
dein heiliger Mund meine Füße berühre,
der mich so häufig gegrüßt hat;
aber in meinem lebendigen Antlitz,
schöner sanfter Freund, geziemt und gefällt es mir,
dass dein schöner Mund mich küsst.

Gautier de Coincy lässt nicht durchblicken, ob der Kuss auf den Mund der Jungfrau ausgeführt wird, zweifellos, um besonderen Respekt dieser gegenüber auszudrücken.

Im Laufe des Advents 1135 beschließt Bernhard von Clairvaux, selbst bei der Betrachtung der Beziehung zwischen Bräutigam und Braut, zwischen Christus und Kirche in Verzückung versunken, seinen Mönchen diese mystische Erkenntnis durch Predigten über das *Hohelied Salomons* nahezubringen. Voranschreiten sollen sie, vom Kuss der Füße, der Reue ausdrückt, und vom Handkuss, der Vollmacht verleiht, hin zum höchsten Kuss, welcher der Kuss vom Munde Christi ist, die Einhauchung des Heiligen Geistes. Die Braut-Seele verlangt danach, so weit wie möglich in das Mysterium der Dreieinigkeit einzudringen.

Bernhard benutzt fleischliche Metaphern:

Wonach sehnen sich diese Seelen [der Mönche] sonst, wenn nicht nach einem Kuss? Ja, sie sehnen sich nach dem Geist der Weisheit und des Verstehens.

Ein sicherer Beweis dafür, dass du den Kuss erhalten hast, ist das Gefühl, dass du empfangen hast. Das ist es, was deine Brustdrüsen mit Milch anschwellen lässt, die reichlicher und besser ist als der Wein der weltlichen Wissenschaft, der wahrhaftig berauscht, aber aus Neugierde, nicht aus Nächstenliebe, der füllt, aber nicht nährt, der aufbläht, aber nicht kräftigt.

Welche Verbindung gibt es zwischen den sexuellen Vergnügungen und der Spiritualität?

Gemäß Simone Weil: »Mystikern vorzuwerfen, dass sie Gott mit der Gabe zu sexueller Liebe lieben, das ist, als ob man einem Maler vorwirft, Bilder mit Farben zu malen, die aus materiellen Substanzen zusammengesetzt sind. Wir haben nichts anderes, womit wir lieben können.«

Das Fasten und die Askese bringen für die Frauen, die sie praktizieren, Leiden mit sich, und dennoch betrachten sie diese laut Caroline Bynum nicht als Mittel, ihren Körper zu kasteien. Die Qualen Christi werden von Beatrix von Nazareth »heilige Verletzungen« genannt. Die Enthaltsamkeit ist für diese Frauen ein Mittel zur Imitation, ein Mittel also, um sich mit dem Körper Christi zu vereinigen. Sie versuchen nicht, ihr Fleisch zu unterdrücken, sondern es mit dem (göttlichen) Fleisch zu verschmelzen, das durch seine Leiden die Welt gerettet hat.

Die Menschlichkeit Christi stellt eines der fundamentalen Themen der weiblichen Frömmigkeit dar und gibt zu erotischen oder sinnlichen Konnotationen Anlass. Margery Kempe ist derartig von dem männlichen Wesen Christi angezogen, dass sie weint, als sie einen Säugling männlichen Geschlechts sieht; im Rahmen ihrer Visionen schmiegt sie sich in ihrem Bett an Jesus und zögert nicht, ihm die Zehen zu streicheln. In Erscheinungen, die diese Frauen gehabt haben, entblößt der junge und schöne Christus seine Brust, so vor Lutgarde, Margarete von Ypern und Marguerite d'Oingt, »gleichzeitig Nährmutter und sinnlicher Liebhaber«.

Hadjewich beschreibt ihr Zusammentreffen mit Jesus, Mund an Mund, Körper an Körper, mit Ausdrücken, die an einen Orgasmus erinnern. Die durch die Vereinigung mit Christus verursachten Qualen implizieren und transzendieren gleichzeitig Freude und Leiden.

Bei dieser Vereinigung spielt die Nahrung eine wichtige Rolle. Für Hadewijch bedeuten Hunger und Essen die physische Vereinigung zweier Körper. Essen heißt, durch den Kuss auf den Mund mit dem anderen verschmelzen, vergleichbar der Schwangerschaft. Aber eine derartige Vereinigung beinhaltet Leiden, denn sie erlaubt nicht, die Qual der Sehnsucht zu lindern.

Um die Freude der Vereinigung ihres Ichs mit Gott zu Beginn ihres mystischen Lebens zu beschreiben, benutzt sie die Ausdrücke »verzehren«, »verschlingen«, »trinken«. »Gott machte mir zahlreiche Geschenke, er ließ mich ihn fühlen und gab sich selbst preis. Er tat das durch alles, was ich entdeckte zwischen ihm und mir in dieser intimen Liebesbeziehung, denn die Liebenden haben keinesfalls die Gewohnheit, sich zu verstecken, sondern sich im Gegenteil beide im Gefühl füreinander zu offenbaren, wenn sie sich bis zur Neige genießen, sich verzehren, sich trinken und sich ohne jeglichen Vorbehalt verschlingen.«

Ihre Beschreibungen von Küssen auf den Mund beweisen, dass alle Sinne in diese Gotteserfahrung einbezogen sind: »Sie durchdringen sich derartig, dass keiner sich mehr zu unterscheiden weiß. Das ist die gemeinsame und gegenseitige Erfüllung, Mund an Mund, Herz an Herz, Körper an Körper, Seele an Seele.«

Und in einer der Visionen beschreibt sie ihre Begegnung mit Gott, als würde es sich um einen Orgasmus handeln. »Als er sich schließlich mir näherte, nahm er mich in seine Arme und drückte mich an sich; und alle meine Glieder fühlten die seinen in ihrer Gänze, was ich in meiner eigenen Menschlichkeit aus ganzem Herzen ersehnt habe. Somit hatte ich, äußerlich, völlige und perfekte Befriedigung. Und für kurze Zeit hatte ich die Kraft, es auszuhalten; aber recht schnell entglitt mir die Vision des schönen Mannes in dieser äußeren Form und ich sah ihn schwinden, ohne dass irgendetwas zurückblieb. Er verging und verschmolz in der Einheit, so dass ich aufhörte, ihn außerhalb von mir selbst zu kennen und zu begreifen, ebenso wie ihn in mir selbst zu erkennen. Es erschien mir also, dass wir ohne Unterschied vereint waren.«

Im 14. Jahrhundert beschreibt Christina von Markyate ein ähnliches fleischliches Zusammentreffen. »[...] die Jungfrau ergriff ihn mit den Händen, überhäufte ihn mit Danksagungen und presste ihn an ihre Brust. Und mit unermesslicher Freude drückte sie ihn einen Moment lang an ihren jungfräulichen Schoß; und es gab einen anderen Moment, in dem sie seine Anwesenheit in ihr durch das Hindernis des Fleisches spüren konnte. Wer also könnte diese durchströmende Süße beschreiben?«

Die Italienerin Angela von Foligno (1249–1309) hat einen Ehemann, Kinder, ein Schloss. Sie führt ein mondänes Leben, bis sie vierzig ist. In diesem

Alter tritt sie dem Dritten Orden der Franziskaner bei und erlebt »die Offenbarung des göttlichen Bundes und der Liebe«. »In dieser Anerkenntnis des Kreuzes«, schreibt sie, »wurde mir ein derartiges Feuer zuteil, dass ich, in der Nähe des Kreuzes stehend, mich aller meiner Kleider entledigte und mich ihm ganz schenkte.«

Wir erleben die Leidenschaft Angelas für Christus, aber auch die Leidenschaft Christi für Angela. »Und er begann erneut zu sagen: ›Meine sanfte Tochter, meine Tochter, meine Wonne, mein Tempel; meine Tochter, meine Liebste, liebe mich, denn ich liebe dich viel mehr, als du mich lieben kannst.‹ Und sehr häufig sagte er: ›Meine Tochter und meine Braut, wie lieblich du mir bist!‹ Er sagte noch: ›Ich liebe dich unendlich. Ich habe mich in dich gelegt, lege dich jetzt in mich […].‹ Er sagte mir, dass der Sohn der Jungfrau Maria sich bis zu mir herabgelassen hat. Und er sagte mir auch noch: ›Ich war es, der für dich gekreuzigt wurde, der für dich Hunger und Durst erlitt, der sein Blut für dich vergossen hat, so sehr habe ich dich geliebt!‹ Und er beschrieb mir seine ganze Leidenschaft.«

Spätere Autoren haben in diesen Reaktionen natürlich die Sublimierung der sexuellen Sehnsucht gesehen. Aber, wie einige Kommentare aus der Zeit selbst verdeutlichen: Letztere sucht kein Ventil, sie findet nur einen Ausdruck.

Die Verzückung der heiligen Teresa von Ávila (1515–1582) von Bernini erzählt in der Sprache der barocken Bildhauerkunst von der mystischen Erfahrung der Transverberation (Durchbohrung des Herzens), die von der Heiligen im Jahr 1559 beschrieben wird. »Ich sah einen Engel zu meiner Linken neben mir, in körperhafter Gestalt, was mir nur ausnahmsweise gegeben wurde. Er war nicht groß, sondern klein und sehr schön. Seinem glühenden Antlitz nach schien er einer der höchsten unter denen zu sein, die ganz von der Liebe entflammt scheinen. Er hielt einen langen Wurfspieß aus Gold in Händen, dessen eiserne Spitze, glaube ich, ein wenig in Flammen stand. Es schien, dass er ihn mehrmals in mein Herz tauchte und ihn bis ins Innerste hineinstieß. Beim Herausziehen schien das Eisen dies Innerste mit herauszuziehen und mich ganz vor unermesslicher Gottesliebe lodernd zurückzulassen […]. Der Schmerz war so lebhaft, dass ich stöhnte, und die Süße dieses Schmerzes war so groß, dass man nicht wünschen kann, sie möge aufhören. Es ist ein spiritueller und nicht ein körperlicher Schmerz, obwohl der Körper auch und sogar großen Anteil daran hat.«

Dazu die Meinung des Psychoanalytikers Lacan: »Sie müssen nur in Rom die Statue von Bernini anschauen, um sofort zu verstehen, dass sie einen Orgasmus hat, daran gibt es keinen Zweifel. Und woher rührt diese Wonne? Es ist klar, dass das wesentliche Zeugnis der Mystikerinnen gerade darin besteht zu sagen, dass sie so empfinden, aber nichts davon wissen.«

Es ist die Erbschuld, die die menschliche Sexualität sündig gemacht hat. Im irdischen Paradies hat sich nach Auffassung mancher Theologen die noch nicht im Stand der Sünde befindliche Menschheit dank der natürlichen Fortpflanzung vermehrt. Der heilige Bonaventura unterscheidet beim sexuellen Akt »die Öffnung des weiblichen Schlosses, die Leidenschaft, die der Preis für die Sünde ist, und das schmachvolle Vergnügen. Erstere ist der Natur angemessen, die zweite ist eine Strafe, das dritte ist eine lasterhafte Verdorbenheit auf halbem Weg zwischen Strafe und Schuld. Wenn der Mann die Frau im Zustand der Unschuld kennengelernt hätte, hätte es die Öffnung der Türe gegeben, aber weder die Strafe der Leidenschaft noch den unwürdigen Genuss. Denn die Zeugungskraft wäre dann nicht verdorben noch verseucht worden, und die Glieder (die sie in Bewegung setzt) hätten der Vernunft gehorcht, wie es – so sagt der heilige Augustinus – der Mund, die Hände und die Zunge tun.« Das sexuelle Vergnügen hätte gleichwohl existiert – gemäß dem heiligen Thomas wäre es sogar größer gewesen als nach dem Sündenfall –, aber Mann und Frau wären die Herren darüber geblieben.

»Wenigstens entscheiden sich die Menschen«, schreibt Aristoteles in seiner *Nikomachischen Ethik*, »für das, was Lust bereitet, als wäre es das Gute, und meiden das, was Unlust bereitet, als wäre es das Schlechte.« Und an anderer Stelle fügt er hinzu: »Das Gefühl der Lust, darf man sagen, ist mit der Natur des Menschen aufs innigste verwachsen […].«

Tatsächlich ist der Begriff der Lust auch im Mittelalter präsent. Die Vorstellung davon ist sogar sinnfälliger, stärker, deutlicher. Lust äußert sich in ungetrübtem Wohlbefinden, in angenehmer Vollständigkeit, indem sie gleichzeitig die Sinne, den Geist, die Empfindsamkeit und die Seele zufriedenzustellen vermag, in einem lebendigen Austausch zwischen diesen. Noch unbekannt ist der Begriff des Glücks[8], der erst im 18. Jahrhundert auftaucht, und auch jener des *mal de vivre*, eines Überdrusses am Leben, der sich begleitend dazu regt und nahezulegen scheint, dass die Seelenpein sich ununterbrochen vertieft. Liegt es daran, dass das Leben im Mittelalter für die allermeisten Menschen ein schweres ist? Oder daran, dass das, was man als Haupthindernis für Lustgewinn ansehen kann, nämlich Gott, eine so klar umrissene Größe ist? Auf jeden Fall scheint es so, wenn man dieses doppelte Paradoxon betrachtet, dass

---

8 Siehe Robert Mauzi, L'Idée du bonheur dans la littérature et la pensée françaises au XVIIIᵉ siècle (Die Vorstellung vom Glück in der französischen Literatur und im französischen Denken des 18. Jahrhunderts).

Gott – weit davon entfernt, das Vergnügen ganz zu verwerfen – es einerseits durch Regeln ordnet und dadurch überhaupt erst belebt und fördert, und dass sich andererseits, selbst wenn er es sich unterzuordnen scheint, die Frage stellt, wer hier wen oder was infiltriert und vereinnahmt. Derartig göttlichen und gegenteiligen Ansprüchen ausgesetzt – liegt letztlich nicht genau hierin die lebendige Kraft, der Nährboden für die Lust, die Unmöglichkeit, sie gänzlich zu unterdrücken, kurz gesagt: die menschliche Lebenskraft?

In unserer Epoche des orientierungslosen Dahintreibens, der Entzauberung, der Verwirrtheit ist die Vorstellung von einem kraftvollen und dennoch geregelten, in klaren Bahnen verlaufenden, nach Höherem strebenden Leben – oder wenigstens eines Lebens, in dessen Macht es steht, das zu sein – es vielleicht wert, festgehalten zu werden. Inwieweit bleibt der heutige Mensch, der sich mit der Entwicklung der Rationalität von der Religion freigemacht hat, in seinem Verhaltensmuster gegenüber den Problemen und Werten, die sie hervorgebracht hat, nicht doch in ihrem Kielwasser befangen? Ist es nicht so, als verinnerlichte er heute in seiner beunruhigten Einsamkeit diese Probleme und verwaisten Werte, deren Erfüllung niemand mehr einfordert? Liegt also im Mittelalter der grundlegende Ausgangspunkt für die gesamte nachfolgende Entwicklung?

Bibliographie

Quellen[9]

Adam de la Halle, Das Laubenspiel: Einl., Text und dt. Übers. von Rüdiger Bordel [u. a.], München 1972.

Alberti Magni opera omnia: ad fidem codicum ms. ed. apparatu critico notis prolegomenis indicibus instruenda cur. Inst. Alberti Magni Coloniense Wilhelmo Kübel praeside, Aschendorff seit 1951.

Albertus Magnus, Ausgewählte Werke, Darmstadt 2001.

Andreas Capellanus, De Amore. Über die Liebe, Lateinisch-Deutsch (Auswahl), hrsg. und mit einem Nachwort versehen von Florian Neumann, Mainz 2003.

Aristoteles, Nikomachische Ethik: griechisch-deutsch. Übers. von Olof Gigon, neu hrsg. von Rainer Nickel, Düsseldorf 2007.

---

9 Hier werden nur die wichtigsten im Text genutzten Quellen genannt. Zur Vervollständigung siehe Wolfgang Buchwald, Armin Hohlweg, Otto Prinz, Tusculum-Lexikon griechischer und lateinischer Autoren des Altertums und des Mittelalters, 3., neu bearb. u. erw. Auflage München 1982 (französische Übersetzung: Dictionnaire des auteurs grecs et latins de l'Antiqité et du Moyen Âge, trad. et mis à jour par Jean Denis Berger et Jacques Billen, Turnhout 1991), sowie das «Dictionnaire des lettres françaises. Le Moyen Âge», ouvrage préparé par Robert Bossuat, Louis Pichard et Guy Raynaud de Lage, éd. revue et mise à jour sous la direction de Geneviéve Hasenohr et Michel Zink, Paris 1992.

Aristoteles, Nikomachische Ethik, ins Deutsche übertragen von Adolf Lasson, Jena 1909.

Bodel, Jean, Das Spiel vom Heiligen Nikolaus, übersetzt und eingeleitet von Klaus-Henning Schroeder u. a., München 1975.

Carmina Burana, Die Lieder der Benediktbeurer Handschrift. Zweisprachige Ausgabe, vollständige Ausgabe des Originaltextes nach der von Bernhard Bischoff abgeschlossenen kritischen Ausgabe von Alfons Hilka und Otto Schumann. Übersetzung der lateinischen Texte von Carl Fischer, der mittelhochdeutschen Texte von Hugo Kuhn. Anmerkungen und Nachwort von Günter Bernt, München ^{3}1985 (s. S. 487, Lied 154).

Césaire d'Arles, Sancti Caesarii Arelatensis Sermones, éd. C. Morin, Turnhout ^{2}1953, Corpus christianorum, Series latina, CIII et CIV.

Charles d'Orléans, Ballades et Rondeaux, éd. et trad. J.-C. Mühlethaler, Paris 1992, coll. Lettres gothiques.

Chastellain, G., Œuvres, éd. Kervyn de Lettenhove, 8 vol., Bruxelles 1863–1866.

Chrétien de Troyes, Cligès, auf der Grundlage des Textes von Wendelin Foerster. Übers. und kommentiert von Ingrid Kasten, Berlin 2006.
–, Érec et Énide. Altfranzösisch / deutsch. Übersetzt u. hrsg. v. Albert Gier. Stuttgart 1987.
–, Der Percevalroman (= Le conte du Graal). Übers. und eingel. von Monica Schöler-Beinhauer, München 1991.
–, Lancelot. Übers. und eingel. von Helga Jauss-Meyer, München 1974.
–, Romans de la Table ronde, trad. J.-P. Foucher, Paris 1970.

Chronique du Religieux de Saint-Denis, contenant le règne de Charles VI, de 1380 à 1422, éd. et trad. L.-F. Bellaguet, 6 vol., Paris 1839–1852, collection de documents inédits sur l'histoire de France; réimpression avec une introduction de Bernard Guenée, 3 vol., Paris 1994.

Deschamps, E., Œuvres complètes, éd. A. Queux de Saint-Hilaire et G. Raynaud, 11 vol., Paris 1878–1904, Société des anciens textes français.

Les Évangiles des Quenouilles, éd. M. Jeay, Paris 1985.

Fabliaux érotiques, Textes de jongleurs des XIIe et XIIIe siècles. Éd. crit., trad., introd. et notes par Luciano Rossi avec la coll. de R. Straub. Paris 1992, coll. Lettres gothiques.

Flamenca, ein altokzitanischer Liebesroman. Übers., mit Einf., Erl. u. Anm. vers. von Fritz Peter Kirsch, Kettwig 1989.

J. Froissart, Chroniques, éd. S. Luce, G. Raynaud, L. et A. Mirot, 15 vol., Paris 1869–1975, en cours, Société de l'histoire de France; éd. Kervyn de Lettenhove, 26 vol., Bruxelles 1870–1876.

Gaston Phebus, Le Livre de la chasse de Gaston Phœbus, transcrit en français moderne par R. et A. Bossuat, Paris 1931.

Gervasius von Tilbury, Kaiserliche Mußestunden, »Otia imperialia«, 2 Bände, Stuttgart 2009.

Gregor von Tours, Zehn Bücher Geschichten, 2 Bände hrsg. von Rudolf Buchner, Darmstadt 2000.
–, Miracula et opera omnia, éd. B. Krusch, dans Monumenta Germaniae historica, Scriptores rerum merovingicarum, t. I, 2, 1885, rééd. 1969 avec une pagination différente, Les Livres des miracles et autres opuscules, éd. et trad. H. Bordier, 4 vol., Paris 1857–1864.

Guenée, B. et F. Lehoux, Les Entrées royales françaises de 1328 à 1515, Paris 1968.

Guillaume de Lorris et Jean de Meun, Der Rosenroman. Übersetzt u. eingeleitet v. Karl August Ott. 3 Bde. München 1976–1979.

Hadewijch d'Anvers, Écrits mystiques des beguines, trad. Fr. J.-B. Porion, Paris 1954.

Inventaires de Jean, duc de Berry (1401–1416), publ. et annotés par J. Guiffrey, 2 vol., Paris 1894–1896.

Der Jakobsweg: ein Pilgerführer aus dem 12. Jahrhundert. Übers. und kommentiert von Klaus Herbers, Stuttgart 2008. [5. Buch des Liber Sancti Jacobi/ Codex Calixtinus]

Jean de Salisbury, Policraticus, sive De nugis curialium et vestigiis philosopharum, éd. C. Ch. J. Webb, Oxford 1909.

Les XV Joies de Mariage, éd. J. Rychner, Genève 1999.

Journal d'un bourgeois de Paris de 1405 à 1449, éd. C. Beaune, Paris 1990, coll. Lettres gothiques.

La Marche, Olivier de, Mémoires, éd. H. Beaune et J. d'Arbaumont, 4 vol., Paris 1883–1888.

Lancelot du Lac, éd. E. Kennedy, trad. F. Moses, Paris 1991, coll. Lettres gothiques.

Leroux de Lincy, A. et L.-M. Tisserand, Paris et ses historiens aux XIVe et XVe siècles, Paris 1867.

Le Livre de chasse du roy Modus, transcrit en français moderne par G. Tilander, Paris 1931.

Loup de Ferrières, Correspondance, éd. et trad. par L. Levillain, Paris 1964.

Le Ménagier de Paris, éd. J. Pichon, 2 vol., Paris 1846–1847 – éd. G. E. Brereton et J. M. Ferrier, Oxford 1981.

Monstrelet, Enguerrand de, Chronique. 1400–1444, éd. L. Douet d'Arcq, 6 vol., 1857–1862.

Proverbes français antérieurs au XVᵉ siècle, éd. J. Morawski, Paris 1925.

Recueil général et complet des fabliaux des XIIIᵉ et XIVᵉ siècles, éd. A. de Montaiglon et G. Raynaud, 6 vol., Paris 1872–1890.

Registre de l'Inquisition de Jacques Fournier 1318–1325, éd. J. Duvernoy, 3 vol., Toulouse 1965, trad. J. Duvernoy, 3 vol., Paris/La Haye/New York 1978.

Das altfranzösische Rolandslied, zweisprachig, übers. und kommentiert von Wolf Steinsieck. Nachw. von Egbert Kaiser, Stuttgart 1999.

Rolandslied: das älteste französische Epos, übers. von Wilhelm Hertz. Rev. und mit einem Nachw. vers. von Günther Schweikle, Gütersloh 2002.

Sidoine Apollinaire, Poèmes. Lettres, éd. et trad. A. Loyen, 3 vol., Paris 1960–1970.

Technik des Kunsthandwerks im 12. Jahrhundert des Theophilus Presbyter, Diversarium artium schedula, in Auswahl übersetzt und erläutert von W. Theobald, Reprint der Ausgabe von 1933, Düsseldorf 1984.

Theophilus Presbyter und das mittelalterliche Kunsthandwerk, Gesamtausgabe der Schrift »De diversis artibus« in 2 Bänden, hrsg. von E. Brepohl, Köln 1999.

Thomas Murner, Badenfahrt, hrsg. von Victor Michels, Nachdruck der Ausgabe von 1927, Berlin/Leipzig 1997.

Thomas von Aquin, Summa Theologica. Die deutsche Thomas-Ausgabe. Vollständige, ungekürzte deutsch-lateinische Ausgabe der »Summa theologica«, Übers. von Dominikanern u. Benediktinern Deutschlands u. Österreichs. Hrsg. von d. Albertus-Magnus-Akademie Walberberg bei Köln, Heidelberg u. a. seit 1933.

Tristan et Iseut, Les poèmes français – La saga norroise. Textes orig. et intégraux présentés, trad. et commentés par Daniel Lacroix et Ph. Walter, Paris 1992.

Le Victorial, éd. A. De Circourt et le comte de Puymaigre, Paris 1867.

Vie de saint Étienne d'Obazine, éd. et trad. M. Aubrun, Clermont-Ferrand 1970.

Villon, Poésies complètes, éd. Cl. Thiry, Paris 1991, coll. Lettres gothiques.

Vogel, C., Le Pécheur et la Pénitence au Moyen Âge, Paris 1969.

Wasserschleben, F. W. H., Die Bussordnungen der abendländischen Kirche, Halle 1851.

Literatur

Alexandre-Bidon, D. et Closson, M., L'Enfant à l'ombre des cathédrales, Lyon 1985.

Amour et sexualité en Occident, Paris 1991, coll. Points Histoire.

Barroux, M., Les Fêtes royales de Saint-Denis en mai 1389, Paris 1936.

Bédier, J., Les Plus Anciennes Danses françaises, dans Revue des Deux Mondes, t. XXI, 1er janvier 1906, p. 398–424.

Bezzola, R. R., Liebe und Abenteuer im höfischen Roman (Chrétien de Troyes). Autoris. Übertr. aus d. Franz. von Hanns Studniczka, Reinbek bei Hamburg 1961.

Blanc, O., «Le jeu des accessoires dans le vêtement médiéval», dans Le Corps paré: ornements et atours, Razo, n° 7, p. 37–46.

Boswell, J., Christianity, Social Tolerance and Homosexuality: gay people in Western Europe from the beginning of the Christian era to the 14th century, Chicago/London 1980.

Boucher, F., Histoire du costume en Occident de l'Antiquité a nos jours, Paris 1965.

Brillat-Savarin, J. A., Physiologie du goût, Paris 1982, coll. Champs Flammarion.

Bruyne, E. de, Études d'esthétique médiévale, 3 vol., Bruges 1946.

Bultot, R., Christianisme et valeurs humaines, t. IV: Le XIe siècle; vol. 1, Pierre Damien, Louvain/Paris 1963, vol. 2, Hermann de Reichenau. Roger de Caen. Anselme de Canterbury, Louvain/Paris 1964.

Bynum, C., Holy Feast and Holy Fast: The Religious Significance of Food to Medieval Women, Berkeley/Los Angeles 1987.

Carre, Y., Le Baiser sur la bouche au Moyen Âge. Rites, symboles, mentalités a travers les textes et les images, XIe–XVe siècles, Paris 1992.

Cerquiglini-Toulet, J., La Couleur de la mélancolie. La fréquentation des livres au XVe siècle. 1300–1415, Paris 1993.

Chailley, J., Histoire musicale du Moyen Âge. Paris 1984.

Champion, P., La Vie de Paris au Moyen Âge, I: L'avènement de Paris; II: Splendeurs et Misères de Paris (XIVe–XVe siècles), 2 vol., Paris 1933–1934.
–, François Villon. Sa vie et son temps, 2 vol., Paris 1913.

Charbonnier, P., Une autre France. La seigneurie rurale en basse Auvergne du XIVe au XVIe siècle, 2 vol., Clermont-Ferrand 1980.

Chelini, J., L'Aube du Moyen Âge. Naissance de la chrétienté occidentale. La vie religieuse des laïcs dans l'Europe carolingienne (750–900), Paris 1991.

Chevalier, B., Les Bonnes Villes de France du XIVe au XVIe siècle, Paris 1982.

Cohen, G., Le Théâtre en France au Moyen Âge, t. II: Le Théâtre religieux, Paris, 1928; t. 11: Le Théâtre profane, Paris 1931.

Combarieu du Grés, M. de, L'Idéal humain et l'expérience morale chez les héros des chansons de geste des origines à 1250, Aix-en-Provence/Paris 1979.

Contamine, Ph., «Les aménagements de l'espace privé, XIVe–XVe siècles», dans Histoire de la vie privée, t. 11, p. 421–501.
–, La Vie quotidienne pendant la guerre de Cent Ans. France et Angleterre (XIVe siècle), Paris 1976.

Le Corps paré: ornements et atours, Razo, n° 7, Nice 1987.

Dauphine, J., «Bonvesin de la Riva: De quinquaginta curialitatibus ad mensam», dans Manger et boire au Moyen Âge, t. 11, p. 7–19.

Delisle, J., Recherches sur la librairie de Charles V, 2 vol., Paris 1907.

Delort, R., La Vie au Moyen Âge, Paris 1982.
–, Le Commerce des fourrures en Occident à la fin du Moyen Âge, 2 vol., Rome 1978.

Delumeau, J., Une histoire du paradis, Paris 1992.
–, Angst im Abendland: die Geschichte kollektiver Ängste im Europa des 14. – 18. Jahrhunderts. Dt. von Monika Hübner, Reinbek bei Hamburg 1989.

Delumeau, J. et Lequin, Y., Les Malheurs des temps. Histoires des fléaux et des calamités en France, Paris 1987.

Doutrepont, G., La Littérature française à la cour des ducs de Bourgogne. Philippe le Hardi – Jean sans Peur – Philippe le Bon – Charles le Téméraire, Paris 1909.

Dufresne, J.-L., «Les comportements amoureux d'après le registre de l'officialité de Cerisy», dans Bulletin philologique et historique, 1973, Comité des Travaux historiques et scientifiques, Paris 1976, p. 131–156.

L'Érotisme au Moyen Âge, Actes du troisième colloque organisé par l'Institut d'études médiévales de l'université de Montréal, publ. sous la direction de B. Roy, Montréal 1977.

Études sur la sensibilité au Moyen Âge, Actes du 10ᵉ congrès national des sociétés savantes (Limoges 1977). Section de philologie et d'histoire jusqu'à 1610, t. II, Paris 1979.

Faral, Ed., La Vie quotidienne au temps de Saint Louis, Paris 1938.

Faure, P., Magie der Düfte: eine Kulturgeschichte der Wohlgerüche; von den Pharaonen zu den Römern. Aus dem Franz. von Barbara Brumm, München 1993.

Flandrin, J.-L., «Contraception, mariage et relations amoureuses dans l'Occident chrétien», dans Annales ESC, 1969, p. 137–190; rééd. dans Le Sexe et l'Occident, p. 109–126.
–, L'Eglise et le contrôle des naissances, Paris 1970.

–, «Mariage tardif et vie sexuelle», dans Annales ESC, 27, 1972, p. 1351–1376.

–, Le Sexe et l'Occident. Evolution des attitudes et des comportements, Paris 1981, coll. Points Histoire, recueil d'articles.

–, Un temps pour embrasser. Aux origines de la morale sexuelle occidentale (v^e–xe siècle), Paris 1983.

Fouquet, C. et Knibiehler, Y., L'Histoire des mères du Moyen Age à nos jours, Paris 1980.

Gagne, J., «L'érotisme dans la musique médiévale», dans l'Erotisme au Moyen Âge, p. 83–107.

Gaudemet, J., Le Mariage en Occident. Les mœurs et le droit, Paris 1987.

Gauvard, Cl., «De grace espedal». Crime, État et Société en France à la fin du Moyen Âge, 2 vol., Paris 1991, Publications de la Sorbonne.

Heers, J., Fêtes, Jeux et Joutes dans les sociétés d'Occident à la fin du Moyen Âge, Montréal/Paris 1971.

Histoire de la famille, publ. sous la direction de A. Burguière, Ch. Klapisch-Zuber, M. Segalen, F. Zonabend, t. I, Mondes lointains, mondes anciens, Paris 1986.

Histoire de la France religieuse, publ. sous la direction de J. Le Goff et de R. Rémond; t. I, Des dieux de la Gaule à la papauté d'Avignon (des origines au XIVe siècle), Paris 1988; t. II, Du christianisme flamboyant à l'aube des Lumières (XIVe–XVIIIe siècle), Paris 1988.

Histoire de la vie privée, publ. sous la direction de Ph. Ariès et G. Duby; t. II: De l'Europe féodale à la Renaissance, Paris 1985.

Huizinga, J., Le Déclin du Moyen Âge, trad. fr., Paris 1932. Dt. Übers.: Herbst des Mittelalters. Studien über Lebens- und Geistesformen des 14. und 15. Jahrhunderts in Frankreich und in den Niederlanden. Hrsg. v. Kurt Köster, Stuttgart 1975.

L'Idée de bonheur au Moyen Âge, Actes du Colloque d'Amiens de mars 1984, éd. D. Buschinger, Göppingen 1990. Voir Alexandre, D., Bultot, R., Charbonnier, E., Closson, M., Lorcin, M.-Th., Payen, J.-Ch., Tavera, A.

L'Image du corps humain dans la littérature et l'histoire médiévales, Razo, Cahiers du centre d'études médiévales de Nice, n° 2, Nice 1981.

Jacquart, D. et Thomasset, Cl., Sexualité et savoir médical au Moyen Âge, Paris 1985.

Jeay, M., «Sur quelques coutumes sexuelles du Moyen Âge», dans L'Érotisme au Moyen Âge, p. 123–141.

Knibiehler, Y., Geschichte der Väter, Freiburg im Breisgau u. a. 1996.

Kühnel, H., Frau und spätmittelalterlicher Alltag, Wien 1986. Voir Hasenohr, G.

Lafortune-Martei, A., Fête noble en Bourgogne au XVe siècle. Le banquet du Faisan (1454): Aspects politiques, sociaux et culturels, Montréal/Paris 1984.

Langlois, Ch.-V., La Vie en France au Moyen Âge de la fin du XIIe siècle au milieu du XIVe siècle, 4 vol., Paris 1926–1928.

Laurent, S., Naître au Moyen Âge. De la conception à la naissance: la grossesse et l'accouchement (XIIe–XVe siècle), Paris 1989.

Laurioux, B., Le Moyen Âge à table, Paris 1989.
–, «Entre savoir et pratiques: le livre de cuisine à la fin du Moyen Âge», dans Médiévales, 14, 1988, p. 59–71.

Leclercq, J., Le Mariage vu par les moines au XIIe siècle, Paris 1983.

Le Goff, «Le refus du plaisir», dans L'Histoire, n° 63, janvier 1984, p. 52–59; rééd. dans L'Imaginaire medieval, Paris 1991, p. 136–148.

Leguay, J.-P., La Rue dans les villes françaises de la fin du Moyen Âge, Rennes 1984.

Le Roy Ladurie, E., Montaillou, village occitan de 1294 à 1324, Paris 1975.

Lorcin, M.-Th., Façons de sentir et de penser: les fabliaux français, Paris 1979.
–, «L'idée de bonheur dans les fabliaux», dans L'Idée de bonheur au Moyen Âge, p. 293–302.
–, «Manger et boire dans les fabliaux, rites sociaux et hiérarchie des plaisirs», dans Manger et Boire au Moyen Âge, t. I, p. 227–237.
–, «Le soleil, l'œil et la vision au Moyen Âge», dans Le Soleil, la Lune et les Etoiles au Moyen Âge, p. 215–228.

Lowen, A., Lust, Der Weg zum kreativen Leben, München 1979.

Manger et Boire au Moyen Âge, Actes du Colloque de Nice (15–17 octobre 1982), 2 vol., Paris 1984.

Mauzi, R., L'Idée du bonheur dans la littérature et la pensée françaises au XVIIIe siècle, Paris 1960.

Mehl, J.-M., Les Jeux au royaume de France du XIIIe au debut du XVIe siècle, Paris 1990.

Ménard, Ph., «Jardins et vergers dans la littérature médiévale», dans Jardins et Vergers en Europe occidentale (VIIIe–XVIIIe siècles), Neuvièmes journées internationales d'histoire de Flaran, septembre 1987, Auch 1989, p. 41–69.
–, Le Rire et le sourire dans le roman courtois en France au Moyen Âge (1150–1250), Genève 1969.

Michel, A, La Parole et la beauté. Rhétorique et esthétique dans la tradition occidentale, Paris 1982.

Musique, Littérature et société au Moyen Âge, Actes du Colloque 24–29 mars 1980, publ. par D. Buschinger et A Crepin.

Nelli, R., L'érotique des troubadours, Toulouse 1997.

–, Le Roman de Flamenca. Un art d'aimer occitanien du XIIIe siècle, Toulouse 1966.

Nolte, C., Frauen und Männer in der Gesellschaft des Mittelalters, Darmstadt 2011.

Noonan, J. T., Contraception: A History of Its Treatment by the Catholic Theologians and Canonists, Cambridge/Mass. 1968.

Pastoureau, M., La Vie quotidienne en France et en Angleterre au temps des chevaliers de la Table ronde, Paris 1976.

Piaget, A, «La cour amoureuse dite de Charles VI», dans Romania, XX, 1891, p. 417–454.

Le Plaisir, dans Revue catholique internationale Communio, t. VII, n° 2 (mars–avril 1982).

Poirion, D., Le Poète et le Prince. L'évolution du lyrisme courtois de Guillaume de Machaut à Charles d'Orleans, Paris 1965.

Redon, O., Nourritures, dans Médiévales, n° 51, 1983.
–, Sabban, F., Serventi, S., Die Kochkunst des Mittelalters, Ihre Geschichte und 150 Rezepte des 14. und 15. Jahrhunderts, wiederentdeckt für Genießer von heute, Wiesbaden 1998.

Rey-Flaud, H., La Névrose courtoise, Paris 1983.

Richard, J.-M., Mahaut, comtesse d'Artois et de Bourgogne (1302–1329), Paris 1887.

Riché, P., Die Welt der Karolinger, Stuttgart 2009.
–, Éducation et culture dans l'Occident barbare, VIe–VIIIe siècles, 3e éd., Paris 1973.

Rossiaud, J., Dame Venus: Prostitution im Mittelalter / Jacques Rossiaud. Mit e. Vorw. von Georges Duby. [Aus d. Ital. übertr. von Ernst Voltmer], München 1994.

–, «Prostitution, jeunesse et société dans les cites du Sud-Est à la fin du Moyen Âge», dans Annales. Économies. Sociétés. Civilisations, 1976, 1, p. 289–325.

–, «Les métamorphoses de la prostitution au XVe siècle. Essai d'histoire culturelle», dans La Condición de la mujer en la Edad Media, p. 155–185.

Rousselle, A., Porneia. De la maîtrise du corps à la privation sensorielle, IIe–IVe siècles de l'ère chrétienne, Paris 1983.

Sahlin, M., Étude sur la carole médiévale. L'origine du mot et ses rapports avec l'Église, Uppsala 1940.

Samouillan, A., Olivier Maillard, sa prédication et son temps, Paris 1891.

Schubert, E., Essen und Trinken im Mittelalter, Darmstadt 2006.

–, Alltag im Mittelalter. Natürliches Lebensumfeld und menschliches Miteinander, Darmstadt 2002.

Le Sexe et le plaisir en Occident, dossier dans l'Histoire, n° 180, septembre 1994, p. 30–50 (entretiens avec J. Rossiaud, J. Berlioz, D. Regnier-Bohler, J. Le Goff).

La Sociabilité à table. Commensalité et convivialité à travers les âges, Actes du colloque de Rouen (14–17 novembre 1990), Rouen 1993.

Les Soins de beauté. Moyen Âge. Début des temps modernes. Actes du IIIe colloque international Grasse (26–28 avril 1985), Nice 1987.

Stouff, L., Ravitaillement et Alimentation en Provence aux XIVe et XVe siècles, Paris/La Haye 1970.

Thomasset, Cl. Voir Jacquart, D.

Van Marie, R., Iconographie de l'art profane au Moyen Âge et à la Renaissance et la décoration des demeures; t. I: La Vie quotidienne, La Haye 1931; t. 11: Allégories et Symboles, La Haye 1932.

Vaultier, R., Le Folklore pendant la guerre de Cent Ans d'après les lettres de rémission du Trésor des Chartes, Paris 1965.

Verdon, J., Isabeau de Baviere, Paris 1981.
–, Les Loisirs au Moyen Âge, Paris 1980.
–, La Nuit au Moyen Âge, Paris 1994.

Vigarello, G., Le Propre et le Sale. L'hygiène du corps depuis le Moyen Âge, Paris 1985, coll. Points Histoire.

Vuarnet, J.-N., Extases feminines, Paris 1991.

Wirth, J., L'Image médiévale. Naissance et développements (VIe–XVe siècle), Paris 1989.

Zumthor, P., La Mesure du monde, Paris, 1993.